获2016年国家科学技术学术著作出版基金资助

中国节能与新能源汽车技术研究应用丛书

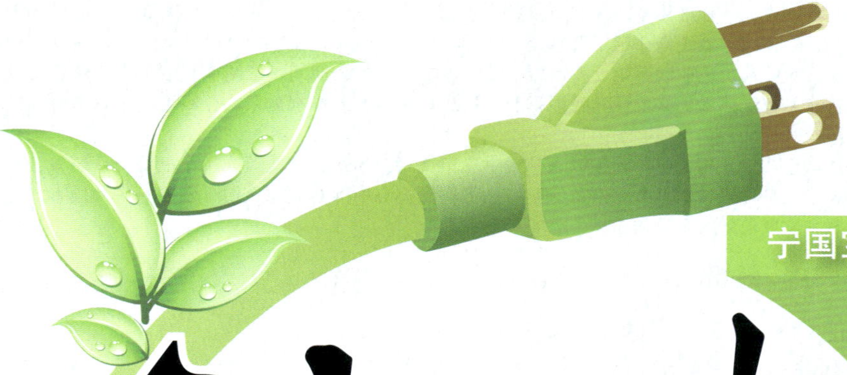

宁国宝　余卓平◎编著

创新中的中国新能源乘用车

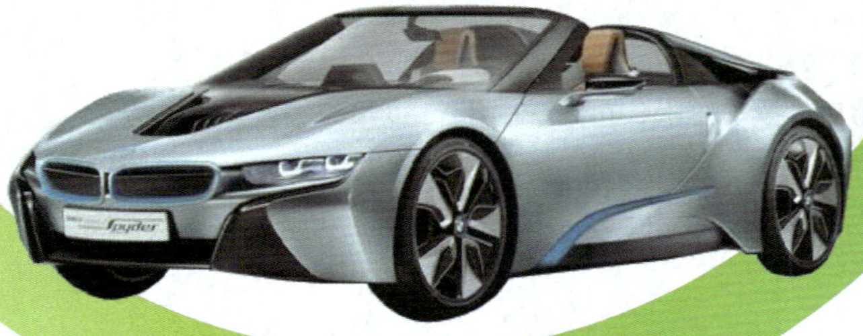

内 容 提 要

本书从新能源乘用车的技术、产品、标准体系、规划与政策法规体系、示范应用、产业培育等多角度，较为全面地阐述了我国新能源乘用车的发展情况，系统地介绍了混合动力乘用车、纯电动乘用车、燃料电池乘用车的发展历程和现行的关键技术，重点从动力蓄电池、电驱动系统、变速器、整车控制单元等方面阐述了新能源乘用车关键零部件的发展状况，讲述了电动汽车技术标准体系的必要性和我国目前新能源汽车的技术标准体系，介绍了我国新能源乘用车的推广状况。

本书可为从事新能源乘用车产业以及相关行业的各级领导提供决策支持；为从事新能源乘用车的设计、研发、生产、规划和贸易工作的工程技术人员提供技术参考和信息借鉴；也可作为关心中国新能源乘用车发展的广大读者，全面了解中国新能源乘用车现状和发展前景的普及读本。

图书在版编目（CIP）数据

创新中的中国新能源乘用车／宁国宝，余卓平编著．—北京：人民交通出版社股份有限公司，2016.9

ISBN 978-7-114-13285-8

Ⅰ.①创…　Ⅱ.①宁…　②余…　Ⅲ.①新能源－汽车工业－研究－中国　Ⅳ.①F426.471

中国版本图书馆 CIP 数据核字（2016）第 195514 号

Chuangxin Zhong de Zhongguo Xinnengyuan Chengyongche

书　　名：**创新中的中国新能源乘用车**
著 作 者：宁国宝　余卓平
责任编辑：智景安
出版发行：人民交通出版社股份有限公司
地　　址：（100011）北京市朝阳区安定门外外馆斜街 3 号
网　　址：http：//www.ccpress.com.cn
销售电话：（010）59757973
总 经 销：人民交通出版社股份有限公司发行部
经　　销：各地新华书店
印　　刷：中国电影出版社印刷厂
开　　本：787×980　1/16
印　　张：13
字　　数：233 千
版　　次：2016 年 9 月　第 1 版
印　　次：2016 年 9 月　第 1 次印刷
书　　号：ISBN 978-7-114-13285-8
印　　数：0001～3000 册
定　　价：50.00 元

前　言

本书依托作者多年从事国家“863计划”电动车重大专项项目“燃料电池轿车”、“多能源动力总成控制系统”，上海市重点项目“燃料电池轿车核心技术”、“混合动力汽车核心技术”等多项重大项目的科研与开发经验，从新能源乘用车的发展历程、规划与政策、关键技术、技术标准体系以及综合示范运营等方面阐述了新能源乘用车技术、产品和产业发展状况，并对未来新能源汽车发展趋势进行预测。它对从事新能源乘用车的设计、研发、生产、规划和贸易工作的工程技术人员具有较高的参考价值。

全书共分八章。在我国新能源乘用车发展历程章节中，从我国石油能源短缺现状、城市大气环境恶化现状和急需提升我国汽车工业国际竞争力三个方面，分析我国目前的经济社会发展需求，战略性提出发展电动汽车的必要性，并提出我国电动汽车“三纵三横”的战略规划布局、技术路线、研发体系以及研究与示范、实验考核相结合的开展模式。在新能源乘用车国家规划与政策章节中，分别从中央、地方的规划政策和法规体系两个方面展开阐述。在新能源乘用车关键技术章节中，从“三纵三横”的战略规划布局出发，分别阐述了混合动力乘用车、纯电动乘用车、燃料电池乘用车的发展历程和现行的关键技术，同时，从动力蓄电池、电驱动系统、变速器、整车控制单元等关键技术方面阐述了新能源乘用车关键零部件的发展状况。在新能源乘用车技术标准体系章节中，讲述了电动汽车技术标准体系的必要性和我国目前新能源汽车的技术标准体系。在新能源乘用车综合示范市场及示范运营章节，从“十城千辆”、电动汽车大规模综合示范以及非示范城市节能与新能源汽车应用和推广情况三个角度，阐述了我国新能源乘用车的推广状况。

本书由宁国宝、余卓平教授编著，参加编写的人员还有郑修成、梁成翔。由于编写时间较为仓促，书中错误和疏漏之处在所难免，恳切希望使用本书的广大读者批评指正。

编著者

2016年3月

目 录

第一章 我国新能源乘用车发展历程……1

第一节 新能源汽车概述……2

第二节 发展新能源汽车是我国经济社会重大战略需求……7

第三节 我国新能源汽车“三纵三横”战略规划布局……15

第四节 我国新能源汽车产业推进路线……18

第五节 我国新能源汽车科技发展历程……20

第二章 新能源乘用车国家规划与政策……29

第一节 “十五”期间国家新能源汽车规划、政策与法规……30

第二节 “十一五”期间国家新能源汽车规划、政策与法规……30

第三节　“十二五”期间国家新能源汽车规划、政策与法规……31

第三章　插电式混合动力乘用车技术……42

第一节　国外混合动力乘用车技术发展历程……43
第二节　国内混合动力乘用车技术发展历程……46
第三节　混合动力乘用车关键技术……48
第四节　混合动力乘用车技术进展……74

第四章　纯电动乘用车技术……77

第一节　纯电动乘用车发展概述……77
第二节　纯电动乘用车关键技术……79
第三节　我国纯电动乘用车产业化与应用示范……96

第五章　燃料电池乘用车技术……97

第一节　燃料电池技术特点……97
第二节　燃料电池主要类型……98
第三节　质子交换膜燃料电池（PEMFC）……99
第四节　国外燃料电池乘用车技术发展历程……101
第五节　我国燃料电池乘用车开发总体思路、技术路线与策略……106
第六节　燃料电池乘用车关键技术……107
第七节　燃料电池乘用车试验考核与示范推广……111
第八节　氢燃料……115

第六章　新能源乘用车关键零部件技术 …………………… 119

第一节　车用动力蓄电池技术 …………………… 119
第二节　电驱动系统 …………………… 138
第三节　变速器技术 …………………… 148
第四节　整车控制单元 …………………… 170

第七章　新能源乘用车技术标准体系 …………………… 175

第一节　新能源汽车技术标准发展概述 …………………… 175
第二节　新能源汽车技术标准体系 …………………… 175
第三节　我国新能源汽车标准的技术创新与发展思路 …………………… 180

第八章　新能源乘用车综合示范市场及示范运营 …………………… 181

第一节　“十城千辆”节能与新能源汽车示范推广试点工程 …………………… 182
第二节　推广工作与重大活动有效结合，助推新能源汽车示范运营 …………………… 187
第三节　非示范城市节能与新能源汽车应用与推广情况 …………………… 192

参考文献 …………………… 197

第一章　我国新能源乘用车发展历程

“衣食住行”是人类生活四大基本需求，汽车是现代社会人类出行的基本工具，轿车进入家庭已经是不争的事实，成为我国居民消费的主要商品之一。汽车工业已经成为我国国民经济支柱产业，2012 年，我国汽车工业总产值达 5.29 万亿元，占国内生产总值 10.2%；汽车产业吸纳了 4 000 万人就业，约占总就业人口的 10%。

然而，全球汽车工业正面临能源、环境保护、可持续发展等一些严峻问题。以我国为例，在汽车人均保有量低于国际平均水平现状下，我国汽车已经消耗了我国国内生产的所有石油；而我国自 1993 年由石油出口国变成进口国以来，2013 年对外石油依存度超过 58%，超过国际公认的能源安全 50% 警戒线，汽车发展与国家能源保障安全的矛盾日益突出。随着我国经济持续快速发展和城镇化进程加速推进，今后较长一段时期汽车需求量仍将保持增长势头，由此带来的能源紧张和环境污染问题将更加突出，因此，实现汽车能源动力电动化、能源多元清洁化发展已迫在眉睫。

加快培育和发展节能汽车与新能源汽车，既是有效缓解能源和环境压力、推动汽车产业可持续发展的紧迫任务，也是加快汽车产业转型升级、培育新的经济增长点和国际竞争优势的战略举措。

为此，以欧美日为代表的发达国家加快汽车技术变革，将新能源汽车列入国家战略，围绕智能型新能源汽车动力电动化，投入大量人力、资金，超前部署，支撑其汽车工业产业转型升级，试图抢占未来世界与未来经济增长点，引领全球汽车技术变革，支撑未来汽车“能源利用高效化”、“尾气零排放”发展愿景[1]。

我国高度重视新能源汽车发展，新能源汽车战略性新兴产业发展态势总体良好。从“十五”开始，我国发挥集中力量办大事的体制优势，汇聚行业优势力量，发挥我国具有发展电动汽车的资源优势（锂矿资源、稀土资源），有组织地开展新能源汽车技术攻关。

经过10年努力，我国基本掌握了新能源汽车蓄电池、电动机和电控系统三大共性核心技术，初步建立了新能源汽车技术体系，初步显现了以珠三角、长三角、京津冀、中部地区为代表的产业集群，在动力蓄电池产业规模、混合动力客车技术上全球领先。

第一节 新能源汽车概述

一、汽车定义与分类

（一）汽车定义

汽车[2]，英文名称：Motor Vehicle，指由动力驱动，具有4个或者4个以上车轮的非轨道承载的车辆，主要用于：

——载运人员和/或货物；

——牵引载运人员和/或货物的车辆；

——特殊用途。

挂车[2]，英文名称：Trailer，指其设计和技术特性需由汽车牵引，才能正常使用的一种无动力的道路车辆，分为牵引杆挂车、半挂车、中置轴挂车，用于：

——载运人员和/或货物；

——特殊用途。

挂车包括牵引杆挂车、半挂车、中置轴挂车。

汽车列车[2]，英文名称：Combination Vehicles，指一辆汽车与一辆或多辆挂车的组合。包括：乘用车列车、客车列车、货车列车、牵引杆挂车列车、铰接列车、双挂列车、双半挂列车、平板列车。

（二）汽车分类

1988年，我国发布国家推荐性标准GB/T 3730.1—88《汽车和挂车的术语和定义车辆类型》[3]，该标准明确将我国汽车分为载货汽车、客车和轿车3种类型。各类车辆根据不同的划分标准进行了细分类，具体为：

轿车按照发动机排量划分为微型轿车（1L 以下）、轻级轿车（1～1.6L）、中级轿车（1.6～2.5L）、中高级轿车（2.5～4L）、高级轿车（4L 以上）。

客车按照长度划分为微型客车（不超过 3.5m）、小型客车（3.5～7m）、中型客车（7～10m）和大型客车（10m 以上）。

货车按照载质量划分为微型货车（1.8t 以下）、轻型货车（1.8～6t）、中型货车（6～14t）、重型货车（14t 以上）。

2001 年，我国发布国家推荐性标准 GB/T 3730.1—2001《汽车和挂车类型的术语和定义》，该标准代替 1988 年发布的推荐性标准 GB/T 3730.1—88《汽车和挂车的术语和定义 车辆类型》，标准对汽车的类型给出了术语和定义。此外，2001 年我国发布 GB/T 15089—2001《机动车辆及挂车分类》[4]。

1. 乘用车[2]

英文名称：Passenger Vehicle，是在其设计和技术特性上主要用于载运乘客及其随身行李和/或临时物品的汽车，包括驾驶员座位在内最多不超过 9 个座位。它也可以牵引一辆挂车。

1）普通乘用车

车身：封闭式，侧窗中柱有或者无。

车顶（顶盖）：固定式，硬顶。有的顶盖一部分可以开启。

座位：4 个或者 4 个以上座位，至少两排。

后座椅可以折叠或移动，以形成装载空间。

车门：2 个或者 4 个侧门，可有一后开启门。

2）活顶乘用车

车身：具有固定侧围框架的可开启式车身。

车顶（顶盖）：车顶为硬顶或者软顶，至少有两个位置：(1）封闭；(2）开启或者拆除。可开启式车身可以通过使用一个或数个硬顶部件和/或合拢软顶将开启的车身关闭。

座位：4 个或者 4 个以上座位，至少两排。

车门：2 个或者 4 个侧门。

车窗：4 个或者 4 个以上侧窗。

3）高级乘用车

车身：封闭式。前后座之间可以设有隔板。

车顶（顶盖）：固定式，硬顶。有的顶盖一部分可以开启。

座位：4 个或 4 个以上座位，至少两排。后排座椅前可安装折叠式座椅。

车门：4 个或 6 个侧门，也可有一个后开启门。

车窗：6 个或 6 个以上侧窗。

4）小型乘用车

车身：封闭式，通常后部空间较小。

车顶（顶盖）：固定式，硬顶。有的顶盖一部分可以开启。

座位：2 个或 2 个以上的座位，至少一排。

车门：2 个侧门，也可有一个后开启门。

车窗：2 个或 2 个以上侧窗。

5）敞篷车

车身：可开启式。

车顶（顶盖）：车顶可为软顶或硬顶，至少有两个位置：第一个位置遮覆车身；第二个位置车顶卷收或可拆除。

座位：2 个或 2 个以上的座位，至少一排。

车门：2 个或 4 个侧门。

车窗：2 个或 2 个以上侧窗。

6）仓背乘用车

车身：封闭式，侧窗中柱可有可无。

车顶（顶盖）：固定式，硬顶。有的顶盖一部分可以开启。

座位：4 个或 4 个以上座位，至少两排。

后排座椅可折叠或可移动，以形成一个装载空间。

车门：2 个或 4 个侧门，车身后部有一仓门。

7）旅行车

车身：封闭式。车尾外形可提供较大的内部空间。

车顶（顶盖）：固定式，硬顶。有的顶盖一部分可以开启。

座位：4 个或 4 个以上座位，至少两排。座椅的一排或多排可拆除，或装有向前翻倒的座椅靠背，以提供装载平台。

车门：2 个或 4 个侧门，并有一后开启门。

车窗：4 个或 4 个以上侧窗。

8）多用途乘用车

普通乘用车、活顶乘用车、高级乘用车、小型乘用车、敞篷车、仓背乘用车、旅行车几种车型以外的，只有单一车室载运乘客及其行李或物品的乘用车。但是，如果这种车辆同时具有下列两个条件，则不属于乘用车而属于货车：

（1）除驾驶员以外的座位数不超过6个。

只要车辆具有可使用的座椅安装点，就应算“座位”存在。

（2）整车质量与座位数满足下列计算公式：

$$P - (M + N \times 68) > N \times 68$$

式中：P——最大设计总质量；

M——整车整备质量与1位驾驶员质量之和；

N——除驾驶员以外的座位数。

9）短头乘用车

一种乘用车，它一半以上的发动机长度位于车辆前风窗玻璃最前点以后，并且转向盘的中心位于车辆总长的前四分之一部分内。

10）越野乘用车

在其设计上所有车轮同时驱动（包括一个驱动轴可以脱开的车辆），或其几何特性（接近角、离去角、纵向通过角、最小离地间隙）、技术特性（驱动轴数、差速锁止机构或其他型式机构）和它的性能（爬坡度）允许在非道路上行驶的一种乘用车。

11）专用乘用车

运载乘员或物品并完成特定功能的乘用车，它具备完成特定功能所需的特殊车身和/或装备。例如：旅居车、防弹车、救护车、殡仪车等。

其中普通乘用车、活顶乘用车、高级乘用车、小型乘用车、敞篷车和仓背乘用车也可俗称轿车。

2. 商用车[2]

英文名称：Commercial Vehicle，是在设计和技术特性上适用于运送人员和货物的汽车，并且可以牵引挂车。商用车主要划分为客车、货车、半挂牵引车。

1）客车

（1）定义。在设计和技术特性上用于载运乘客及其随身行李的商用车辆，包括驾驶员座位在内座位数超过9座。客车有单层的或双层的，也可牵引一挂车。

（2）类型。客车可以细分为小型客车、城市客车、长途客车、铰接客车、无轨电车、越野客车、专用客车。

2）货车

（1）定义。一种主要为载运货物而设计和装备的商用车辆，它能否牵引一挂车均可。

（2）类型。货车可以细分为普通货车、多用途货车、全挂牵引车、越野货车、专业作业车、专用货车。

3）半挂牵引车

是指汽车有特殊装置用于牵引半挂车的商用车辆。

二、节能汽车

节能汽车是指以内燃机为主要动力系统，综合工况燃料消耗量提前达到下一阶段目标值标准的汽车。

常规混合动力汽车主要按动力系统电气化水平进行分类，是指动力蓄电池容量较小，大部分工况下主要由内燃机提供驱动功率的电动汽车。根据 2012 年国务院发布的《节能与新能源汽车产业发展规划（2012～2020 年）》和 2012 年科技部发布的《电动汽车科技发展“十二五”专项规划》，常规混合动力汽车属于节能汽车的一种。

三、新能源汽车

新能源汽车是一个广义概念，当前主要指采用新型动力系统，完全或主要依靠新型能源驱动的汽车。新能源汽车主要包括纯电动汽车、插电式混合动力汽车及燃料电池汽车。新能源汽车有时候也可以狭义理解为纯电驱动汽车。

纯电驱动汽车是按动力系统电气化水平进行分类，指全部或大部工况下主要由电动机提供驱动功率的电动汽车，例如纯电动汽车、插电式电动汽车、增程式电动汽车以及燃料电池电动汽车。

四、新能源乘用车

新能源乘用车是指采用新型动力系统，完全或主要依靠新型能源驱动的，在其设计和技术特性上主要用于载运乘客及其随身行李和/或临时物品的汽车，包括驾驶员座位在内最多不超过 9 个座位。

 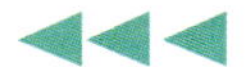

第二节 发展新能源汽车是我国经济社会重大战略需求

发展新能源汽车是我国应对能源安全、改善大气环境、加速汽车产业升级转型，提升我国汽车竞争力的有效手段，是我国经济社会发展的重大需求。

一、发展新能源汽车是代替传统的内燃机汽车成为人类生存发展的客观选择

目前，人类生存发展所依存的能源主要是不可再生的石油化工能源，而且世界上能源分布极不平衡，这包括能源组成结构的不平衡和能源地区分布的不平衡。表1-1是世界能源分布数据。

世界能源储藏量、年产量及可采年数预测（2000年整理预测） 表1-1

能源类别		石油	天然气	煤	铀
已探明可采储藏量		1兆529百万桶（1998年）	146.39兆m^3（1998年）	9842亿t（1996年）	436.3万t（1997年）
地区分布（%）	北美	8.1	5.7	26	17.4
	中南美	8.5	4.2	2.3	6.2
	西欧	2.0	3.6	7.5	3.0
	中东	64.0	33.8	0.1	0
	亚太	4.1	7.0	29.7	15.1
	非洲	7.2	7.0	6.2	17.4
	原苏联、东欧	6.1	38.7	28.3	31.0
可采年数（全世界）		41年	63.4年	212年	72年

由表 1-1 的统计数据可以看出，按照目前已探明的储量和年开采量，以现在世界耗能水平计算，作为目前主要能源的石油可开采 41 年，天然气可开采 63. 4 年；虽然世界上煤资源储量比较丰富，但由于煤炭资源可利用范围有限，而且煤炭能源使用过程中会造成严重的环境污染，因此煤炭资源在世界能源利用中所占的比例逐年下降。因此，在未来 50 年左右，世界上的最主要的传统能源（不包括利用价值较低的煤炭资源）将枯竭，如果没有出现新的替代能源形式，50 年后人类将面临世界范围内的能源危机。

二、发展新能源汽车是解决我国石油能源短缺的重要出路

能源是经济社会发展的基础，也是影响经济社会发展的主要因素。从能源结构来看，我国能源结构中一次能源仍然是以煤炭资源为主，其中煤炭约占我国一次能源总量 70%，石油约占 20%，剩余为燃气、水力发电等；从能源资源来看，我国煤储量约占世界储量 45%，而石油储量仅占 4. 5%；从我国交通领域的能源消费结构来看，交通领域的能源消耗约 70% 来自于石油，约 25% 的能源来自于电力。综合我国资源特点、能源结构和交通领域能源消耗特点分析得到：我国不适合发展以传统石油为主要能量的传统内燃机汽车，实现交通领域能源多元化、能源利用高效化和清洁化、动力系统电动化是我国交通系统转型的必经之路，发展电动汽车是解决我国石油短缺、保障我国能源安全、实现交通领域节能减排的根本出路。

（一）我国现有能源资源特点

我国能源资源短缺，常规石油化工能源可持续供应能力不足。一方面，油气人均剩余可采储量仅为世界平均水平的 6%，石油年产量仅能维持在 2 亿 t 左右，常规天然气新增产量仅能满足新增需求的 30% 左右。煤炭超强度开采。另一方面，粗放式发展导致我国能源需求过快增长，从 1993 年开始，我国由石油净出口国变成进口国，石油对外依存度从 21 世纪初的 26% 上升至 2011 年的 57%，到 2013 年的 58. 1%，已经远远超过国际公认的能源安全 50% 警戒线。

交通领域的石油需求的快速增长，直接导致我国原油生产和进口量快速增长，石油对外依存度逐年提高，图 1-1 给出过去 10 年我国原油生产量、进口量、消费总量及对外依存度统计数据。

（二）我国能源保障压力大

我国能源安全保障压力巨大。我国油气进口来源相对集中，进口通道受制于人，远洋自主运输能力不足，金融支撑体系亟待加强，能源储备应急体系不健全，应对国际市场波动和突发性事件能力不足，能源安全保障压力巨大。

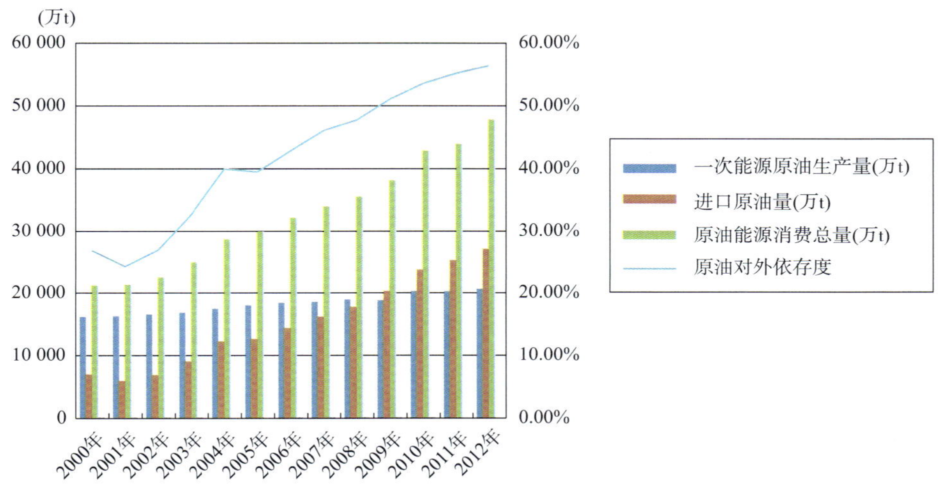

图 1-1　我国原油生产量、进口量、消费总量及对外依存度逐年变化图

注：原油对外依存度是指我国进口原油占国内原油消耗的比重。这里的进口原油指的是净进口量（总的进口原油量减去出口量），后者为国内原油自产量加上净进口量（也称表观消费量）。

数据来源：国家统计局。

（三）交通领域能源消耗量持续增加

随着我国经济的快速发展，近年来，我国的汽车行业发展迅速。国家统计局数据显示，2012 年末全国民用汽车保有量达到 12 089 万辆（包括三轮汽车和低速货车 1 145 万辆），比 2011 年末增长 14. 3%，其中私人汽车保有量 9 309 万辆，增长 18. 3%；民用轿车保有量 5 989 万辆，增长 20. 7%，其中私人轿车 5 308 万辆，增长 22. 8%。

图 1-2 给出了我国过去 10 年的交通运输、仓储和邮政行业的石油消费总量及我国石油能源消费总量统计数据，可以看出：随着汽车保有量的快速增长，交通领域的石油资源消耗也在快速增长。当前，交通运输、仓储和邮政行业石油消耗总量超过了我国石油能源消耗总量 30%，而且是推动石油消费总量的主要因素。

（四）新时期下的我国交通工具技术转型发展

未来我国能源发展将由偏向保障供给为主，向科学调控能源生产和消费总量转变；由资源依赖型的发展模式，向科技创新驱动型的发展模式转变；由严重依赖煤炭资源，向绿色、多元、低碳化能源发展转变；由各种能源品种独立发展，向多种能源互补与系统的融合协调转变；由生态环境保护滞后于能源发展，向生态环境保护和能源协调发展转变；由过度依赖国内能源供应，向立足国内和加强国际合作转变。

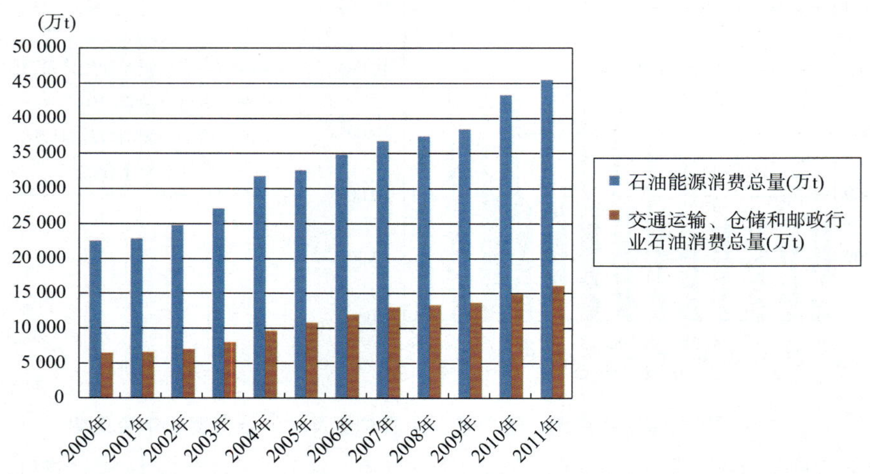

图 1-2　交通运输等行业石油消费总量与石油能源消费总量逐年变化图

数据来源：国家统计局。

在国家能源发展总体策略推动下，发展以电能为载体的新能源汽车，满足交通系统能源多元化、清洁化和高效化需求，是适合我国交通能源多元化发展需求，减少交通系统对石油资源过分依赖，适应我国以煤炭为主，清洁能源快速发展的客观选择，是解决我国石油短缺的根本出路。

三、发展新能源汽车是缓解城市大气环境恶化的有效途径

世界汽车工业可持续发展面临的重大难题就是大气环境污染，在我国表现得尤为突出。发展电动汽车可以大幅度提高燃料的利用效率，特别是以电能、氢能燃料电池为动力的新一代电动汽车的油箱到车轮（T2W）可以实现零排放，这是我国城市污染治理、雾霾治理的主攻方向之一。

（一）我国城市大气环境恶化严重

2013 年，亚洲开发银行和清华大学共同发布《迈向环境可持续的未来——中华人民共和国国家环境分析》报告指出，中国日益增长的能源需求、机动车数量以及工业的迅速扩张，导致空气质量严重恶化，对人体健康和生态系统产生了负面影响。中国最大的 333 个城市中，只有不到 1% 达到了世界卫生组织推荐的空气质量标准。当前世界上污染最严重的 10 个城市为太原、米兰、北京、重庆、乌鲁木齐、墨西哥城、兰州、济南、石家庄、德黑兰，其中有 7 个位于中国。图 1-3 和图 1-4 分别为武汉和北京在雾霾笼罩下的景象。

图 1-3　2013 年 1 月 12 日，武汉城区被雾霾笼罩

图 1-4　2013 年 1 月 12 日，北京三里屯附近笼罩在一片雾霾之下

图 1-5 是美国太空总署卫星浮质总体积测量结果和浮质垂直分布的计算机模拟信息，展示了 2001 年至 2006 年全球平均 PM2. 5 分布情况，提供了有关危害人体健康的颗粒物质分布情况。该图 1-5 显示，在从南非撒哈拉沙漠到东亚的大片地区，PM2. 5 值均很高。与全球人口分布密度对比分析得到，世界上超过 80% 的人口正在呼吸严重污染的空气，中国已经成为全球 PM2. 5 污染最严重的地区之一。

（二）传统车辆尾气排放是造成城市大气环境恶化的主要原因之一

大气污染涉及工业结构、能源结构、城市规划等方面，亚洲开发银行等发布的报告表示，上述所有污染物主要来自工业点源排放和机动车尾气排放。其中，钢铁、有色、建材、化工四大高耗能产业无论是从用能总量还是排放总量来看，都是工业领域中造成大气环境污染的四大主要产业。而在交通运输领域，机动车尾气是导致空气污染的主要原因之一。

有关资料表明：汽车排气中除含有 CO、CO_2、NO_x、SO_x 外还含有未燃碳氢化合物（未燃 HC）、甲醛（HCHO）及微粒物（PM）等。HC 与 NO_x 在太阳光照射下会引起光化学反应，产生地面臭氧（O_3）等，并形成光化学烟雾，刺激眼睛和喉咙，阻碍植物生长。内燃机排出的微粒物（PM），一般小于 2μm，吸入人体内会引发气管炎、肺炎及心脏病等，微粒中的多环芳烃，如苯并芘是致癌物质，直接威胁人的生命。

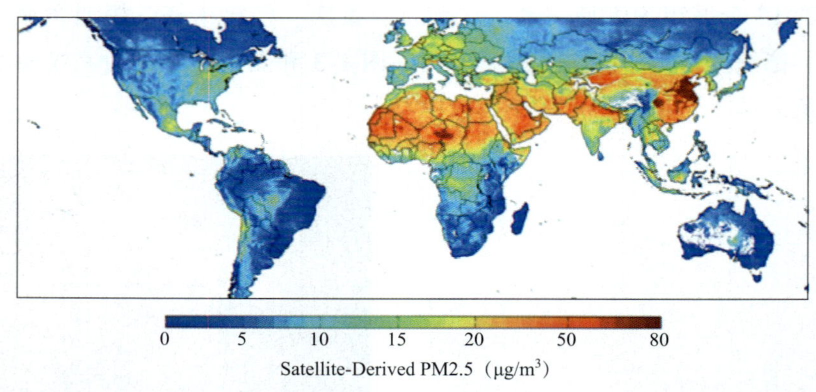

图 1-5　全球空气污染颗粒（PM2. 5）分布图

注：图中颜色由深蓝，浅蓝，到黄色，暗红，代表着 PM2. 5 的浓度越来越高！

因此，发展清洁汽车，改善生存环境，遏制大气状况恶化已成为汽车工业可持续发展的首要问题。为此，各国尾气排放法规日趋严格，促进汽车向清洁化方向发展。发展零污染和超低污染的电动汽车是实现这一目标的最有效途径之一。

四、日趋严格排放法规和石油价格上涨，使化石燃料内燃机汽车的前景暗淡

随着人们环保意识的逐渐加强，汽车废气污染越来越成为人们关注的焦点。目前汽车排出的废气已经成为城市污染的主要来源。为了改善大气环境，减少汽车废气对环境所造成的污染，各国政府都制定了严格的排放法规。其中美国是世界上最早执行排放法规的国家，也是排放法规最严格的国家，特别是加州，更是排放法规的领头羊。1959 年，美国加州最早提出立法控制汽车污染物的排放，1963 年颁布限制汽车排放的强制性法规，随后美国联邦政府也颁布了相关法规。日本于 1966 年、欧共体于 1970 年相继以不同的方式制定了自己的汽车排放法规。后来欧共体制定了分 5 个阶段控制排放的规划，分别称作欧洲Ⅰ、Ⅱ、Ⅲ、Ⅳ和Ⅴ（EURO Ⅰ、Ⅱ、Ⅲ、Ⅳ、Ⅴ）。每个阶段都有相应的要求和实施的

指令，规定了强制性的执行日期。表 1-2 是欧洲汽车尾气排放限值的演变过程。由表 1-2 可知，从欧洲Ⅰ到欧洲Ⅴ，排放法规是越来越严格。虽然现在汽车制造商竭尽全力对内燃机传统技术进行改良，但即使这样也很难达到越来越严格的尾气排放法规要求。对于欧洲Ⅴ尾气排放标准，采用现有的洁净技术简直无法解决，很难达到欧洲Ⅴ汽车尾气排放标准。无论传统的内燃机技术如何改进，都不可能解决 CO_2 的排放问题，而且洁净排放的开发费用越来越昂贵。图 1-6 是对发动机进行技术改进所造成的成本增加结果对比图。由图 1-6 可以看出，从化油器发动机到单点电喷发动机，成本增加了 41.5%，到多点电喷发动机，成本增加了 50.2%，到多点电喷和三元催化发动机，成本增加了 66.8%。由此可以看出，随着技术改进，发动机成本的增加幅度是很大的，从而造成了整车制造成本的增加，这一增加的成本又不能完全转嫁到消费者身上，其中相当一部分由汽车制造商来承担，这样造成的后果就是汽车制造商的利润降低。但是随着社会的发展，排放法规会越来越严格，为了满足排放法规的要求，汽车制造商不得不进行更大的投入，从而造成利润的不断降低，以致形成一个恶性循环，使轿车的价格将更加昂贵，消费者的购买欲望降低，导致汽车销量减少，将阻碍汽车工业的进一步发展。而且以石油为燃料的传统内燃机受卡诺循环的限制，其废气排放量的减少是有极限的，到达一定程度后，将不能进一步提高其排放质量。

欧洲汽车尾气排放限值演变过程（g/km）　　表 1-2

排放标准 / 排放指标	ECE-R83/00 1989	EURO Ⅰ 1992.7.1	EURO Ⅱ 1996.1.1	EURO Ⅲ 2000.1.1	EURO Ⅳ 2005.1.1	EURO Ⅴ 2009.9.1
CO	7.40	2.72	2.20	2.30	1.00	1.00
$HC+NO_X$	2.00	0.97	0.50	0.35	0.18	0.16
PM	无要求	无要求	无要求	无要求	无要求	0.005

另一方面，石油资源属于不可再生的化石能源，随着能源消耗的增长和能源储量的减少，石油价格将呈上升趋势，石油价格的上涨会使车主养车费用增加，从而导致汽车销量的减少，进而影响汽车制造商的利益，而且一旦石油资源枯竭，人类将会面临严重的能源危机。

严格的排放法规会使汽车制造成本增加，造成汽车制造商的利润减少，石油价格的上涨，将使汽车销量减少，由于这些方面因素的影响，将会使传统的汽车工业发展前景暗淡。寻找清洁替代能源和发展新能源汽车是彻底解决这一问题的唯一途径[5]。这也是汽车工业发展的唯一出路。

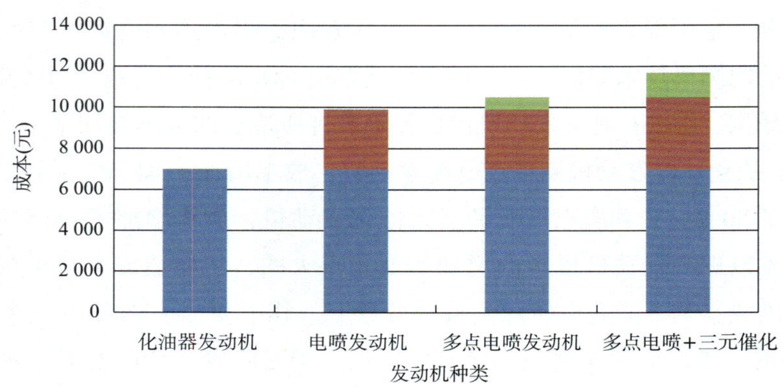

图 1-6　对发动机进行技术改造成本增加图

五、加速新能源汽车产业化是增强我国汽车工业国际竞争力的重大战略举措

我国汽车工业虽然通过自行开发、技术引进、合资等多种方式，在产品的品种、先进性、产量和质量上都比过去有了大幅度提高，自主品牌产品占我国汽车年产销量30%以上。但是，受限于我国汽车产业技术开发体系不完整，传统制造工业基础薄弱，以及国外汽车零部件企业在中国市场的绝对垄断地位，造成当前我国汽车工业仍缺乏自主开发和原始技术创新能力，在激烈的国际竞争中仍处于被动的地位。因此，为提升我国汽车产业国际竞争力，抢占未来技术制高点，形成可持续、健康的发展能力，保持经济社会可持续发展，我国汽车工业正集中力量，围绕汽车技术进步与创新，加速电动汽车技术研发和产业化，实现我国电动汽车技术原始创新和系统集成创新。

较强的自主创新和研发能力是我国能否成为汽车强国的重要标志。21世纪初，我国主要汽车生产企业加强研发力量开发自主品牌产品，在动力总成及关键技术、汽车安全性相关技术、节能环保等新能源和替代能源汽车技术研究及整车产品开发、产学研合作以及研发中心建设等领域均取得了重要进展，有力地推动了自主品牌的建设和发展。自主品牌乘用车市场占有率不断提高，2012年，中国品牌乘用车共销售648.50万辆，同比增长6.10%，占乘用车销售总量的41.85%。但是，我国自主品牌汽车企业仍然处在发育期，与国外发达国家汽车产品相比，自主品牌汽车产品档次低、赢利能力差、研发人员占全部从业人员的比重低、企业研发能力不足等问题，已经成为制约我国自主品牌汽车发展的“瓶颈”。

未来5～10年是我国由汽车大国向汽车强国转变的重要时期，生产规模的快速扩大和巨大的市场前景，为全面提升我国汽车及零部件的自主创新能力、做强汽车产业提供了良好的发展机遇。因此，未来几年，我国汽车产业将更加重视以整车研发、关键零部件技术开发与自主化研究、行业基础共性技术研究等的自主创新能力建设，通过形成一批有自主知识产权的国际知名品牌，来提升我国汽车产业在世界的影响力。

第三节　我国新能源汽车“三纵三横”战略规划布局

一、我国新能源汽车战略规划布局

在传统汽车快速进入中国家庭的发展期，结合我国汽车工业基础薄弱、科研实力不强、企业研发投入有限等现状，“十五”期间，科技部创造性提出了以混合动力汽车（主要指非插电式）、燃料电池汽车和纯电动汽车为“三纵”，以多能源动力总成控制系统、驱动电动机和动力蓄电池为“三横”的“三纵三横、整车牵头”电动汽车技术战略规划布局，采取过渡（面向现在）与转型（面向未来）并行互动，研发与示范相结合，发挥集中力量办大事体制优势，集中全国优势资源，全面部署并完成我国新能源汽车关键技术原始创新和系统集成创新，为我国新能源汽车产业发展奠定了良好的技术基础，为“十一五”节能与新能源汽车发展开个好头。

“十一五”期间，在认真总结“十五”科技创新成果、管理创新成果基础上，围绕“建立技术平台，突破关键技术，实现技术跨越”、“建立研发平台，形成标准规范，营造创新环境”、“建立产品平台，培育产业生态，促进产业发展”三大核心目标，我国持续坚持并优化“三纵三横”技术战略规划布局，建立以燃料电池汽车、混合动力汽车（包涵了常规混合动力和插电式混合动力概念）和纯电动汽车动力系统技术平台为“三纵”，以燃料电池和动力蓄电池技术、电驱动系统技术、多能源动力总成控制以及共性基础技术为“三横”的，“三纵三横、动力系统技术平台为核心”的电动汽车技术攻关战略布局，聚焦电动汽车动力系统技术平台和关键零部件研发，突出强调规模产业化技术攻关和能力建设，并全面展开电动汽车关键技术研发和大规模产业化技术攻关，建立政策法规、技术标准、知识产权服务和信息数据库等公共服务平台，从技术、产品、生产能力、政策法规等方面为“十城千辆”节能与新能源汽车示范推广试点工作提供了保障，支撑新能源汽车战略性新兴产业地位的确立。

“十二五”时期，我国电动汽车发展已进入关键时期，既面临重大的发展机遇，也面临着严峻的挑战。面对节能减排的严峻挑战和培育新能源汽车战略性新兴产业、实现自主创新与科技跨越的历史任务，发展电动汽车已成为我国重大的科技战略需求与战略重点。在“三纵三横”战略规划布局指导下，经过“十五”“三纵三横、整车牵头”和“十一五”“三纵三横、动力系统技术平台为核心”两阶段技术攻关，取得了重大技术突破，形成了中国特色的电动汽车研发体系。因此，在“十二五”期间，我国电动汽车继续坚持“三纵三横”的基本研发布局（如图1-7所示），并根据“纯电驱动”技术转型战略，进一步突出“三横”共性关键技术。在“三纵”方面，纯电动汽车、增程式电动汽车和插电式混合动力汽车作为纯电驱动汽车的基本类型归为一个大类；燃料电池汽车作为纯电驱动汽车的特殊类型继续独立作为一“纵”；混合动力汽车主要为常规混合动力汽车。在“三横”方面，“蓄电池”包括动力蓄电池和燃料电池；“电动机”包括电动机系统及其与发动机、变速器总成一体化技术等；“电控”包括“电助力转向”、“电动空调”、“电控制动”和“车网融合”等在内的电动汽车电子控制系统技术。

二、我国新能源汽车技术发展路线

新能源汽车科技部署成为我国坚持自主创新，建设创新型国家的重要实践。在新能源汽车“三纵三横”技术战略规划布局指导下，我国在“十五”期间启动“863计划”电动汽车重大科技专项，投入8.8亿元科技经费，并带动产业界和地方配套投入24亿元，确立了以纯电动汽车、混合动力汽车、燃料电池汽车以及多能源动力总成控制系统、驱动电动机和动力蓄电池关键零部件技术为核心研究内容，组织国内上百家产学研单位进行大规模、有计划、高强度的电动汽车技术攻关，完成了中国电动汽车产业前期技术的原始创新和集成创新。

在认真总结“十五”研究成果基础上，“十一五”期间，我国组织实施“863 计划”节能与新能源汽车重大项目，该项目聚焦电动汽车动力系统技术平台和关键零部件研发，加强规模产业化技术攻关，我国投入 11 亿元科技经费，开展以企业为主体技术攻关，汽车、蓄电池、电力电子、充电加氢基础设施等行业产学研参与单位总数超过千家。产学研协作重点突破整车集成技术、动力系统平台技术、关键零部件技术、规模产业化技术，从而在全产业链范围内掌握电动汽车关键技术，实现了新能源汽车产品初步产业化和规模化示范。

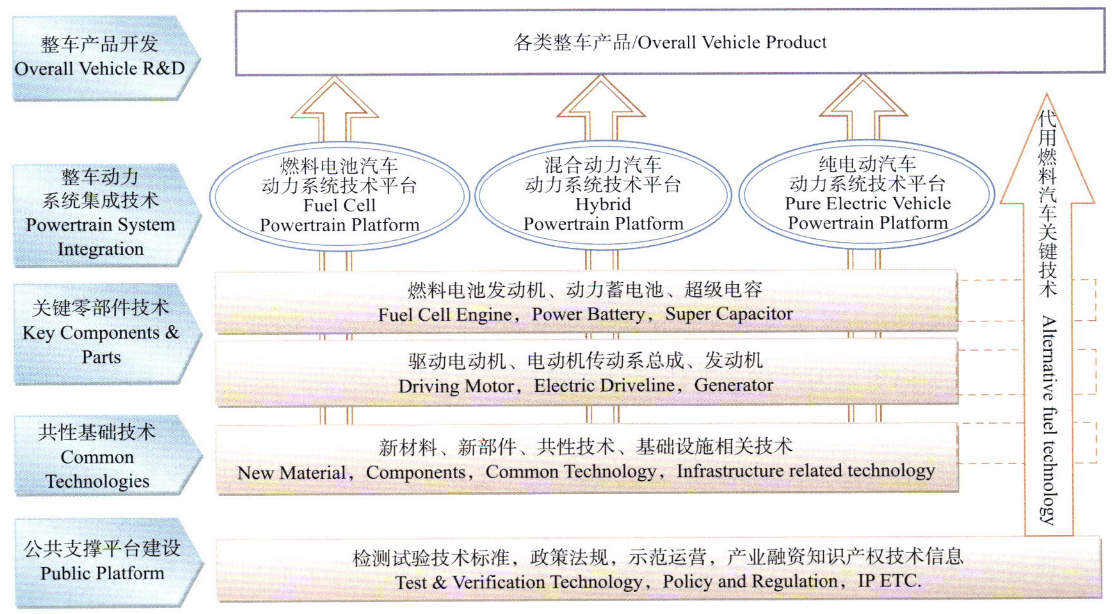

图 1-7　三纵三横三大平台战略规划布局

在两个“五年计划”的持续支持下，在“十城千辆”节能与新能源汽车示范推广工程带动下，我国基本掌握了新能源汽车关键技术，开发了以混合动力、纯电动、燃料电池为代表的拥有自主知识产权的新能源汽车动力系统技术平台，截至 2013 年 12 月底，累计开发了 800 余款新能源汽车整车产品，产品核心技术竞争力显著提高；建立了多个新能源汽车测试中心；颁布了相关电动汽车国家标准，初步形成电动汽车技术标准体系；形成了新能源汽车关键零部件研发、生产配套技术体系；初步显现以环渤海、长三角、珠三角、东北、长株潭、西南为代表的产业集群，产业环境明显改善。

当前，顺应全球汽车动力系统电动化技术变革总体趋势，发挥我国的有利条件和比较优势，我国确立并坚持实施“纯电驱动”汽车产业技术转型战略，加快发展“纯电驱动”电动汽车产品。同时，为应对电动汽车技术多元化和车型多样化问题，紧紧抓住“蓄电池、电动机、电控系统”三大共性关键技术，以关键零部件模块化为基础，推进动力总成模块化，促进动力系统平台化，实现电动汽车技术平台“一体化”。

第四节　我国新能源汽车产业推进路线

一、国际上新能源汽车产业化推进路线

经多年探索实践，国际汽车产业界达成了电动汽车产业化战略共识：在技术路线上，近期（2010～2015 年），在依靠内燃机汽车技术改进，推进车辆小型化，实现降低油耗和排放的同时，为满足更为严格的节能减排法规目标要求，应尽快推进混合动力技术的应用，并发展小型纯电动汽车和插电式混合动力车；中期（2015～2020 年），在混合动力技术得到广泛应用的基础上，提高汽车动力系统电气化程度，加大小型纯电动汽车和插电式混合动力汽车推广力度；中远期（2020 年以后），各种纯电驱动技术将逐步占据主导地位，通过进一步发展纯电动汽车和燃料电池汽车，实现大幅度降低石油消耗和 CO_2 排放。在车型应用方面，纯电动、混合动力和燃料电池等不同类型的电动汽车技术各自具有最优的交通出行适用范围。对于城市短途出行需求，小型纯电动汽车具有优势；对长途出行需求，适合采用混合动力汽车、插电式混合动力汽车或者燃料电池汽车。

二、我国新能源汽车产业化推进路线

（一）新能源汽车产业化推进计划

在尊重技术、尊重市场前提下，高度重视市场在配置资源过程中的基础作用，我国充分发挥政府的引导作用，因地制宜地制定了我国电动汽车产业化推进路线。

在推进进程总体进度控制方面，近期（2010～2015 年），将尽快推进混合动力技术的

应用，发展小型纯电动汽车和插电式混合动力电动车；中期（2015～2020年），将在混合动力技术得到广泛应用基础上，加大小型纯电动汽车和插电式混合动力汽车推广力度；2020年后，纯电驱动技术将逐步占据主导地位，通过发展纯电动汽车和燃料电池汽车，大幅度降低汽车有害气体排放。

在产业推进过程中车型选择方面，我国在城市公共用车和私人小型轿车上优先发展"纯电驱动"的汽车，具体产品为小型纯电动汽车和插电式混合动力电动车。在市场达到一定规模后，我国将逐步发展中高档电动轿车。

在产业推进过程中的技术转型战略方面，我国以实施"纯电驱动"技术转型为战略取向。重点突破蓄电池、电动机、电控系统等关键核心技术。首先，要以动力蓄电池模块为研发核心，实现能量型锂离子动力蓄电池的大规模产业化。其次，在电动机方面，开发混合动力发动机、电动机总成和机电耦合传动总成。最后，在电控系统领域，重点开发电动化总成控制系统，包含电动车的车载信息、智能充电及其远程监控技术等。

（二）加速新能源汽车产业化的重要创新性手段

技术攻关和产品规模产业化及商业化是新能源汽车新兴产业发展两个重要阶段，而商业示范与试验考核是新能源汽车市场培育有效手段，是新能源汽车技术攻关和规模产业化及商业化的重要纽带，有利于创造技术创新、保障商业运营示范、运营示范促进研发良性互动循环，从而加速电动汽车产业化和商业化进程。

为加快我国电动汽车产业化和市场化，我国战略性提出产品研发与示范运营考核相结合方式，从而加快新能源汽车市场化进程。结合2008年北京奥运会、2009年大连夏季达沃斯论坛、2009年美国加州燃料电池汽车伙伴CaFCP、联合国发展计划署（UNDP）和全球环境基金（GEF）中国燃料电池公共汽车商业化示范项目、2010年上海世博会、2010年广州亚运会、2011年深圳大运会等重大活动需求，结合长株潭两型社会综合配套改革试验区、振兴东北地区等老工业基地、西部大开发等国家重大战略需求，结合电动汽车高原气候、高寒气候环境适应性试验考核需求，结合地方新能源汽车产业规划与发展需求，有序、有目的地开展电动汽车大规模示范运营，试验考核电动汽车综合性能、电动汽车环境适应性、电动汽车用能源全生命周期综合利用效率（如上海市燃料电池汽车用氢气，经历当地工业副产品氢气直接提纯、运输存储与加注、车辆示范运营等流程，其全生命周期内综合利用效率高）、电动汽车高温和高强度等极限工况适应性，营造电动汽车规模应用环境，探索推动电动汽车科技和产业发展的创新体制和机制，探索相关政策、法规和激励政

策对电动汽车产业及商业化推动作用。

第五节　我国新能源汽车科技发展历程

能源和环境问题是国际汽车工业面临的长期共同挑战。我国从“八五”开始，围绕电动汽车开展科技部署，并设立相关电动汽车科技攻关项目。针对上述主要污染源的排放与治理，结合能源、交通领域的技术发展与产业政策，根据国务院领导对科技部《关于加快发展我国燃气汽车的报告》和《关于发展我国电动汽车问题的报告》的批示精神，分别成立了由科技部牵头，国家计委、国家环保总局、国家机械局、国家质量技术监督局、财政部、国家税务总局、建设部、教育部等部门参加的“国家燃气汽车协调领导小组”和“国家电动汽车协调领导小组”，并已在“八五”、“九五”科技攻关计划、“863 计划”和社会发展计划中安排了代用燃料汽车的有关技术研究、电动汽车关键技术攻关、降低燃油汽车污染排放系列技术开发等方面 30 余个，总投入约 10 亿元。其中，汽车发动机电子燃油喷射装置等通过成果转化已形成一定规模生产能力；代用燃料汽车已在十几个城市推开，全国已改装压缩天然气汽车和液化石油气汽车万辆级，建立加气站多座；电动汽车在概念车研制及配套的动力蓄电池开发、轿车车身设计、车用新材料开发及精密成型等方面已取得了重要进展，第一个电动汽车示范区进入工作状态。

经过“八五”电动汽车科技攻关项目和“九五”时期电动汽车重大科技产业工程项目的开展，奠定了我国电动汽车基础材料和原始功能样车的开发能力；此外，“九五”时期，通过对“高性能稀土永磁钕铁硼及其应用”和“镍氢蓄电池产业化开发”等课题的支持，我国在新能源汽车基础材料和零部件上取得了良好进展。

进入 21 世纪，全球能源与环境的严峻形势，特别是国际金融危机对汽车产业的巨大冲击，推动世界各国加快交通能源战略转型，掀起了新能源汽车发展新一轮热潮。我国汽车工业发展面临着能源动力系统转型和传统汽车技术快速提升的双重挑战，大力发展以电动汽车为主的新能源汽车，有利于降低石油依赖，保障国家能源安全；有利于降低环境污染、减少温室气体排放；有利于实施汽车工业自主发展战略，把握由汽车大国向汽车强国

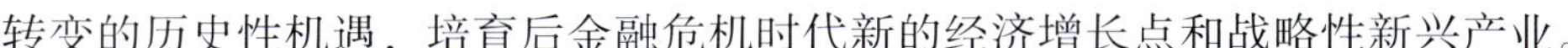

转变的历史性机遇，培育后金融危机时代新的经济增长点和战略性新兴产业。

自2001年起，在世界电动汽车发展徘徊不前时，科技部从维护国家能源安全、环境保护、增强汽车工业核心竞争力、促进汽车产业结构升级角度，聚焦电动汽车整车及动力系统技术平台、关键零部件和公共服务平台，先后于“十五”、“十一五”及“十二五”期间，启动“电动汽车重大专项”和“节能与新能源汽车重大项目”等。创新性提出并不断优化“三纵三横”矩阵式战略规划布局，组织国内几百家整车企业、电动机与蓄电池等零部件企业、大学及科研院所开展电动汽车关键技术攻关。此外，我国坚持研发与示范相结合两条腿走路，结合奥运会、世博会、亚运会、大运会、达沃斯论坛等重大活动需求，结合地区经济社会转型发展需求，先后在多个城市启动电动汽车规模应用综合示范，加速电动汽车科技成果转化，培育电动汽车规模应用环境。

经过十几年有组织、大规模、高强度持续研发和综合示范，我国基本掌握了新能源汽车整车、动力系统技术平台和关键零部件核心技术，截止到2013年12月，我国开发出超过800款节能与新能源汽车产品；并结合奥运会、世博会、亚运会、大运会等重大活动和“十城千辆”节能与新能源汽车示范推广试点工程，开展了电动汽车综合示范；确立了新能源汽车战略性新兴产业地位，初步显现以环渤海、长三角、珠三角、东北、长株潭、西南为代表的产业集群，产业环境明显改善；颁布了若干促进新能源汽车技术进步、产业发展和市场培育的法规、政策或规定；建立了能够基本满足新能源汽车研发和生产的标准体系，累计颁布电动汽车相关国家和行业标准56项；搭建了若干电动汽车整车、蓄电池、电动机等测试平台；探索了适合新能源汽车市场推广初期的商业模式；搭建了中美、中德新能源汽车研发和示范平台，建立了中德新能源汽车战略伙伴关系，拓展了新能源汽车国际合作交流；培养了电动汽车专业人才队伍。

一、新能源汽车技术预演阶段（第一阶段：1991～2000年）

早在“八五”期间，“电动汽车关键技术研究”列入国家计委的科技重点攻关项目中，此后，科技部开始力推新能源汽车。“九五”期间，我国就将燃料电池技术列为国家重大科技攻关项目。1999年2月12日，国家清洁汽车领导小组办公室正式成立。1999年4月6日，召开“空气净化工程——清洁汽车行动”工作会议，标志着以降低汽车排放污染、净化城市大气环境、平衡利用能源、建立新型清洁汽车产业为主的清洁汽车行动在全国正式启动。国家清洁汽车领导小组启动了12个试点示范城市和地区的清洁汽车推广应用工作。

二、新能源汽车科技攻关阶段（第二阶段：2001～2010年10月）

2001年9月30日，科技部将电动汽车研究开发列入了“十五”国家“863计划”重大专项，专项确立了“三纵三横”的国家新能源汽车研发布局：燃料电池汽车、混合动力汽车、纯电动汽车3种整车技术为“三纵”，多能源动力总成系统、驱动电动机、动力蓄电池3种关键技术为“三横”。专项采用总体组负责制，由整车企业牵头，关键零部件配合，产学研相结合，政策、法规、技术标准同步研究，基础设施协调发展的研发体制。

2004年12月17日，科技部召开电动汽车重大科技专项座谈会。

2006年2月7日，《国家中长期科学和技术发展规划纲要（2006～2020）》（国发〔2005〕44号）提出要重点研究开发混合动力汽车、替代燃料汽车和燃料电池汽车整车设计、集成和制造技术，动力系统集成与控制技术，汽车计算平台技术，高效低排放内燃机、燃料电池发动机、动力蓄电池、驱动电动机等关键部件技术，新能源汽车实验测试及基础设施技术等。

2007年10月17日，《新能源汽车生产准入管理规则》（中华人民共和国国家发展和改革委员会公告2007年第72号）颁布。①对新能源汽车进行了定义：新能源汽车是指采用非常规的车用燃料作为动力来源，综合车辆的动力控制和驱动方面的先进技术，形成的技术原理先进、具有新技术、新结构的汽车；包括混合动力汽车、纯电动汽车、燃料电池汽车、氢发动机汽车、其他新能源汽车等。②对新能源汽车的生产企业资质、生产准入条件以及申报要求等内容作了具体规定。

2009年6月17日，国家工业和信息化部发布《新能源汽车生产企业及产品准入管理规则》（工产业〔2009〕第44号），对新能源汽车的范围进行了定义：“新能源汽车”是指“采用非常规的车用燃料作为动力来源（或使用常规的车用燃料、采用新型车载动力装置），综合车辆的动力控制和驱动方面的先进技术，形成的技术原理先进、具有新技术、新结构的汽车”；具体包括“混合动力汽车、纯电动汽车（包括太阳能汽车）、燃料电池电动汽车、氢发动机汽车、其他新能源（如高效储能器、二甲醚）汽车等各类别产品”。与此同时，该管理规则规定了新能源汽车生产企业及产品的准入条件，并将新能源汽车的发展清晰的划分为起步期、发展期和成熟期3个不同的技术阶段。燃料电池车、氢发动机汽车和二甲醚汽车被列入起步期；锂离子动力蓄电池为动力的混合动力乘用车、商用车以及纯电动汽车属于发展期；使用铅酸蓄电池和镍氢蓄电池的混合动力乘用车则为成熟期。按照新规则对新能源汽车技术阶段的划分，就动力源而言，铅酸蓄电池在混合动力乘用车、纯电动乘用车、纯电动商用车中的应用均处于成熟阶段，意味着这三类以铅酸蓄电池为动力的新能源汽车可以产业化；镍氢蓄电池在混合动力汽车上应用的成熟度优于锂离子蓄电池，尤其在混合动力乘用车上的应用完全具备产业化条件；锂离子蓄电池在纯电动汽车应用方面的条件优于镍氢蓄电池，但尚处于发展期，可以在区域内示范推广；超级电容器在混合动力汽车应用方面处于发展期，在纯电动汽车应用方面处于起步期；其他包括锌空气蓄电池、燃料电池、氢发动机汽车、二甲醚汽车等均处于起步期。

2009 年 1 月 23 日，《关于开展节能与新能源汽车示范推广试点工作的通知》（财建〔2009〕6 号）提出在北京、上海、重庆、长春、大连、杭州、济南、武汉、深圳、合肥、长沙、昆明、南昌 13 个城市开展节能与新能源汽车示范推广试点工作。旨在以科技创新和产业振兴政策支持自主创新，以财政政策鼓励在公交、出租、公务、环卫和邮政等公共服务领域率先推广使用节能与新能源汽车。针对电动汽车的发展处于从科研转入产业化关键时期的特点，围绕电动汽车重大科技成果转化，科技部联合财政部、工信部、发改委建立电动汽车科技成果产业化“财政—科技联动”新机制，组织实施“十城千辆”节能与新能源汽车示范推广试点工程，开展电动汽车规模应用综合示范，从而培育电动汽车应用环境、提高产品认知度、开展产品可靠性和安全性考核，有计划、分阶段推动科技成果向产品转化。

2010 年 5 月 31 日，《关于扩大公共服务领域节能与新能源汽车示范推广有关工作的通知》（财建〔2010〕227 号）指出在原有 13 个试点城市的基础上，增加天津、海口、郑州、厦门、苏州、唐山、广州 7 个试点城市。第 3 批又增加沈阳、呼和浩特、成都、南通和襄樊 5 个试点城市，节能与新能源汽车示范推广范围进一步扩大到 25 个城市。根据试点城市实施方案和资金申请，财政部通过省级财政部门将示范推广补助资金预拨给试点城市。

2010 年 5 月 31 日，《关于开展私人购买新能源汽车补贴试点的通知》（财建〔2010〕230 号）提出选定上海、深圳、杭州、长春和合肥 5 个城市作为试点（后来又增加了天津、海口、郑州、厦门、苏州、唐山和广州等 7 个城市），对私人购买新能源汽车（插电式 plug-in 混合动力乘用车和纯电动乘用车）给予一次性补助；对动力蓄电池、充电站等基础设施的标准化建设给予适当补助；对满足支持条件的新能源汽车，按 3 000 元/kW · h 给予补助；插电式混合动力乘用车最高补助 5 万元/辆；纯电动乘用车最高补助 6 万元/辆。

2010 年 10 月 10 日，《国务院关于加快培育和发展战略性新兴产业的决定》（国发〔2010〕32 号）中根据战略性新兴产业的特征，立足我国国情和科技、产业基础，现阶段重点培育和发展节能环保、新一代信息技术、生物、高端装备制造、新能源、新材料、新能源汽车等产业。新能源汽车成为国务院确定战略性新兴产业，并进入战略新兴产业培育和发展阶段。

三、新能源汽车战略性新兴产业培育阶段（第三阶段：2010 年 10 月至今）

（一）发展战略性新兴产业意义

战略性新兴产业是以重大技术突破和重大发展需求为基础，对经济社会全局和长远发展具有重大引领带动作用，知识技术密集、物质资源消耗少、成长潜力大、综合效益好的产业。加快培育和发展战略性新兴产业对推进我国现代化建设具有重要战略意义，已成为当前世界主要国家抢占新一轮经济和科技发展制高点的重大战略。

1. 加快培育和发展战略性新兴产业是全面建设小康社会、实现可持续发展的必然选择

我国人口众多、人均资源少、生态环境脆弱，又处在工业化、城镇化快速发展时期，面临改善民生的艰巨任务和资源环境的巨大压力。要全面建设小康社会、实现可持续发展，必须大力发展战略性新兴产业，加快形成新的经济增长点，创造更多的就业岗位，更好地满足人民群众日益增长的物质文化需求，促进资源节约型和环境友好型社会建设，实现可持续发展。

2. 加快培育和发展战略性新兴产业是推进产业结构升级、加快经济发展方式转变的重大举措

战略性新兴产业以创新为主要驱动力，辐射带动力强，加快培育和发展战略性新兴产业，有利于加快经济发展方式转变，有利于提升产业层次、推动传统产业升级、高起点建设现代产业体系，体现了调整优化产业结构的根本要求。

3. 加快培育和发展战略性新兴产业是构建国际竞争新优势、掌握发展主动权的迫切需要

当前，全球经济竞争格局正在发生深刻变革，科技发展正孕育着新的革命性突破，世界主要国家纷纷加快部署，推动节能环保、新能源、信息、生物等新兴产业快速发展。我国要在未来国际竞争中占据有利地位，必须加快培育和发展战略性新兴产业，掌握关键核

心技术及相关知识产权，增强自主发展能力。

（二）新能源汽车战略性新兴产业地位确定与培育发展

1. 新能源汽车战略性新兴产业地位确立

汽车产业已经成为我国国民经济重要的支柱产业，在促进经济发展、增加就业、拉动内需等方面发挥着越来越重要的作用。据工信部统计，2010 年，我国汽车产业实现工业总产值 4.34 万亿元，占国民经济总产值的 6.13%。直接相关产业的从业人员超过 4 000 万人，占全国城镇就业人数的 12% 以上。汽车行业税收 9 500 亿元，占全国税收的 13%。然而，我国汽车工业发展面临着能源动力系统转型和传统汽车技术快速提升的双重挑战。因此，必须大力发展以电动汽车为主的新能源汽车，降低石油依赖、保障国家能源安全；降低环境污染、减少温室气体排放；实施汽车工业自主发展战略，把握由汽车大国向汽车强国转变的历史性机遇，培育后金融危机时代新的经济增长点和战略性新兴产业。

在新能源汽车科技创新引领支撑下，新能源汽车产品研发的快速推进，关键零部件研发配套体系的建立，基础设施、标准体系和测试评价等公共平台的快速发展，以及“十城千辆”工程的有序开展等系列研发和综合示范行动，有效推动了新能源汽车产业链的形成，并带动了机械、材料、电子、信息、制造装备等产业快速发展，为我国新能源汽车战略性新兴产业的形成奠定了良好基础。2010 年 10 月，国务院从培育未来经济增长点，提高我国国家竞争力战略高度，将新能源汽车列为 7 大战略性新型产业之一。

为实现新能源汽车快速健康发展，《国务院关于加快和发展战略新兴产业的决定》强调着力突破动力蓄电池、驱动电动机和电子控制领域关键核心技术，推进插电式混合动力汽车、纯电动汽车推广应用和产业化。同时，开展燃料电池汽车相关前沿技术研发，大力推进高能效、低排放节能汽车发展。

《国务院关于加快和发展战略新兴产业的决定》提出到 2015 年，战略性新兴产业形成健康发展、协调推进的基本格局，对产业结构升级的推动作用显著增强，增加值占国内生产总值的比重力争达到 8% 左右。到 2020 年，战略性新兴产业增加值占国内生产总值的比重力争达到 15% 左右，吸纳、带动就业能力显著提高。新能源汽车与新能源、新材料一道，共同产业成为国民经济的先导产业；新能源汽车创新能力大幅提升，掌握一批关键核心技术，在局部领域达到世界领先水平；在新能源汽车领域形成一批具有国际影响力的大企业和一批创新活力旺盛的中小企业；建成一批产业链完善、创新能力强、特色鲜明的战略性新兴产业集聚区。

2. 新能源汽车战略性新兴产业培育与发展

为加快培育和发展新能源汽车战略性新兴企业，充分发挥政府的顶层设计与引导作用，营造有利于新能源汽车战略性新兴产业发展的环境，我国政府先后制定了相关政策文件，从产业体系建设、创新能力提升、财政税收等方面为战略性新兴产业的培育和发展提供支撑。

2011 年 3 月 1 日，《中华人民共和国国民经济和社会发展第十二个五年规划纲要》提出要重点发展插电式混合动力汽车、纯电动汽车和燃料电池汽车技术，开展插电式混合动力汽车、纯电动汽车研发及大规模商业化示范工程，推进产业化应用。

2011 年 7 月 4 日，《国家“十二五”科学和技术发展规划》提出：①全面实施“纯电驱动”技术转型战略，实施新能源汽车科技产业化工程。②目前的任务是在全面掌握核心技术的基础上、加快整车系统技术成果的产业化和规模示范，形成整车及零部件工业体系，建设新能源汽车基础设施、产业标准体系和检测系统。重点推进关键零部件技术（蓄电池—电动机—电控系统）、整车集成技术（混合动力—纯电驱动—下一代纯电驱动）和公共平台技术（技术标准法规—基础设施—测试评价技术）的研究与攻关。继续实施“十城千辆”工程，到 2015 年，突破 23 个重点技术方向，在 30 个以上城市进行规模化示范推广，5 个以上城市进行新型商业化模式试点应用，使电动汽车保有量达 100 万辆、产值预期超过 1 000 亿元。③要发展与电动汽车关系密切的智能电网，特别是大规模间歇式电源并网与储能、高密度多点分布式电流并网、电动汽车充电设施与电网互动协调运行技术、分布式供能、大电网智能分析与安全稳定控制系统、输变电设备智能化等核心技术。

2011 年 10 月 14 日，《关于进一步做好节能与新能源汽车示范推广试点工作的通知》（财办建〔2011〕149 号）提出：①要求充电桩与新能源车辆的配比不得低于 1∶1，充电网络要覆盖住宅小区、工作场所停车位，在政府机关和商场、医院等地设置专用停车位及充电桩。②对车企提出了更明确的销售底线，并在购买、使用、回收等环节做出了全方位的要求，表明了国家对新能源汽车推广的决心。

2012 年 3 月 3 日，《电动汽车科技发展“十二五”专项规划》指出：当前我国电动汽车发展已进入关键时期，既面临重大的发展机遇，也面临着严峻的挑战。我国电动汽车发展中还存在很多需要解决的问题，例如：核心技术还不具竞争优势，企业投入不足，政府的协调统筹潜力还没有充分发挥等。总体看，我国电动汽车研发起步不晚，发展不慢，但由于传统汽车及相关产业基础相对薄弱、投入不足，差距仍在，中高端技术竞争压力越来

越大。因此，必须加大攻坚力度，推动我国汽车工业向创新驱动转型，抢占技术制高点，培育新能源汽车战略性新兴产业，引领产业变革，确保我国汽车行业可持续发展。

2012 年 7 月 9 日，国务院颁布《“十二五”国家战略性新兴产业发展规划》，强调以纯电驱动为新能源汽车发展和汽车工业转型的主要战略取向，当前重点推进纯电动汽车和插电式混合动力汽车产业化，推进新能源汽车及零部件研究试验基地建设，研究开发新能源汽车专用平台，构建产业技术创新联盟，推进相关基础设施建设。重点突破高性能动力蓄电池、电动机、电控系统等关键零部件和材料核心技术，大幅度提高动力蓄电池和电动机安全性与可靠性，降低成本；加强电制动等电动功能部件的研发，提高车身结构和材料轻量化技术水平；推进燃料电池汽车的研究开发和示范应用；初步形成较为完善的产业化体系。建立完整的新能源汽车政策框架体系，强化财税、技术、管理、金融政策的引导和支持力度，促进新能源汽车产业快速发展。

2012 年 6 月 28 日，《国务院关于印发节能与新能源汽车产业发展规划（2012～2020 年）的通知》（国发〔2012〕22 号）提出：根据新能源汽车目前的发展状况及面临的形势，对节能与新能源汽车产业发展的主要目标与任务做了详尽规划。其中，规划到 2015 年，纯电动汽车和插电式混合动力汽车累计产销量力争达到 50 万辆。到 2020 年，累计产销量超过 500 万辆。以纯电驱动为汽车工业转型的主要战略取向，重点推进纯电动汽车和插电式混合动力汽车产业化。该规划提出五大主要任务：①实施技术创新工程；②科学规划产业布局；③加快推广应用和试点示范；④积极推进充电设施建设；⑤加强动力蓄电池梯级利用和回收管理。

2012 年 10 月 24 日，《中国的能源政策（2012）》白皮书，全面介绍中国能源发展现状、面临的诸多挑战以及努力构建现代能源产业体系和加强能源国际合作的总体部署。白皮书提出了我国未来 5～10 年的能源发展政策和目标，对我国电力发展产生重大影响。

2013 年 3 月 1 日，《关于印发“十二五”国家重大创新基地建设规划的通知》（国科发计〔2013〕381 号）提出建设面向新兴产业的国家重大创新基地。围绕节能环保、新一代信息技术、生物、高端装备制造、新能源、新材料、新能源汽车等新兴产业，充分发挥高等院校和科研院所的源头创新作用，突出企业的技术创新主体地位，以纵向联合为主的方式，联合科研院所、高校等各类主体，贯通基础研究、技术开发与工程化、产业化等创新链各环节，集成各类创新载体，部署建设若干国家重大创新基地。

2013 年 9 月 10 日，《国务院关于印发大气污染防治行动计划的通知》（国发〔2013〕

37 号）提出：随着我国工业化、城镇化的深入推进，能源资源消耗持续增加，大气污染防治压力继续加大。为切实改善空气质量，制定本行动计划。具体指标：到 2017 年，全国地级及以上城市可吸入颗粒物浓度比 2012 年下降 10% 以上，优良天数逐年提高；京津冀、长三角、珠三角等区域细颗粒物浓度分别下降 25%、20%、15% 左右，其中北京市细颗粒物年均浓度下降控制在 60μg/m³ 左右。该通知第一条提出：大力推广新能源汽车。公交、环卫等行业和政府机关要率先使用新能源汽车，采取直接上牌、财政补贴等措施鼓励个人购买。北京、上海、广州等城市每年新增或更新的公交车中新能源和清洁燃料车的比例达到 60% 以上。

2013 年 9 月 17 日，《关于印发〈京津冀及周边地区落实大气污染防治行动计划实施细则〉的通知》（环发〔2013〕104 号），分主要目标、重点任务 2 部分。具体指标是：到 2017 年，北京市、天津市、河北省细颗粒物（PM2.5）浓度在 2012 年基础上下降 25% 左右，山西省、山东省下降 20%，内蒙古自治区下降 10%。其中，北京市细颗粒物年均浓度下降控制在 60μg/m³ 左右。其中，第九条大力推广新能源汽车要求，公交、环卫等行业和政府机关率先推广使用新能源汽车。北京、天津、石家庄、太原、济南等城市每年新增或更新的公交车中新能源和清洁燃料车的比例达到 60% 左右。采取直接上牌、财政补贴等综合措施鼓励个人购买新能源汽车。在农村地区积极推广电动低速汽车（三轮汽车、低速货车）。

第二章　新能源乘用车国家规划与政策

从我国经济增长、社会发展面临的形势来看，为转变经济增长方式、加快形成新的经济增长点、促进资源节约型和环境友好型社会建设，实现我国到2020年进入小康社会，需要加大对新能源汽车等战略性新兴产业的支持。一方面，我国人均GDP已超过3 000美元，难以延续以往由低收入阶段进入中等收入阶段的粗放式发展模式，亟待通过发展新能源汽车等资金、技术密集型产业来实现经济发展方式的转变，从而为经济增长提供发展动力；另一方面，我国正面临日益严峻的环保、能源形势，通过发展新能源汽车等为代表的战略性新兴产业，既能缓解车用能源压力，有效降低机动车尾气排放；又能培育新的经济增长点，为实现社会和谐发展做出贡献。

从我国汽车产业发展所处的阶段以及面临的国内外形势来看，实现汽车产业转型和产业由大变强，亟须加快培育和发展新能源汽车产业。目前，世界主要汽车生产国纷纷加快部署，将发展新能源汽车作为国家战略，加快推进技术研发和产业化，美国、日本等国家的财税支持政策已经从购车覆盖到充电基础设施建设等多个环节。作为汽车产销量第一大国，我国要实现由汽车工业大国向汽车工业强国的转变，也必须采取行之有效的措施加快培育和发展新能源汽车产业，促进汽车产业优化升级。

从新能源汽车消费和产业化面临的问题来看，目前，在技术方面与国外先进水平仍有较大的差距，缺乏质量可靠的量产车型，较高的购置成本，充电不便等都直接抑制了新能源汽车的消费。为积极培育市场，也需要继续实施新能源汽车示范推广和私人购买试点政策，并加大支持力度，在新能源汽车基础设施、购置税优惠、政策采购和地方支持政策方面出台更有力的措施，以真正撬动新能源汽车消费市场。

总之，从经济增长、社会发展、汽车产业转型升级等方面来看，在新能源汽车战略性新兴产业培育期，需积极发挥规划引领和政策激励作用，聚集科技和产业资源，鼓励节能与新能源汽车的开发生产，引导市场消费。等到进入产业成熟期后，再充分发挥市场对产业发展的驱动作用和配置资源的基础作用，营造良好的市场环境，促进节能与新能源汽车大规模商业化应用。为此，在新能源汽车产业培育期，我国积极制定有利于新能源汽车技术创新、产业发展、商业模式建立、市场培育的政策法规体系，发挥政策的引导作用。

自2000年起，国家科技部设立“电动汽车重大专项”，发挥重大科技资金引导作用，启动我国新能源汽车的科技创新工作。随着新能源汽车技术攻关、产品研制和产业化有序推进，我国先后出台了一系列政策法规和规划，支撑其发展。

第一节　“十五”期间国家新能源汽车规划、政策与法规

“十五”期间，我国坚持发挥市场配置资源的基础性作用与政府宏观调控相结合的原则，于2004年修订《汽车产业政策》，强调要积极开展电动汽车、车用动力蓄电池等新型动力的研究和产业化，重点发展混合动力汽车技术和轿车柴油发动机技术。国家在科技研究、技术改造、新技术产业化、政策环境等方面采取措施，促进混合动力汽车的生产和使用。并开展电动汽车产品公告管理制度研究。

第二节　“十一五”期间国家新能源汽车规划、政策与法规

“十一五”期间，围绕电动汽车关键技术进步、产业培育和应用环境建设，我国先后制定发布了《国家中长期科学和技术发展规划纲要》、《汽车产业调整和振兴规划》、《新能源汽车生产企业及产品准入准则》、《节能与新能源汽车示范推广财政补贴资金管理暂行办法》和《私人购买新能源汽车试点财政补助资金管理暂行办法》等，见表2-1。做出了关于加快培育和发展战略性新兴产业的决定，为电动汽车研发、产业培育和示范推广应用

提供政策法规支撑。

“十一五”期间我国发布的新能源汽车政策法规　表 2-1

序　　号	发布年份（年）	政策法规名称
1	2006	国家中长期科学和技术发展规划纲要
2	2009	汽车产业调整和振兴规划
3	2009	新能源汽车生产企业及产品准入准则
4	2009	节能与新能源汽车示范推广财政补贴资金管理暂行办法
5	2010	私人购买新能源汽车试点财政补助资金管理暂行办法
6	2010	关于加快培育和发展战略性新兴产业的决定

第三节　“十二五”期间国家新能源汽车规划、政策与法规

“十二五”前期，为落实新能源汽车战略性新兴产业，构建我国新能源汽车产业技术创新体系、产品型谱、产业链和应用环境，我国先后制定了《国家“十二五”科学和技术发展规划》、《“十二五”产业技术创新规划》、《电动汽车科技发展“十二五”专项规划》、《节能与新能源汽车产业发展规划（2012～2020 年）》、《“十二五”国家战略性新兴产业发展规划》等一系列政策法规和规划，见表 2-2。

一、电动汽车科技发展“十二五”专项规划

2012 年 3 月，国家科技部发布《电动汽车科技发展“十二五”专项规划》，指出发展电动汽车是提高汽车产业竞争力、保障能源安全和发展低碳经济的重要途径。未来 5 年将是电动汽车研发与产业化的战略机遇期。“十二五”期间，国家科技计划将加大力度，持续支持电动汽车科技创新，把科技创新引领与战略性新兴产业培育相结合，组织实施电动汽车科技发展专项规划。

"十二五"前期我国发布的新能源汽车政策法规　　表 2-2

序　号	发布年份（年）	政策法规名称
1	2011	国家"十二五"科学和技术发展规划
2	2011	中华人民共和国车船税法
3	2011	关于促进战略性新兴产业国际化发展的指导意见
4	2011	"十二五"产业技术创新规划
5	2011	中华人民共和国车船税法实施条例
6	2012	电动汽车科技发展"十二五"专项规划
7	2012	节能与新能源汽车产业发展规划（2012～2020 年）
8	2012	"十二五"国家战略性新兴产业发展规划
9	2013	"十二五"国家重大创新基地建设规划
10	2013	国务院关于加快发展节能环保产业的意见

《电动汽车科技发展"十二五"专项规划》从技术层面分析了各类节能与新能源汽车的技术发展情况，指出：混合动力汽车技术逐步成熟，已进入产品市场竞争期，率先实现产业化，正成为汽车市场销售新的增长点。纯电动汽车蓄电池技术进步加速，整车产品更加接近消费者需求；世界主要汽车制造商加快了纯电动汽车量产步伐；插电式混合动力作为一种具有纯电动和混合动力双重特征的电动汽车技术，已成为全球新的研发热点；以蓄电池租赁为代表的纯电动汽车商业模式创新取得进展。燃料电池及燃料电池汽车技术近年来取得突破性进展，国际上各大汽车集团持续投入开展燃料电池汽车研发。

《电动汽车科技发展"十二五"专项规划》分析总结了国际汽车产业界达成了电动汽车产业化战略共识：在技术路线上，近期（2010～2015 年），将尽快推进混合动力技术的应用，发展小型纯电动汽车和插电式混合动力电动车。中期（2015～2020 年），将在混合动力技术得到广泛应用基础上，加大小型纯电动汽车和插电式混合动力汽车推广力度。远期（2020 年后），纯电驱动技术将逐步占据主导地位，通过发展纯电动汽车和燃料电池汽车，大幅度降低排放。在车型应用方面，纯电动、混合动力和燃料电池 3 种类型的电动汽车技术各自具有最优的适用车型。对短途出行需求，可采用小型纯电动汽车；对长途出行需求，主要采用混合动力汽车、插电式混合动力汽车或者燃料电池汽车。

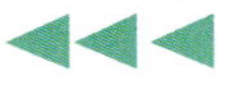

《电动汽车科技发展“十二五”专项规划》指出我国高度重视电动汽车技术的发展。经过“十五”和“十一五”两个五年计划的科技攻关以及奥运会、世博会、“十城千辆”等示范工程的实施，我国电动汽车从无到有，在关键零部件、整车集成技术以及技术标准、测试技术、示范运行等方面都取得重大进展，初步建立了电动汽车技术体系，已申请专利3 000余项，颁布电动汽车国家和行业标准56项，建成30多个新能源汽车技术创新平台。并指出：当前我国电动汽车发展已进入关键时期，既面临重大的发展机遇，也面临着严峻的挑战。我国电动汽车发展中还存在很多需要解决的问题，例如核心技术还不具竞争优势，企业投入不足，政府的协调统筹潜力还没有充分发挥等。因此，总体来看，我国电动汽车研发起步不晚，发展不慢，但由于传统汽车及相关产业基础相对薄弱、投入不足，差距仍在，中高端技术竞争压力越来越大。因此，必须加大攻坚力度，推动我国汽车工业向创新驱动转型，抢占技术制高点，培育新能源汽车战略性新兴产业，引领产业变革，确保我国汽车行业可持续发展。

《电动汽车科技发展“十二五”专项规划》确立了自主创新、重点突破、协调发展指导原则，确立“纯电驱动”的技术转型战略，坚持“三纵三横”的研发布局。围绕“纯电驱动”技术转型战略，指出我国要顺应全球汽车动力系统电动化技术变革总体趋势，发挥我国的有利条件和比较优势，面向“纯电驱动”实施汽车产业技术转型战略，加快发展“纯电驱动”电动汽车产品。实施这一技术转型战略，要依靠自主创新，坚持自主发展，突破电动汽车核心瓶颈技术；同时要充分利用国际资源，进一步提升我国汽车共性基础技术水平，服务于“纯电驱动”的技术转型战略。围绕“三纵三横”研发布局，指出我国电动汽车研发在“三纵三横”的技术创新战略指导下，经过“十五”、“三纵三横、整车牵头”和“十一五”、“三纵三横、动力系统技术平台为核心”两阶段技术攻关，取得了重大技术突破，形成了中国特色的电动汽车研发体系。“十二五”期间，应继续坚持“三纵三横”的基本研发布局，根据“纯电驱动”技术转型战略，进一步突出“三横”共性关键技术。

《电动汽车科技发展“十二五”专项规划》目标有3个：

（1）面向产业升级需求：产品研发，支撑发展。“十二五”是以汽车电控化和动力混合化两大技术相结合为标志的产品换代与产业升级期。要推进各种常规混合动力汽车的产业化技术研发与大规模产业化。力争使我国混合动力客车综合性价比和市场占有率处于国际先进水平；力争使我国混合动力轿车具备国际市场竞争力。以混合动力技术为龙头带动传统汽车节能减排技术的综合集成与全面进步。为我国汽车行业实现汽车产业政策和油耗与排放法规的“十二五”目标提供了技术支撑。

（2）面向技术转型需求：规模示范，产业引领。“十二五”是将汽车小型化和动力电气化相汇合，发展我国小型电动轿车的机遇期。要实施“纯电驱动”技术转型战略，探索纯电驱动汽车技术解决方案、新型商业模式和能源供应体系。使我国在以小型电动轿车为代表的各类纯电动汽车普及程度、以示范城市为平台的电动汽车全价值链整合水平、以锂动力蓄电池为重点的车用蓄电池产业国际竞争能力等方面处于国际先进水平，为培育我国电动汽车战略性新兴产业发挥引领作用。

（3）面向科技跨越需求：前瞻部署，创新突破。“十二五”是将能源多元化和动力一体化两大趋势相统一，研究下一代纯电驱动平台，抢占电动汽车高端前沿制高点的科技攻坚期。要攻克以先进燃料电池、新型动力蓄电池等为代表的一批前沿高端难点技术。开发出具有关键技术综合集成性、先进成果展示标志性、系列化、高级别电动汽车，综合技术指标达到国际先进水平。为实现我国从汽车制造大国向汽车技术强国转型奠定坚实基础。

《电动汽车科技发展“十二五”专项规划》明确了具体实施途径：

（1）技术平台“一体化”。为了应对电动汽车技术多元化和车型多样化问题，紧紧抓住“蓄电池、电动机、电控系统”三大共性关键技术，以关键零部件模块化为基础，推进动力总成模块化，促进动力系统平台化，实现电动汽车技术平台“一体化”。

动力蓄电池、电动机、电子控制单元等关键部件模块化，有利于规模化生产和应用，便于蓄电池的维修、更换、租赁和回收处理。以通用化、系列化的动力蓄电池模块为核心，可以形成多样化的整车动力蓄电池系统，结合电动机等基础模块，可开发各种纯电驱动汽车；车用动力总成方面，以动力蓄电池等关键零部件模块为基础，进一步提升系统集成层次，可发展出各种新型动力总成。

（2）车型开发“两头挤”。我国中高级别以上轿车的纯电驱动平台技术尚不成熟，需要继续研究开发，并作为科技跨越的重点研究内容。与此同时，对于电动汽车科技发展，充分发挥我国技术特色、产业化优势和市场潜力，在城市公共用车和私人小型轿车上优先发展“纯电驱动”电动汽车，形成“两头挤”发展格局，启动大规模市场；然后滚动发展，逐步挤占中高档燃油轿车这一市场空间。

一方面，要以城市公交车为重点，在现有常规混合动力大客车推广应用的基础上，加强纯电驱动的可充电式和里程延长式电动大客车的开发、推广力度；并继续开展电动大客车与燃料电池—动力蓄电池的电—电混合式大客车的研发和示范。另一方面，发展小型电动汽车。燃油汽车小型化和电动汽车小型化是全球主流趋势，中国最具技术特色、产业优势和市场潜力。小型电动汽车可以成为我国汽车工业自主创新的重要突破口，可以满足我国快速城市化进程中交通可持续发展需求，可以促进我国电动汽车与充电设施以及蓄电池产业之间的良性互动和滚动发展，可以形成大规模市场需求。

（3）产业化推进“三步走”。电动汽车产业化初期，电动汽车产业化推进按照“三步走”的推进战略，结合不同阶段的技术进步程度和市场需求状况，把握节奏，分步实施。

①第一阶段：2008～2010 年，在大中城市公共服务领域开展新能源汽车示范。2008 年开始的奥运示范项目，已经实现 595 辆电动汽车规模化示范运行，2009 年启动“十城千辆”大规模示范推广工程，全国 13 个示范城市约 5 000 辆节能与新能源汽车投入示范运营；到 2010 年度，示范城市从 13 个增加到 25 个，重点转向纯电驱动汽车，全国 25 个示范城市约 8 000 辆节能与新能源汽车投入示范运营。

②第二阶段：2010～2015 年，实现混合动力汽车产业化；开展以小型电动汽车为代表的纯电驱动汽车大规模商业化示范；实现燃料电池汽车在公共服务领域小规模示范考核；攻克深度机电耦合、新型电动机驱动等前沿技术，研发以燃料电池汽车为代表的下一代纯电驱动动力系统平台。为实现电动汽车规模产业化，尤其是纯电驱动汽车销量达到同类车型总销量 1% 左右的重要门槛提供科技支撑。

在此阶段，开展以能量型锂离子动力蓄电池为重点，蓄电池模块化为核心的动力蓄电池全方位技术创新，实现我国车用动力蓄电池大规模产业化突破。到 2015 年左右，在 20 个以上示范城市和周边区域建成由 40 万个充电桩、2 000 个充换电站构成的网络化供电体系，满足电动汽车大规模商业化示范能源供给需求。

③第三阶段：2015～2020 年，继续推进纯电动汽车大规模产业化，并开始启动下一代纯电驱动汽车产业化进程。

在此阶段，以下一代动力蓄电池技术路线为主导，开启下一代动力蓄电池产业化。确立电动汽车主导商业模式，并完善原有基础设施网络，提高车网融合程度。到 2020 年左右，为实现各类电动汽车推广普及提供技术支撑。

《电动汽车科技发展“十二五”专项规划》指出了“十二五”电动汽车科技发展重点任务是：紧紧围绕电动汽车科技创新与产业发展的三大需求，继续坚持“三纵三横”的研发布局，突出“三横”共性关键技术，着力推进关键零部件技术、整车集成技术和公共平台技术的攻关与完善、深化与升级，形成“三横三纵三大平台”战略重点与任务布局。

二、节能与新能源汽车产业发展规划（2012～2020年）

2012年6月，国务院发布了《节能与新能源汽车产业发展规划（2012～2020年）》，指出汽车产业是国民经济的重要支柱产业，在国民经济和社会发展中发挥着重要作用。随着我国经济持续快速发展和城镇化进程加速推进，今后较长一段时期汽车需求量仍将保持增长势头，由此带来的能源紧张和环境污染问题将更加突出。加快培育和发展节能汽车与新能源汽车，既是有效缓解能源和环境压力，推动汽车产业可持续发展的紧迫任务，也是加快汽车产业转型升级、培育新的经济增长点和国际竞争优势的战略举措。

《节能与新能源汽车产业发展规划（2012～2020年）》分析了我国新能源汽车发展现状，指出：我国新能源汽车经过近10年的研究开发和示范运行，基本具备产业化发展基础，蓄电池、电动机、电子控制和系统集成等关键技术取得重大进步，纯电动汽车和插电式混合动力汽车开始小规模投放市场。但总体上看，我国新能源汽车整车和部分核心零部件关键技术尚未突破，产品成本高，社会配套体系不完善，产业化和市场化发展受到制约。

《节能与新能源汽车产业发展规划（2012～2020年）》指出为应对日益突出的燃油供求矛盾和环境污染问题，世界主要汽车生产国纷纷加快部署，将发展新能源汽车作为国家战略，加快推进技术研发和产业化，新能源汽车已成为国际汽车产业的发展方向，未来10年将迎来全球汽车产业转型升级的重要战略机遇期。目前我国汽车产销规模已居世界首位，预计在未来一段时期仍将持续增长，必须抓住机遇、抓紧部署，加快培育和发展节能与新能源汽车产业，促进汽车产业优化升级，实现由汽车工业大国向汽车工业强国转变。

《节能与新能源汽车产业发展规划（2012～2020年）》明确了我国在坚持产业转型与技术进步相结合，自主创新与开放合作相结合，政府引导与市场驱动相结合，培育产业与加强配套相结合的基本原则下，确立我国新能源汽车发展技术路线是以纯电驱动为新能源汽车发展和汽车工业转型的主要战略取向，当前重点推进纯电动汽车和插电式混合动力汽车产业化，推广普及非插电式混合动力汽车、节能内燃机汽车，提升我国汽车产业整体技术水平。

《节能与新能源汽车产业发展规划（2012～2020年）》明确了5大目标：

（1）产业化取得重大进展。到2015年，纯电动汽车和插电式混合动力汽车累计产销量力争达到50万辆；到2020年，纯电动汽车和插电式混合动力汽车生产能力达200万辆、累计产销量超过500万辆，燃料电池汽车、车用氢能源产业与国际同步发展。

（2）燃料经济性显著改善。到2015年，当年生产的乘用车平均燃料消耗量降至6.9L/100km，节能型乘用车燃料消耗量降至5.9L/100km以下。到2020年，当年生产的乘用车平均燃料消耗量降至5.0L/100km，节能型乘用车燃料消耗量降至4.5L/100km以下；商用车新车燃料消耗量接近国际先进水平。

（3）技术水平大幅提高。新能源汽车、动力蓄电池及关键零部件技术整体上达到国际先进水平，掌握混合动力、先进内燃机、高效变速器、汽车电子和轻量化材料等汽车节能关键核心技术，形成一批具有较强竞争力的节能与新能源汽车企业。

（4）配套能力明显增强。关键零部件技术水平和生产规模基本满足国内市场需求。充电设施建设与新能源汽车产销规模相适应，满足重点区域内或城际间新能源汽车运行需要。

（5）管理制度较为完善。建立起有效的节能与新能源汽车企业和产品相关管理制度，构建市场营销、售后服务及动力蓄电池回收利用体系，完善扶持政策，形成比较完备的技术标准和管理规范体系。

三、“十二五”国家战略性新兴产业发展规划

2012年7月，国务院发布《“十二五”国家战略性新兴产业发展规划》，指出战略性新兴产业是以重大技术突破和重大发展需求为基础，对经济社会全局和长远发展具有重大引领带动作用，知识技术密集、物质资源消耗少、成长潜力大、综合效益好的产业。当今世界新技术、新产业迅猛发展，孕育着新一轮产业革命，新兴产业正在成为引领未来经济社会发展的重要力量，世界主要国家纷纷调整发展战略，大力培育新兴产业，抢占未来经济科技竞争的制高点。当前，全国上下正按照科学发展观的要求，加快转变经济发展方式，推进中国特色新型工业化进程，推动节能减排，积极应对日趋激烈的国际竞争和气候变化等全球性挑战，促进经济长期平稳较快发展。在此过程中，必须站在战略和全局的高度，科学判断未来需求变化和技术发展趋势，大力培育发展战略性新兴产业，加快形成支撑经济社会可持续发展的支柱性和先导性产业，优化升级产业结构，提高发展质量和效益。

《"十二五"国家战略性新兴产业发展规划》指出："十二五"时期是我国战略性新兴产业夯实发展基础、提升核心竞争力的关键时期，既面临难得的机遇，也存在严峻挑战。从有利条件看，我国工业化、城镇化快速推进，城乡居民消费结构加速升级，国内市场需求快速增长，为战略性新兴产业发展提供了广阔空间；我国综合国力大幅提升，科技创新能力明显增强，装备制造业、高技术产业和现代服务业迅速成长，为战略性新兴产业发展提供了良好基础；世界多极化、经济全球化不断深入，为战略性新兴产业发展提供了有利的国际环境。同时也要看到，我国战略性新兴产业自主创新发展能力与发达国家相比还存在较大差距，关键核心技术严重缺乏，标准体系不健全；投融资体系、市场环境、体制机制政策等还不能完全适应战略性新兴产业快速发展的要求。

《"十二五"国家战略性新兴产业发展规划》提出了市场主导与政府调控相结合，创新驱动和开放发展相结合，重点突破和整体推进相结合，立足当前和着眼长远相结合基本原则，将新能源汽车和节能环保、新一代信息技术、生物、高端装备制造、新能源、新材料一起列为七大战略性新兴产业，并明确了战略性新兴产业培育和发展的目标：

（1）产业创新能力大幅提升。企业重大科技成果集成、转化能力大幅提高，掌握一批具有主导地位的关键核心技术，建成一批具有国际先进水平的创新平台，发明专利质量数量和技术标准水平大幅提升，战略性新兴产业重要骨干企业研发投入占销售收入的比重达到5%以上。一批关键核心技术达到国际先进水平。

（2）创新创业环境更加完善。重点领域和关键环节的改革加快推进，有利于创新战略性新兴产业商业模式、发展新业态的市场准入条件，以及财税激励、投融资机制、技术标准、知识产权保护、人才队伍建设等政策环境显著改善。

（3）国际分工地位稳步提高。涌现一批掌握核心关键技术、拥有自主品牌、开展高层次分工合作的国际化企业，具有自主知识产权的技术、产品和服务的国际市场份额大幅提高，在部分领域成为全球重要的研发制造基地。

（4）引领带动作用显著增强。战略性新兴产业规模年均增长率保持在20%以上，形成一批具有较强自主创新能力和技术引领作用的骨干企业，一批特色鲜明的产业链和产业集聚区。到2015年，战略性新兴产业增加值占国内生产总值比重达到8%左右，对产业结构升级、节能减排、提高人民健康水平、增加就业等的带动作用明显提高。

（5）到2020年，力争使战略性新兴产业成为国民经济和社会发展的重要推动力量，

 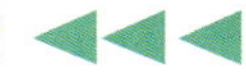

增加值占国内生产总值比重达到15%，部分产业和关键技术跻身国际先进水平，节能环保、新一代信息技术、生物、高端装备制造产业成为国民经济支柱产业，新能源、新材料、新能源汽车产业成为国民经济先导产业。

围绕新能源汽车，《“十二五”国家战略性新兴产业发展规划》指出：要以纯电驱动为新能源汽车发展和汽车工业转型的主要战略取向，当前重点推进纯电动汽车和插电式混合动力汽车产业化，推进新能源汽车及零部件研究试验基地建设，研究开发新能源汽车专用平台，构建产业技术创新联盟，推进相关基础设施建设。重点突破高性能动力蓄电池、电动机、电控系统等关键零部件和材料核心技术，大幅度提高动力蓄电池和电动机安全性与可靠性，降低成本；加强电制动等电动功能部件的研发，提高车身结构和材料轻量化技术水平；推进燃料电池汽车的研究开发和示范应用；初步形成较为完善的产业化体系。建立完整的新能源汽车政策框架体系，强化财税、技术、管理、金融政策的引导和支持力度，促进新能源汽车产业快速发展。指出新能源汽车战略性新兴产业的发展目标是到2015年，新能源汽车动力蓄电池、电动机和电控技术取得重大进展，动力蓄电池模块比能量达到150W·h/kg以上，电驱动系统功率密度达到2.5kW/kg以上。纯电动汽车和插电式混合动力汽车累计产销量力争达到50万辆。初步形成与市场规模相适应的充电设施体系和新能源汽车商业运行模式。到2020年，形成新能源汽车动力蓄电池、电动机和电控技术创新发展能力，动力蓄电池模块比能量达到300W·h/kg以上。纯电动汽车和插电式混合动力汽车累计产销量超过500万辆。充电设施网络满足城际间和区域内纯电动汽车运行需要，实现规模化商业运营。整体水平达到国际先进水平。

围绕新能源汽车战略性新兴产业发展目标，将采取相应重大行动：

（1）创新能力建设：推进新能源汽车及零部件研究试验基地建设，建立全行业共享的测试平台、数据库和专利数据库等。

（2）关键技术研发：实施新能源汽车重大创新工程，突破产业化过程中的车身材料及结构轻量化等共性技术和工艺技术，研发新能源汽车全新底盘、动力总成、汽车电子等产品，加大力度联合研制动力蓄电池及其关键材料，以及生产、控制与检测装备等，构建全行业共享的共性技术平台。建立健全新能源汽车、充电技术及设施标准体系。

（3）产业化推广：稳步推进公共服务领域新能源汽车示范，开展私人购买新能源汽车补贴试点，加强综合评价，积极推进充电基础设施建设，探索新能源汽车整车租赁、蓄电池租赁以及充换电服务等多种商业模式，形成完善的市场推广体系。

同时，将形成完善财税激励政策，鼓励新能源汽车消费和使用；建立动力蓄电池回收和梯级利用管理制度等重大政策。

四、国务院关于加快发展节能环保产业的意见

2013 年 8 月，国务院发布《国务院关于加快发展节能环保产业的意见》，指出资源环境制约是当前我国经济社会发展面临的突出矛盾。解决节能环保问题，是扩内需、稳增长、调结构，打造中国经济升级版的一项重要而紧迫的任务。加快发展节能环保产业，对拉动投资和消费，形成新的经济增长点，推动产业升级和发展方式转变，促进节能减排和民生改善，实现经济可持续发展和确保 2020 年全面建成小康社会，具有十分重要的意义。

《国务院关于加快发展节能环保产业的意见》遵循创新引领、服务提升，需求牵引、工程带动，市场主导、政府引导的基本原则，明确了发展的主要目标：

（1）产业技术水平显著提升。企业技术创新和科技成果集成、转化能力大幅提高，能源高效和分质梯级利用、污染物防治和安全处置、资源回收和循环利用等关键核心技术研发取得重点突破，装备和产品的质量、性能显著改善，形成一大批拥有知识产权和国际竞争力的重大装备和产品，部分关键共性技术达到国际先进水平。

（2）国产设备和产品基本满足市场需求。通过引进消化吸收和再创新，努力提高产品技术水平，促进我国节能环保关键材料以及重要设备和产品在工业、农业、服务业、居民生活各领域的广泛应用，为实现节能环保目标提供有力的技术保障。用能单位广泛采用“节能医生”诊断、合同能源管理、能源管理师制度等节能服务新机制，改善能源管理，城镇污水、垃圾处理和脱硫、脱硝设施运营基本实现专业化、市场化、社会化，综合环境服务得到大力发展。建设一批技术先进、配套健全、发展规范的节能环保产业示范基地，形成以大型骨干企业为龙头、广大中小企业配套的产业良性发展格局。

（3）辐射带动作用得到充分发挥。完善激励约束机制，建立统一开放、公平竞争、规范有序的市场秩序。节能环保产业产值年均增速在 15% 以上，到 2015 年，总产值达到 4.5 万亿元，成为国民经济新的支柱产业。通过推广节能环保产品，有效拉动消费需求；通过增强工程技术能力，拉动节能环保社会投资增长，有力支撑传统产业改造升级和经济发展方式加快转变。

《国务院关于加快发展节能环保产业的意见》强调：要围绕重点领域，促进节能环保产业发展水平全面提升，要加快节能技术装备升级换代，推动重点领域节能增效。为此应

加快新能源汽车技术攻关和示范推广。加快实施节能与新能源汽车技术创新工程，大力加强动力蓄电池技术创新，重点解决动力蓄电池系统安全性、可靠性和轻量化问题，加强驱动电动机及核心材料、电控等关键零部件研发和产业化，加快完善配套产业和充电设施，示范推广纯电动汽车和插电式混合动力汽车、空气动力车辆等。

《国务院关于加快发展节能环保产业的意见》指出：要推广节能环保产品，扩大市场消费需求，围绕新能源汽车，要在北京、上海、广州等城市扩大公共服务领域新能源汽车示范推广范围，每年新增或更新的公交车中新能源汽车的比例达到60%以上，开展私人购买新能源汽车和新能源出租车、物流车补贴试点。

第三章 插电式混合动力乘用车技术

混合动力（电动）汽车，是指能够至少从下述两类车载储存的能量中获得动力的汽车：

——可消耗的燃料；

——可再充电能/能量储存装置。

按照混合度大小进行分类，混合动力（电动）汽车可分为起停、弱混、轻混、中混和强混 5 种类型，见表 3-1。

混合动力（电动）汽车类型（按混合度进行分类） 表 3-1

混合度 功能	传统燃油车	起停（车载电功率不到总功率 5%）	弱混（车载电功率不到总功率 5% ~10%）	轻混（车载电功率占总功率 10% ~15%）	中混（车载电功率占总功率 15% ~30%）	强混（车载电功率占总功率 30% 以上）
起动/停止	0	+	+	+	+	+
再生制动	0	0	+	+（+）	+ +	+ +
发动机效率优化	0	0	0	+	+（+）	+ +
纯电动行驶	0	0	0	0	+	+ +
燃油经济性改善	0	5% ~7%	10% ~15%	15% ~20%	15% ~30%	25% ~40%

按照动力系统拓扑结构特点及相应工作模式，混合动力（电动）汽车可分为串联式混合动力（电动）汽车、并联式混合动力（电动）汽车、混联式混合动力（电动）汽车[6]。

1）串联式混合动力（电动）汽车（Series hybrid electric vehicle）

车辆的驱动力只来源于电动机的混合动力（电动）汽车。

2）并联式混合动力（电动）汽车（Parallelhvbridelectric vehicle）

车辆的驱动力由电动机及发动机同时或单独供给的混合动力（电动）汽车。

3）混联式混合动力（电动）汽车（Combinedhvbridelectric vehicle）

同时具有串联式、并联式驱动方式的混合动力（电动）汽车。

根据整车产品用途，混合动力（电动）汽车可分为混合动力乘用车和混合动力商用车两种类型。混合动力乘用车指在其设计和技术特性上主要用于载运乘客及其随身行李和/或临时物品的混合动力（电动）汽车，包括驾驶员座位在内最多不超过 9 个座位。

在原有混合动力乘用车基础上，通过增加蓄电池容量、配置车载外接充电接口或者充电模块、标定车辆控制策略，实现车辆既可以外接充电（plug-in），又可以加油，补充能源，形成插电式混合动力乘用车。

第一节　国外混合动力乘用车技术发展历程

随着国际市场原油价格的不断增长，以及各国对环境保护的日益重视，具有良好节油和低排放性能的混合动力汽车越来越受到市场青睐，其在各国的销售量也与日俱增。日本丰田、日本本田、美国通用、美国福特、法国 PSA、德国大众、德国宝马等世界主流汽车公司都先后推出了不同类型的混合动力乘用车。

当前，逐渐形成了以丰田 Prius、通用 Escalade、本田 Insight 为代表的混合动力乘用车动力系统方案。

丰田 Prius 代表了单模单行星排混合动力方案[7]。该方案具有结构简单和控制算法容易实现的优点。该方案中电动机直接和车桥耦合，电动机转速与车速之间是线性变化的，要求速度范围太宽，带来高速时性能和效率问题，同时对转矩要求也很高，增加了电动机的成本。与此同时，发动机转矩输出的平衡控制，要求发电机始终要提供反作用转矩，大负荷时发电机有很高的冷却要求。

本田 Insight 代表了同轴并联混合动力方案[8]。该方案具有结构简单、占用空间小以及制造成本低的优点。该方案中发动机曲轴与电动机是连在一起的，当车辆以纯电动状态行驶时，发动机虽然停止供油但汽缸与曲轴仍保持运转，或多或少会消耗电能。同时，由于电动机的功率较小，不能完全平衡发动机所受的载荷，使得发动机不能总是运行在最佳工况点，车辆的燃油经济性比混联要差。

通用 Escalade 代表了双模多行星排混合动力方案[9]。该方案通过离合器和制动器作用的不同组合方式，改变动力传动的耦合方式，降低对两个电动机的转矩和转速等指标的要求，节省成本，同时还可以实现几个高效的固定速比的传动。该双模系统仍存在以下几个方面的挑战：①复杂的机械结构：多排行星齿轮，多个湿式离合器，复杂的电液阀体等；②较高的变速器机械损耗；③复杂的控制、动力传动路线的切换；④高机械成本，高固定资产投入。

一、丰田汽车

日本丰田汽车自 1997 年推出基于自主研发的 THS 混合动力系统的第一代 Prius 混合动力汽车以来，Prius 全球销量已突破 500 万辆，占全球混合动力车型销量 70% 以上。图 3-1 和图 3-2 分别为丰田 Prius 混合动力汽车和凌志油电混合动力乘用车。

图 3-1　丰田 Prius 混合动力乘用车

图 3-2　丰田凌志油电混合动力乘用车

二、本田汽车

日本本田汽车自 1999 年推出基于自主研发的 IMA（Integrated Motor Assist）混合动力系统的第一代 Insight 混合动力汽车以来，其混合动力汽车全球累计销量突破 80 万辆。图

3-3 为本田“IMAS”油电混合汽车。

三、通用汽车

美国通用汽车自 2010 年 12 月推出增程式混合动力系统的第一代雪佛兰 Volt 混合动力汽车以来，Volt 累计销量达到 75 000 多辆，2014 年全年共销售 18 805 辆，较 2012 年和 2013 年的销量均下滑近 5 000 辆，这两年的销量分别为 23 461 辆和 23 094 辆。当前通用正在试生产 2016 款全新第二代雪佛兰 Volt，更多的消费者正在等待新款车型。图 3-4 所示为雪佛兰 Volt 增程式混合动力汽车。

图 3-3　本田 700kg“IMAS”油电混合车

图 3-4　雪佛兰 Volt 增程式混合动力汽车

四、宝马汽车

德国宝马汽车于 2013 年推出宝马新能源车系的首款量产车宝马 i3，i3 提供纯电动和增程式混合动力两种版本。此外宝马还推出了一款插电式混合动力跑车宝马 i8，如图 3-5 所示。根据 2015 年 1 月宝马汽车公布旗下各品牌销量数据，2014 年，宝马 i3 全球销量为 16 052辆，宝马 i8 共交付 1 741 辆。

五、奔驰汽车

德国奔驰汽车的新 S 级共推出了三款混合动力车型：S300 Blue TEC Hybrid、S400 Hybird 和 S500 Hybird。图 3-6 所示为奔驰 S 级家族第三款混动车型 S500 Hybird。其中 S300 Blue TEC Hybrid 是一款柴电混合动力，主攻欧洲市场。此外，奔驰汽车还于 2015 年 1 月推出了新一代奔驰 C 级插电式混合动力车型 C350e。

图 3-5　宝马 i8 混合动力跑车

图 3-6　奔驰 S500 Hybird

第二节　国内混合动力乘用车技术发展历程

2000 年之前，我国除一汽为代表的极少数单位开展了串联式混合动力轿车等关键技术初步研究外，我国混合动力轿车基本处于观望与技术跟踪阶段。

自 2000 年起，为减少交通领域能源消耗和尾气排放，提升我国汽车产业国际竞争力，我国发挥资源优势和体制优势，于“十五”期间，由科技部牵头启动电动汽车重大科技专项，组织行业核心企业、高校和科研机构，共同开展电动汽车技术原始创新和系统集成创新。在“三纵三横”技术规划总体布局下，重点支持一汽、二汽、长安、奇瑞、华晨等整车企业，联合国内高校和科研机构，开展 BSG（Belt Driver Starter Generator）弱混、ISG（Integrateed Starter and Generator）并联中混和混联强混混合动力轿车等车型的关键技术攻关，从而完成我国混合动力轿车功能样车、性能样车的设计与试制，并初步探索了混合动力汽车产品工程化设计，实现我国混合动力轿车关键技术的原始创新和系统集成创新。图 3-7、图 3-8 和图 3-9 所示分别为“十五”期间奇瑞、长安和一汽研制的混合动力轿车。

“十一五”期间，国家科技部再接再厉，在国家高技术研究发展计划（“863 计划”）中安排经费，启动节能与新能源汽车重大项目。项目在认真梳理“十五”混合动力轿车研究成果基础上，持续支持以一汽、二汽、奇瑞、长安、北汽、华晨、吉利为代表的整车企业，联合国内高校和科研院所，聚焦混合动力轿车动力系统技术平台，同步开展混合动力轿车产业化技术攻关，成功研制出多款工程化混合动力轿车产品，为2008年北京奥运会、2009年大连夏季达沃斯论坛、2010年上海世博会等重大活动和2009年启动的“十城千辆”节能与新能源汽车示范推广试点工程提供了产品支撑；与此同时，以上汽、一汽为代表的整车企业，开展了插电式混合动力轿车、基于轮边驱动混合动力轿车技术攻关，为“十二五”时期“纯电驱动”车型开发和下一代纯电驱动汽车动力系统技术平台攻关提供了技术支撑。

图3-7 “十五”期间奇瑞汽车研制的BSG混合动力轿车

图3-8 “十五”期间长安汽车研制的杰勋混合动力轿车服务北京2008年奥运会

经过连续10年的持续技术攻关、产业化和小规模示范考核，我国基本掌握了BSG混合动力轿车、ISG并联混合动力轿车、双电动机深度混联混合动力轿车动力系统平台关键技术，并申请了动力系统构型、结构设计和整车控制等国内、外专利，如一汽围绕双电动机式混合动力系统，申请完成发明专利17项，实用新型专利60项。图3-10所示为自主研发的拥有国内外发明专利的双电动机混联式动力系统。

图3-9 “十五”期间一汽研制的深度混合动力轿车CA7150N

此外，以比亚迪为代表的我国新生代新能源汽车企业，完成F3DM等混合动力乘用车的开发及示范考核，成为我国民营企业的代表性案例。

图 3-10　中国第一汽车集团公司自主研发的拥有国内外发明专利的双电动机混联式动力系统

第三节　混合动力乘用车关键技术

一、混合动力乘用车动力系统构型技术

国内外研究的混合动力汽车有多种结构，其分类方法一般有两种：

（1）按混合度，即电动机功率与发动机功率的比值分类，混合动力汽车可以分为微型混合动力、轻度混合动力以及深度混合动力（简称深混）3 种。与其他两者相比，深度混合动力系统除了具有怠速停车、再生制动和电动机辅助功率功能之外，还可以实现电动机单独起动以及电动机单独驱车行驶。其特点可归纳如下：

①功率供给电动配件，例如空调、电动助力转向；

②停止与起动；

③制动能量回收；

④电动机起动和运行在纯电动模式实现零排放；

⑤发动机负荷率和转速工作点优化。

（2）按动力系统布置分类可分为：串联式（SHEV）、并联式（PHEV）、混联式（PSHEV）和复合式（CHEV），如图 3-11 所示。其中，混联式混合动力汽车与串联式相比增加了机械动力传递路线；而与并联式相比增加了电能的传输路线，发动机和电动机均可选择较小的功率，控制策略相对灵活，发动机可以比较容易的工作在高效率区，但同时结构较复杂，成本增加。

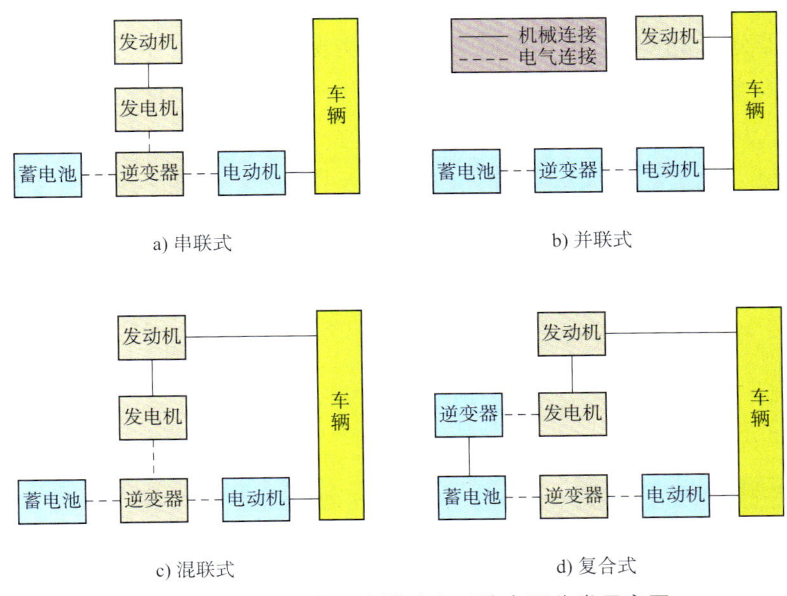

图 3-11　混合动力汽车按动力系统布置分类示意图

混合动力系统的构型技术决定了车辆混合动力系统的性能。

1）串联混合动力系统构型

串联混合动力系统构型中发动机不直接驱动车辆，只有电动机经传动系统为车辆提供驱动力。发动机带动发电机发电，或燃料电池输出电能，电能输送到蓄电池或电动机。电动机驱动车辆，或通过制动能量回收将车辆动能转化为电能。

雪佛兰 Volt 和宝马 i3 增程版等一定程度上采用了串联混合动力系统构型。其中，发动机和发电机组成的发电单元又称为辅助动力单元（APU），发动机可以采用汽油机、柴油机和燃气发动机等。除蓄电池外，超级电容也可作为电能储存装置。

串联混合动力系统中的发动机与车辆完全实现机械解耦，其运行工况不受车辆行驶工况的影响。在负载频繁变化的市区工况，可控制发动机始终在高效区运行。但在负荷持续较高的高速行驶工况时，因为机械能—电能—机械能的多次转换，造成系统的效率相对较低。

2）并联混合动力系统构型

并联混合动力系统构型中发动机和电动机可以同时给车辆提供动力，发动机和电动机通过机械耦合装置将机械能混合后驱动车辆行驶。根据电动机布置方式的不同，并联混合动力系统又可分为4种不同的构型，如图3-12所示。构型1、构型3和构型4中，发动机可以通过离合器分离来实现与传动系脱离，从而实现在行驶过程中停机，车辆由电动机独立驱动。对于构型2（本田Insight构型）和构型3，电动机和发动机可以通过离合器与车辆传动系脱开，从而可通过电动机实现发动机起停，消除发动机怠速，获得一定的燃油经济性和排放改善。但是构型2中，发动机不能独立与电动机脱开，因此发动机在车辆行驶时不能停机，电动机只起辅助作用，发动机用作系统的主要动力源，使得该构型通常为微混或轻度混合动力系统。

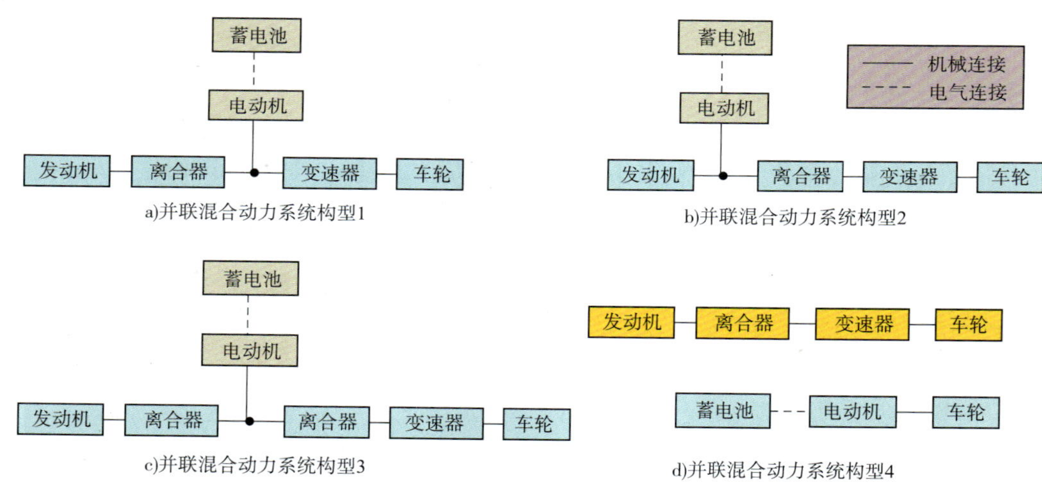

图3-12　并联混合动力系统构型

并联混合动力系统在负荷相对稳定的工况能有更高的系统效率，特别是在中高速运行时。但发动机作为主要的动力源，其工作范围较大，造成燃油经济性相对混联时差。

3）混联混合动力系统构型

混联混合动力系统构型如图3-13所示。混联构型综合了串联构型和并联构型的特征，发动机和电动机可以实现串联式和并联式的驱动方式。混联混合动力系统构型1为典型的丰田Prius构型，发动机通过行星轮系将一部分动力传送至发电机，发电机将机械能转换为电能存储在蓄电池中，发动机的另一部分则直接与电动机的驱动力以并联的方式进行混合，共同驱动车辆行驶。行星轮系在实现动力分配的同时，还实现了车辆的变速，通过控制发电机转速可实现传动比的连续变化。混联混合动力系统构型 2 为采用离合器和变速器的混联构型。

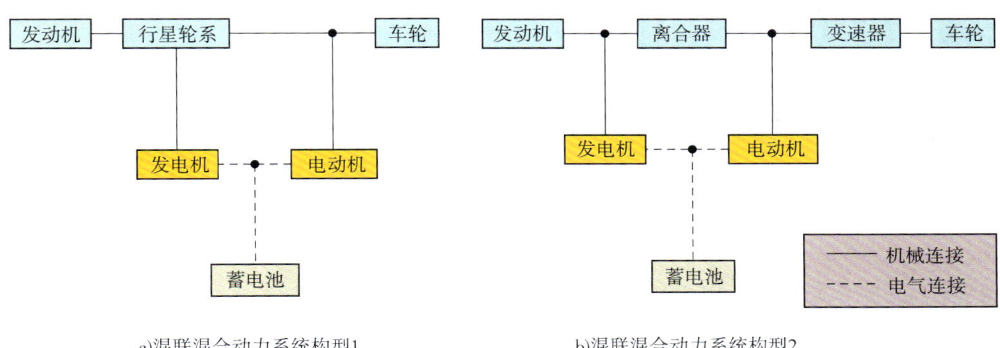

图 3-13　混联混合动力系统构型

混联混合动力系统既可以充分利用串联构型的特征，在频繁停车的城市工况，关闭发动机以纯电动方式行驶；又可以发挥并联构型的优势，在持续中高负荷高速工况，通过对发动机工况点进行优化提高系统效率。混联构型具有更全面的混合动力工作模式，能更好地适应车辆复杂的行驶工况。

（一）混合动力汽车动力耦合系统典型构型应用与技术特征

混合动力汽车与传统汽车及纯电动汽车相比，最大的差别是动力系统。动力耦合系统负责将混合动力的多个动力组合在一起，实现多动力源之间合理的功率分配并把动力传给驱动桥，它在混合动力汽车开发中处于重要地位，其性能直接关系到整车性能是否达到设计要求，是混合动力汽车最核心的部分。

动力耦合系统存在的 3 个核心问题：

（1）稳态或动态过程中多个动力源的能量分配和效率优化；

（2）稳态或动态过程中多个机械动力源的相互配合协调工作；

（3）机电耦合系统的设计制造及检测技术。

1. 大众集团方案

大众集团的混合动力代表车型主要有途锐和奥迪 Q5 等，如图 3-14 所示。

a) 途锐

b) 奥迪 Q5 Hybrid Quattro

图 3-14　大众混合动力车型

途锐混合动力系统构型为同轴并联结构，动力链上依次为 3.0IV6 TSI 发动机、离合器、电动机构成的混动模块以及 8 速 AT 自动变速器，如图 3-15 所示。途锐的电力牵引速度可高达 50km/h，高于这个车速，发动机将起动；在一定的驾驶工况下电动机还可以辅助发动机提供驱动力。途锐混合动力的特色在于控制器控制发动机的快速起停，所以在不需要发动机提供功率时，控制器将会关闭发动机。途锐和同属大众集团旗下的 SUV 产品保时捷卡宴和奥迪 Q7 采用相同的平台开发。

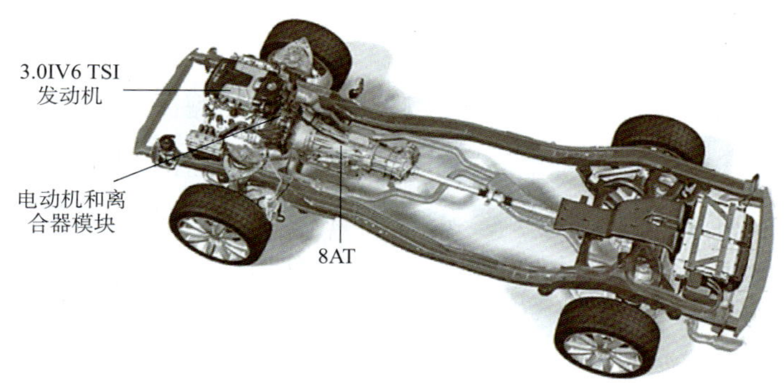

图 3-15　途锐混合动力系统构型示意图

奥迪 Q5 同样采用直列排列、并联连接构型，一个 ISG 电动机位于多片式离合器与变速器之间，通过离合器的结合和分离实现混合动力系统的不同运行模式，8 速 tiptronic 手动/自动一体式变速器也经过了大幅改进，永磁同步电动机和多片式离合器取代了液力变矩器，全新的离合系统在任何情况下都可精确、平稳且迅速地完成操作。奥迪 Q5 可以实现 5 种运行模式：纯电驱动、发动机驱动、电动机发动机共同驱动、制动能量回收以及行车充电模式。图 3-16 为奥迪 Q5 hybrid 采用的德国 ZF 公司专为混合动力系统生产的 8P70H 变速器（8AT）。

奥迪 Q5 hybrid quattro 深度混合动力 SUV 是奥迪公司第一款正式批量生产的混合动力车型。它集合奥迪在混合动力领域 20 多年的积累与创新，以十分高效的“深混合（Full Hybrid）”驱动方案满足了高档 SUV 市场对动感驾驶和高效环保的双重需求，展示了奥迪全方位未来汽车解决方案的前瞻性与可实现性，并一举成为高档中型 SUV 阵营中最为动感高效的车型。

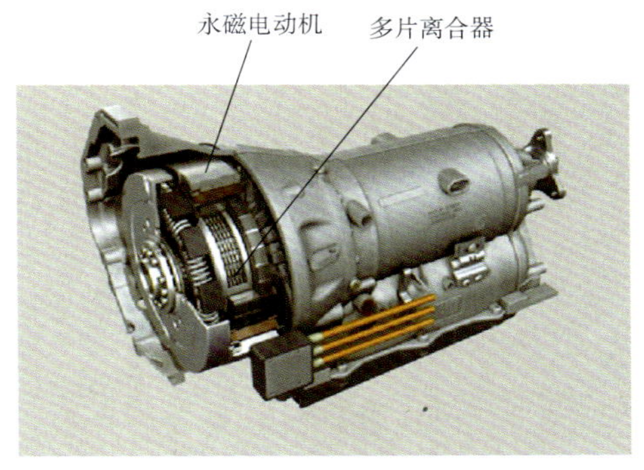

图 3-16　奥迪 Q5 hybrid 8 速自动变速器

2. 宝马和奔驰方案

宝马和奔驰方案的代表车型为 Active Hybrid X6 和 Mercedes ML450 Hybrid，如图 3-17 所示。

图 3-18 为宝马的混合动力系统构型。宝马该方案构型的核心在于一个双模式的基于 ECVT（electric continuously variable transmission）的高效变速器，除此之外还包括两个电动机，3 个行星齿轮组和 4 个多片离合器。行车所需驱动功率通过 ECVT 传递，实现了起—停驾驶和低速模式以及高速模式的双模式驾驶方式。图 3-19 所示为宝马双模式高效变速器和电动机系统。

a) Active Hybrid X6

b) Mercedes ML450 Hybrid

图 3-17　宝马和奔驰混合动力车型

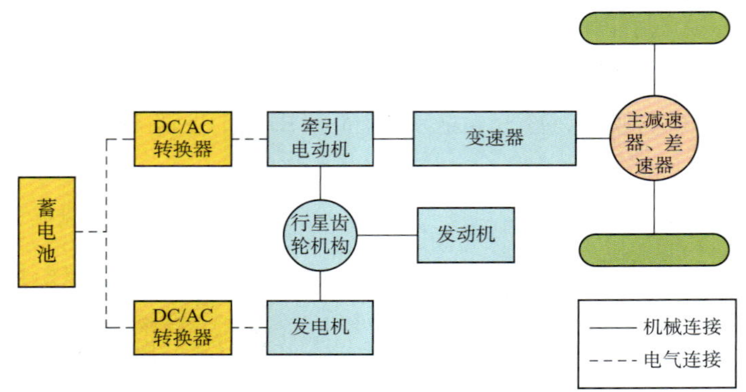

图 3-18　宝马的混合动力系统构型

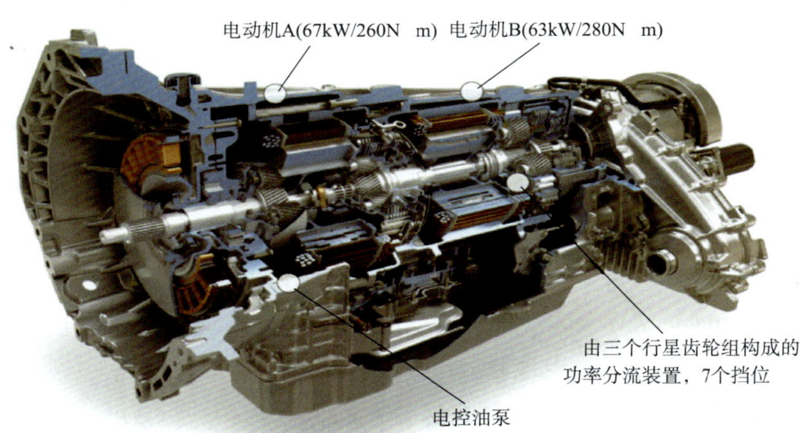

图 3-19　宝马双模式高效变速器和电动机系统

在停车和低速时，只有 1 个电动机工作。随着驾驶员需求功率和车速的不断增加，另 1 个电动机自动起动发动机，然后这个电动机将作为发电机来提供车内的电功率供给。当车平稳地驾驶在更高的速度时，绝大多数功率需求由发动机通过机械连接传递，这时，两个电动机的其中 1 台作为发电机运行。

机械部件包括 3 个行星齿轮组和两个电动机，结合起来可以提供 7 个有效齿轮传动比，这个配置在某种程度上管理了由发动机和两个电动机产生的功率从而使驾驶多功能性最大化。

奔驰方案融合了宝马、通用和克莱斯勒的双模式方案，传动结构由两个紧凑型电动

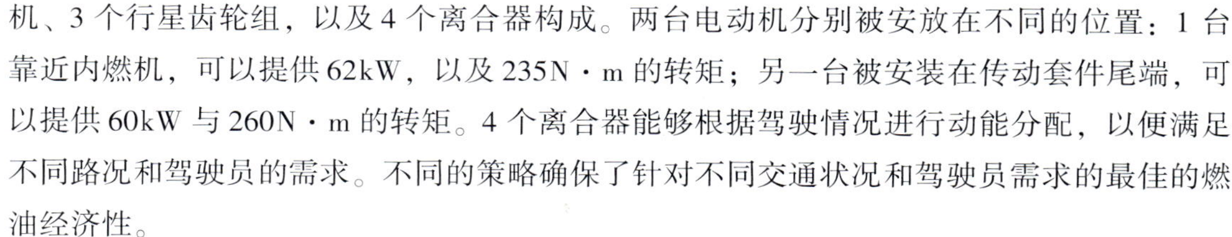

机、3 个行星齿轮组，以及 4 个离合器构成。两台电动机分别被安放在不同的位置：1 台靠近内燃机，可以提供 62kW，以及 235N · m 的转矩；另一台被安装在传动套件尾端，可以提供 60kW 与 260N · m 的转矩。4 个离合器能够根据驾驶情况进行动能分配，以便满足不同路况和驾驶员的需求。不同的策略确保了针对不同交通状况和驾驶员需求的最佳的燃油经济性。

（1）当速度低于二挡时，Mercedes ML 450 Hybrid 的混合动力系统会在 ECVT 1 的分配模式下运行；

（2）当速度提升并高于二挡时，ECVT 2 的模式会被单独或者和其他模式一起启动；

（3）在一挡或三挡的时候，两个电动机会同时工作，进行电能的释放和储备；

（4）在二挡或四挡的时候，1 台电动机会被关闭，由另 1 台电动机独立完成电能的释放和储备。

双模式混合动力系统是由克莱斯勒、宝马、通用以及奔驰共同开发的，由复合行星排、双电动机以及 4 个离合器构成，如图3-20 所示。该系统的两个模式针对城市和高速路工况。第一种模式，由电动机驱动运行低速轻载工况，不耗费一滴燃油；第二种模式，在高速路或高负载，可根据驾驶员所需驱动力矩和工况来切换为发动机驱动或者发动机加电动机共同驱动。这个双模式系统还允许通过简洁的、功能强大的电动机设计从而适合装配在一个传统的自动变速器的空间。这一优点比起现如今的依赖更大容量电动机的单模式系统更加显著。

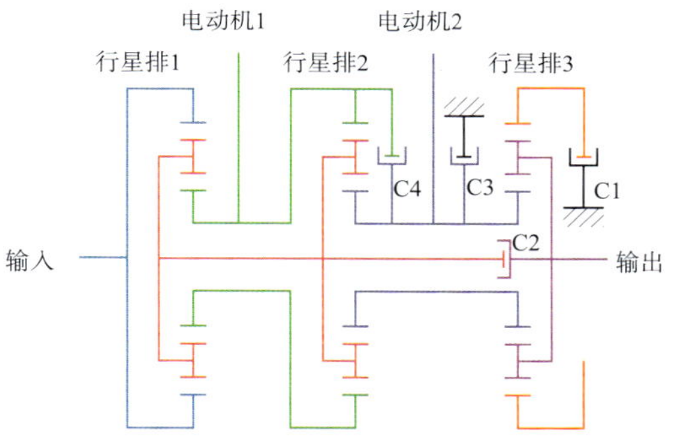

图 3-20　双模式混合动力系统结构

3. 标致雪铁龙集团方案

标致雪铁龙集团方案的代表车型为标致 307 CC Hdi Hybrid 和雪铁龙 C4 Hdi Hybrid，如图 3-21 所示。

以标致 307 CC Hdi Hybrid 为例，标致 307 混动版采用并联式结构，如图 3-22 所示。1. 6L 柴油发动机主要用来驱动车辆，离合器和变速器的位置与传统车辆一样，电动机位于离合器与变速器之间，由高压蓄电池组供电在低速纯电动工况单独驱车运行；减速和制动阶段进行制动能量回收，运动能量通过电动机变为电能为蓄电池组充电。

a) 标致307 CC Hdi Hybrid

b) 雪铁龙C4 Hdi Hybrid

图 3-21　标致雪铁龙混合动力车型

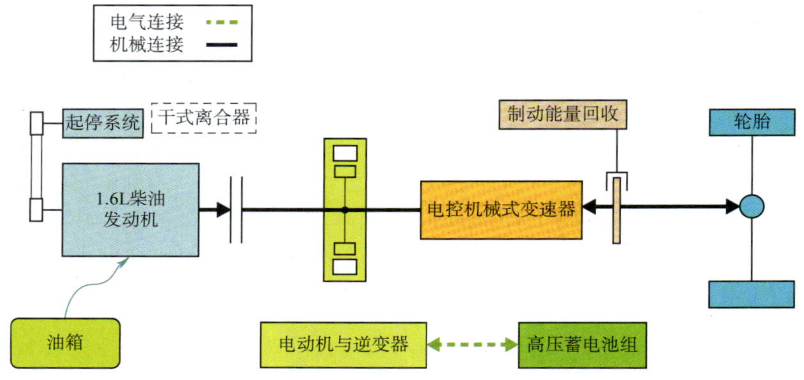

图 3-22　Peugeot 307 CC Hdi Hybrid 动力总成管理系统

4. 丰田集团方案

丰田集团方案的代表车型为普锐斯、雷克萨斯 LS600h 和凯美瑞，如图 3-23 所示。

图 3-24 为普锐斯传动系结构，此机构中发动机与行星架相连，通过行星齿轮将动力传递给外齿圈和太阳轮，齿圈轴与电动机和传动轴相连，太阳轮轴与发电机相连。该系统将发动机大部分转矩直接传递到驱动轴上，将小部分转矩传给发电机，发电机发出的电能根据指令用于蓄电池充电或电动机驱动，以增加驱动力。这种结构可以通过调节发电机转速使其产生变化，使发动机一直处于高效率区或低排放区。此外，通过调节行星排各元件的转速，使其像无级变速器一样工作。

行星齿轮组形式的电控无级变速器（ECVT）效率高，所以丰田 THS 系统的节能不只体现在制动和减速时能量回收上，还因为其机械回路连接没有经过任何离合器或者液力变扭器，其效率几乎只取决于电气回路的效率。电动机系统的能量转换效率高也是 THS 系统效率高的原因之一。

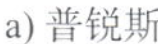
a) 普锐斯

b) 雷克萨斯LS600h

图 3-23　丰田混合动力车型

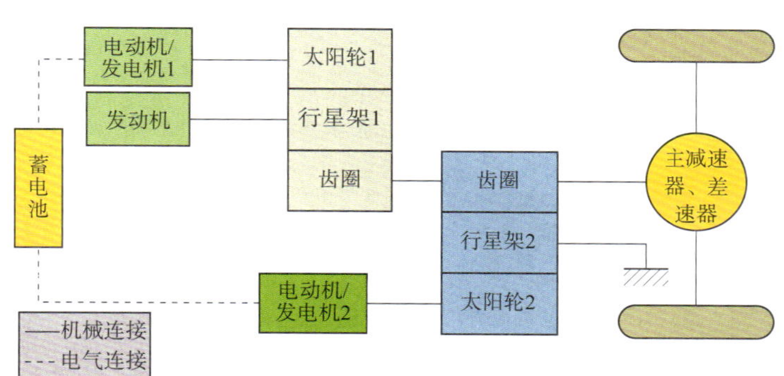

图 3-24　普锐斯传动系结构

雷克萨斯 GS450h 动力系统由发动机和电动机产生的功率通过一个行星齿轮组形式的电控无级变速器（ECVT）传递到后轮。这种特殊的变速器可以消除特殊的齿轮比，具有两级转矩放大装置（Two-speed torque-multiplication device）的特性，ECVT 由一个电动机/发电机、功率分离机构、两级电动机减速装置、电控油泵和液压控制系统组成，两级转矩放大装置通过控制行星齿轮和两个湿式制动器变换齿轮比，类似传统的 AT 自动变速器的运行方式。

雷克萨斯 RX450h 为四轮驱动混合动力，发动机通过行星齿轮组驱动前轮和电动机 1 发电，电动机 1 主要功能为起动发动机和为蓄电池组提供电能，电动机 2 主要用来驱动后轮和获得再生制动能量。其混合动力构型如图 3-25 所示。

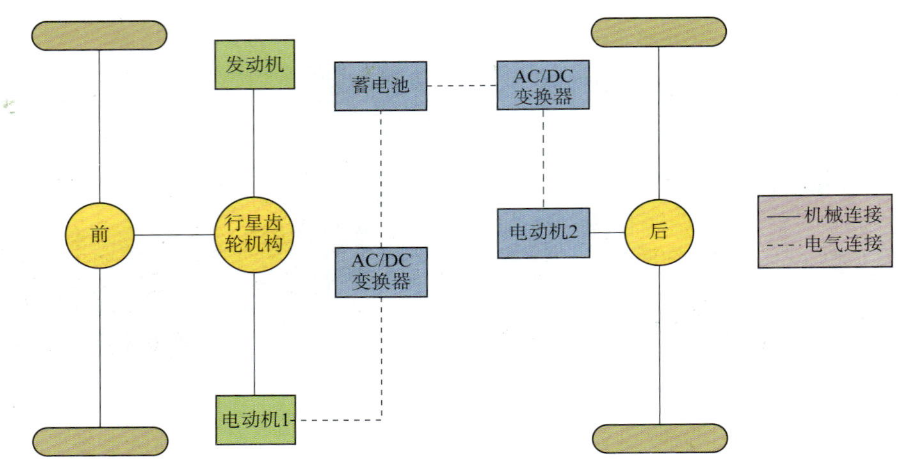

图 3-25　雷克萨斯 RX450h 四轮驱动深度混合动力构型

5. 福特集团方案

福特集团方案的代表车型为福特 Escape、水星 Mariner 和水星 Milan，如图 3-26 所示。

a) 福特Escape

b) 水星Mariner

图 3-26　福特混合动力车型

福特混合动力系统（FHS）是在丰田混合动力系统（THS）基础上的改进，即在电动机和主减速器以及行星齿轮机构齿圈和主减速器之间增加了输出齿轮（增矩器），以增大输出转矩。其混合动力系统构型如图 3-27 所示。

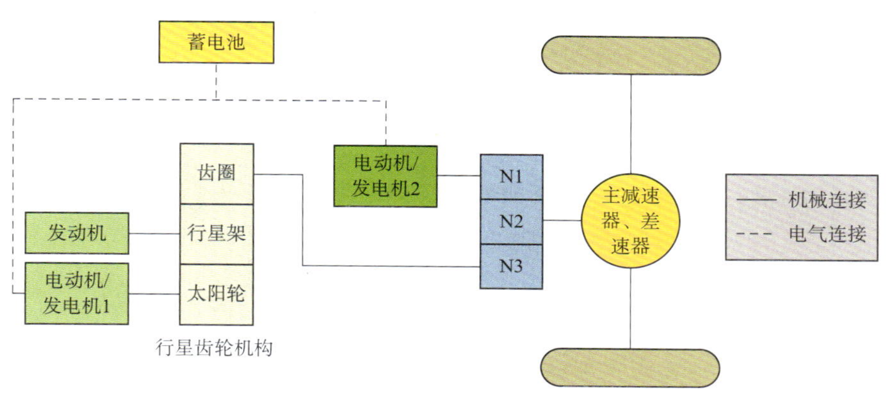

图 3-27 福特混合动力系统（FHS）构型

6. 通用集团方案

通用集团方案的代表车型为 GMC Yukon、GMC Sierra 和土星，如图 3-28 所示。

a) GMC Yukon

b) GMC Sierra

图 3-28 通用混合动力车型

图 3-29 为通用混合动力系统的典型构型，该构型采用两组行星齿轮机构，双模式工作。离合器 C3 接合时，为低速模式，电动机驱动；离合器 C2 接合时，为高速高负荷模式，发动机和电动机共同驱动。

通用 VOLT 混合动力系统采用单个行星排，双电动机，两个离合器，其结构如图 3-30 所示。该构型中，发动机在车速高、电量低的工况下工作，效率提高；但是，发动机转速依然受到车速影响。

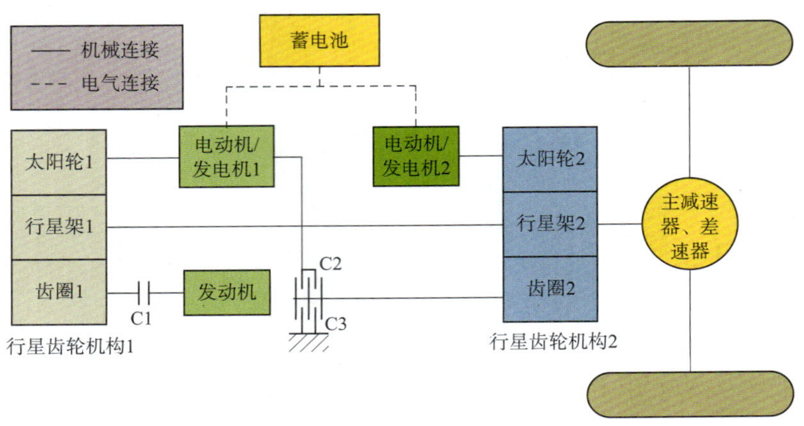

图 3-29 通用混合动力系统典型构型

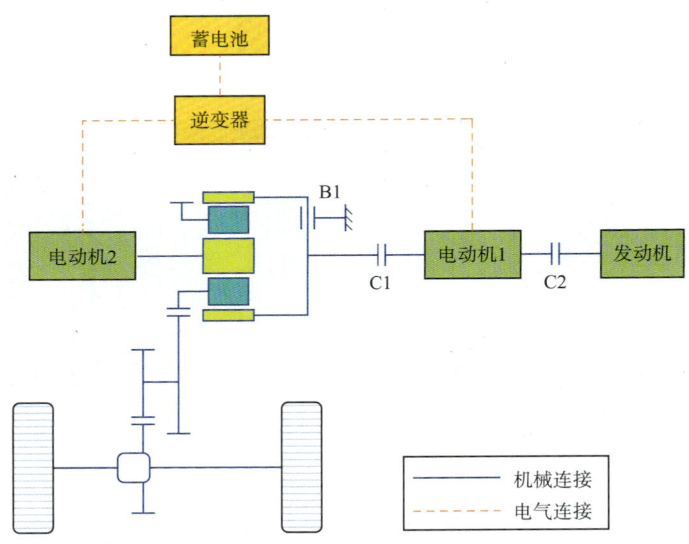

图 3-30 通用 VOLT 混合动力系统结构

7. 比亚迪方案

比亚迪方案的代表车型为 F3DM 和秦等，如图 3-31 所示。

2010 年上市的比亚迪 F3DM 搭载了比亚迪第一代 DM（Dual Mode）混合动力系统 DM Ⅰ。该系统可实现纯电动（EV）和混合动力（HEV）两种模式的自由切换。

a) 比亚迪F3DM　　b) 比亚迪秦

图 3-31　比亚迪混合动力车型

比亚迪的 DM Ⅱ 混合动力技术在 DM Ⅰ 技术的基础上进行了一系列的技术优化改进，如图 3-32 所示。DM Ⅱ 系统电压由原先的 330V 提升到 500V，以减小电流，从而提升了电驱系统的效率。为实现更好的经济性与动力性，DM Ⅱ 采用了更为高效的发动机、高转速电动机、集成式电动机控制器等。该系统首先搭载于比亚迪秦。

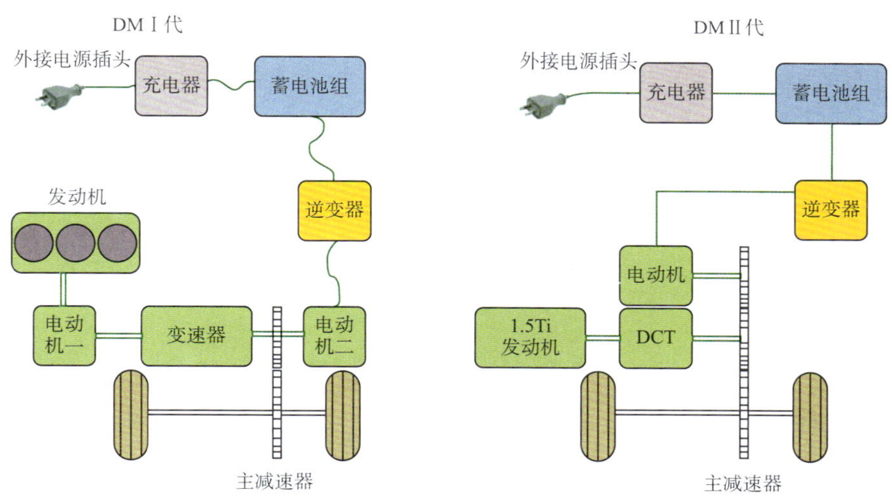

图 3-32　比亚迪 DM 混合动力系统

DM Ⅱ 混合动力系统仍采用并联方式驱动，与 DM Ⅰ 不同的是将双电动机变为单电动机，1.5Ti 发动机取代了原来的 1.0L 自然吸气发动机，6 速双离合变速器速比更加宽泛，使得动力系统更容易在高效节能的区间工作。此外，DM Ⅱ 还采用了轻量化的驱动电动机，

整体结构紧凑，空间尺寸相比同参数电动机减小了 50%，电动机转子质量只有 28kg，电动机功率质量比达到了 3.9kW/kg。

8. 一汽集团方案

一汽集团方案的代表车型为奔腾 B50PHEV 和奔腾 B70HEV，如图 3-33 所示。

a) 奔腾B50PHEV

b) 奔腾B70HEV

图 3-33　一汽混合动力车型

图 3-34 为一汽双电动机深度混合动力系统 FAW-TMH™。该系统包括一款 1.5L 汽油发动机、五挡 AMT、两个永磁同步电动机（BSG 电动机和 PM 电动机）、一个高性能镍氢动力蓄电池。BSG 电动机通过皮带与发动机曲轴相连接，PM 电动机通过链传动与变速器输出轴相连，动力总成布置为前置前驱。该系统结构为全混式混合动力系统，可实现混合动力系统的所有功能，且能够针对不同工况进行工作模式优化调整，以达到整车系统效率最高。FAW-TMH™混合动力系统构型方案已分别获得中、美两国发明专利。

FAW-TMH™混合动力系统最显著的特点为驱动电动机和变速器一体化集成设计，该机电耦合变速器的特点如下：

（1）驱动电动机与变速器的输出轴连接，能够在实现纯电动行驶的同时避免换挡过程的动力中断；

（2）电动机的壳体、冷却系统与变速器壳体一体化设计，结构紧凑，集成化程度高；

（3）采用具有混合动力专用控制策略的 AMT 技术。

图 3-35 为一汽集团的 TMH1 和 TMH2 混合动力系统构型。以 FAW-TMH™混合动力系统（即 TMH1 构型）为基础，一汽集团的 TMH2 构型系统改变了主电动机的位置，并与离

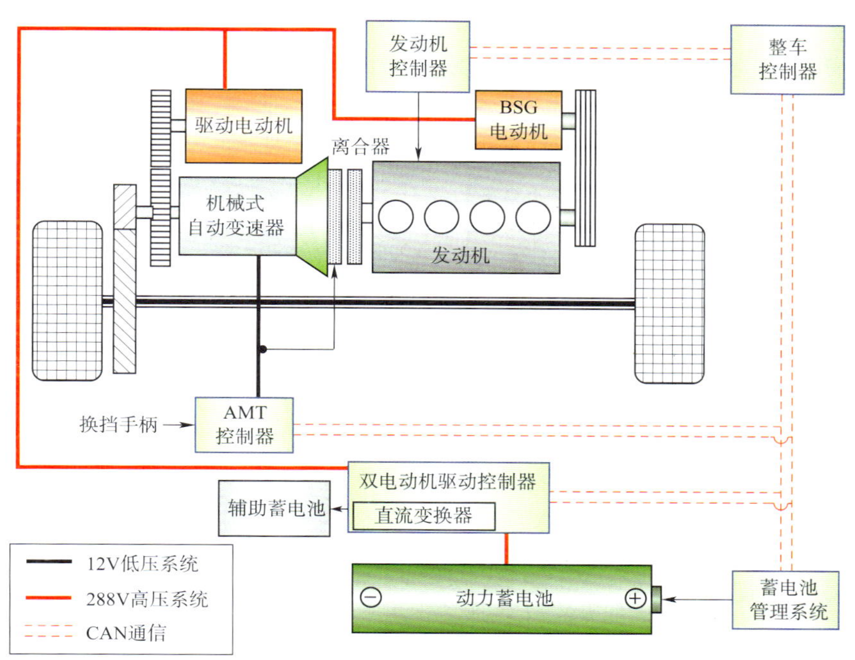

图 3-34　一汽双电动机深度混合动力系统 FAW-TMH™

合器耦合成电驱动模块。TMH2 系统继承了 TMH1 系统的优点，且避免了 TMH1 只适用于 B 级以下车型的缺点；电驱动系统模块化的设计，能最大程度借用传统的 DCT 资源，有利于平台化开发。

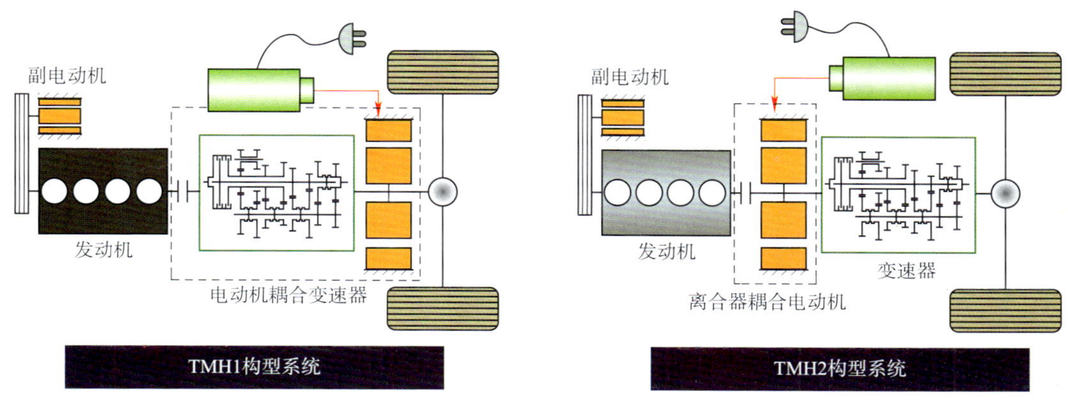

图 3-35　一汽集团混合动力系统构型

9. 上汽集团方案

上汽集团方案的代表车型为荣威750HEV和荣威550PHEV，如图3-36所示。

a) 荣威750HEV

b) 荣威550PHEV

图3-36　上汽混合动力车型

图3-37为荣威750HEV混合动力系统。荣威750HEV在荣威750的1.8T+5AT平台上，采用了高功率磷酸铁锂蓄电池中度混合技术方案，集成了120V动力蓄电池和瞬时功率可达20kW的混动电动机。

荣威550PHEV的动力系统采用上汽研发的1.5VCT发动机和双电动机转矩协调混联式插电技术方案，如图3-38所示。该系统采用一个同步器+液压换挡缸实现两挡变速，类似AMT结构，使得系统的动力性和经济性不仅匹配面广，而且动力系统最高转速≤6 800r/min，降低了电驱变速器总成的制造难度。

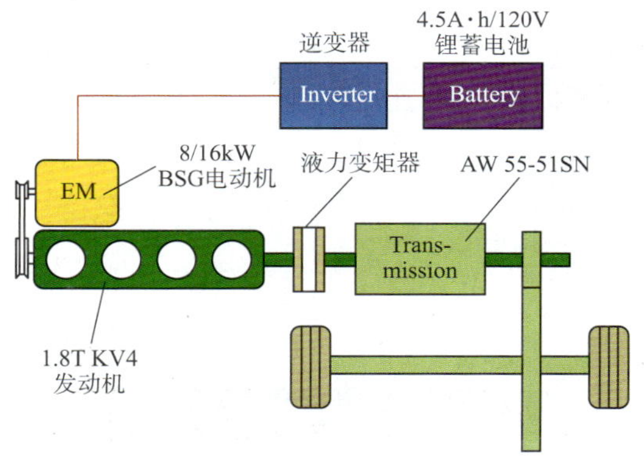

图3-37　荣威750HEV混合动力系统

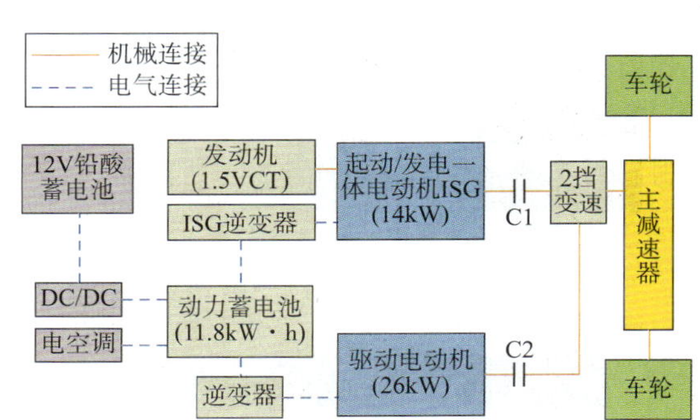

图3-38　荣威550PHEV混合动力系统

（二）混合动力汽车动力耦合系统应用现状及发展趋势

奥迪 Q5 hybrid quattro 深度混合动力 SUV 是奥迪公司第一款正式批量生产的混合动力车型。它集合奥迪在混合动力领域 20 多年的积累与创新，以十分高效的“深混合（Full Hybrid）”驱动方案满足了高档 SUV 市场对动感驾驶和高效环保的双重需求，展示了奥迪全方位未来汽车解决方案的前瞻性与可实现性，并一举成为高档中型 SUV 阵营中最为动感高效的车型。

BMW 和梅赛德斯奔驰，凭借两家集团高档的品牌号召力，并且都以最先进的技术投入到油电混合动力领域中，未来的发展前景一片光明。

Peugeot 307 Hybrid HDi 则用最具吸引力的方式证明了标志公司通过减少燃料消耗和 CO_2 排放对于环境保护的承诺，结合 HDi FAP 柴油发动机技术与混合动力传动链技术于一体，通过这两种技术的结合，在通往极低油耗的路上迈出了新的一步。

福特自 Escape 混合动力以来将和丰田汽车公司为轻型货车和 SUV 顾客联合开发全新的先进混合动力系统混合动力皮卡车型。近年来，虽然美国的混合动力汽车销量有所下滑，但混合动力汽车在美国新车总销量中的份额却逐年上升，福特的混合动力汽车销量增长率最高。并且福特已将欧洲分部的 C-Max 小型 MPV 引入北美并对其进行改进。

通用汽车公司在 2006 年推出了名下首款混合动力车型土星 Vue Green Line。在 2007 年的秋季，以 2 代 Vue 为蓝本开发的 Green Line 系列，配备了升级过的 BAS 制动辅助系统，正式量产。之后，2009 款的 Vue Green Line 2 Mode 混合动力车，又登上底特律国际车展的展台。

表 3-2 为国外各品牌混合动力车型动力耦合系统的部分技术参数。

国外主要混合动力车型动力耦合系统技术参数　　表 3-2

指标 / 混合动力车型	发动机功率（kW）	发动机转矩（N·m）	电动机功率（kW）	电动机转矩（N·m）	蓄电池	变速器
2011 Audi Q5 Hybrid Quattro	155	350	33	211	1.3kW·h，39kW，266V	8P70H 变速器
BMW Active Hybrid X6	300	780	67	280	NiMH 蓄电池组	7 速自动变速器
Mercedes ML450 Hybrid	205	350	62	260	288V，NiMH 蓄电池组	8 速电控无极变速器

续上表

指标 混合动力车型	发动机功率(kW)	发动机转矩(N·m)	电动机功率(kW)	电动机转矩(N·m)	蓄电池	变速器
Peugeot 307 Hybrid HDi Diesel	—	—	23	130	288V，NiMH蓄电池组	ECVT
Prius Ⅰ	57	111	33	350	21kW，273.6V	ECVT
Prius Ⅱ	57	111	50	400	21kW，201.6V	ECVT
Ford Escape 2008	113	206	70	—	—	ECVT
Saturn Vue Green Line 2 Mode	—	—	55	—	1.8kW·h，300V	ECVT

我国国内高度重视混合动力汽车的研究与开发，混合动力汽车的自主创新得到了重大的发展。长安杰勋混合动力轿车成了国内第一款自主研发，将中度混合动力技术实现产业化并且量产的混合动力轿车。比亚迪、一汽、上汽、奇瑞、东风、长安、吉利等多家汽车公司正积极研发混合动力汽车，并且部分公司已拥有上市的混合动力车型。

表3-3为国内部分品牌混合动力车型的技术参数。

国内混合动力车型技术参数　　表3-3

指标 混合动力车型	发动机功率(kW)	发动机转矩(N·m)	电动机功率(kW)	电动机转矩(N·m)	蓄电池	变速器
比亚迪F3DM	50	90	50	400	16kW·h，330V磷酸铁锂蓄电池组	CVT
比亚迪秦	113	235	110	200	10kW·h，500V磷酸铁锂蓄电池组	六速DCT
奔腾B50PHEV	75	135	40	300	320V，11.2kW·h磷酸铁锂蓄电池组	5AMT
奔腾B70HEV	75	135	40	300	镍氢蓄电池组	5AMT
荣威750HEV	118	215	20	60	磷酸铁锂蓄电池组	5AT
荣威550PHEV	80	135	50	317	11.8kW·h磷酸铁锂蓄电池组	两挡电驱变速器

综合各大品牌混合动力车型动力耦合系统的应用现状，国外高档汽车品牌在深度混合动力汽车动力传动系统构型上大致分为两类：

（1）欧洲品牌多为同轴并联式结构，变速器为 AT 或者 CVT，有的方案发动机带有与皮带相连的起动发电一体机，宝马和奔驰这些高档品牌选择行星齿轮组与 CVT 结合的双模动力耦合装置；

（2）日美品牌的方案基本都是以行星齿轮组为核心的混联方案，丰田福特采用单个行星齿轮组动力耦合装置，通用采用多个行星齿轮组的双模动力耦合装置。

相比之下，国内混合动力汽车产品因为大量零部件，特别是先进的作用于混合动力系统的动力复合装置都需要进口，从而很难压低成本，造成 BSG 低度混合和 SHEV 等结构简单、成本较低的车型较多，节油性能相对较差。目前，国内混合动力轿车技术主要仍集中在低、中度混合的研发（BSG、ISG＋离合器＋MT），只有少数如比亚迪双模混合技术等较为成熟，多数混动车型仍处于研发阶段，较之发达国家成熟先进的技术还有较大的差距。

我国在新能源汽车的自主研发过程中，正逐步形成拥有自主知识产权的动力系统技术平台和混合动力汽车技术开发体系。随着我国在关键零部件核心技术上的突破和产业化的跟进，我国正逐渐缩小与国外先进混合动力耦合技术上的差距，在动力系统集成等方面具有很好的发展前景。

二、混合动力乘用车动力系统工作模式

由于混合动力乘用车里面有发动机和主驱动电动机两个驱动单元，因此，以系统能量管理需求和工作在最优效率区为基本目标，混合动力系统可工作在不同模式下。典型的工作模式有纯电动模式、发动机直驱模式、混合驱动模式、行车充电模式等。

1. 纯电动模式

发动机关闭，车辆由储能单元供能，由主驱动电动机单独驱动，该模式主要用于车辆起步和低速行驶。

2. 发动机直驱模式

车辆由发动机单独驱动，储能装置不提供能量，该模式主要用于中高速行驶工况。

3. 混合驱动模式

车辆由发动机和主驱动电动机共同驱动，该模式主要用于车辆加速和爬坡行驶工况。

4. 行车充电模式

发动机工作在高效区，除了驱动车辆正常行驶外，还可以由主驱动电动机工作在发电

模式下，为储能装置充电，该模式主要用于车辆低负荷行驶且储能装置 SOC 较低的工况。

5. 车辆制动能量回收模式

发动机停机或者怠速，主驱动电动机工作在发电模式下，参与车辆制动并回收能量，为储能装置充电，该模式用于车辆制动工况。

三、混合动力乘用车节能基本途径

（一）发动机怠速停机技术

起停技术可以使车辆暂时停车时自动停止发动机工作，从而减少燃油消耗，减低排放，尤其在那些交通拥挤的城市运用这种技术对节能减排有着很好的效果。起停系统成本低，节能减排效果显著，有着广阔的应用前景[11]。目前，起停系统主要有 4 种形式：

1. Start-Stop 微混技术

Start-Stop 微混系统如图 3-39 所示。该系统对于传统汽车的发动机前端轮系不进行改动，只是更改原有车辆的起动机，提高起动机的起停次数并提高其功率，保证车辆能够快速起动及在理想使用工况下的寿命。

2. BSG（Belt-driven Starter/Generator）系统

BSG 混合动力系统如图 3-40 所示。该系统在发动机前端用传动带传递机构将一体化起动/发电机与发动机相连接，取代了发动机原有的发电机，从而实现了混合动力系统的一体化。BSG 混合动力系统一般保留了传统轿车上的起动电动机，以保证环境温度过低时发动机能正常起动。BSG 系统能够实现怠速停机、车辆起动时快速拖动发动机到怠速转速、制动能量回收的作用，但由于没有配备耦合装置，故无法为车辆加速提供辅助功率。

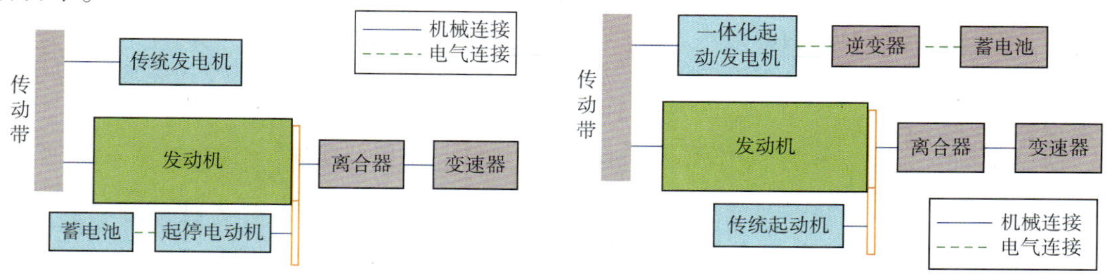

图 3-39　Start-Stop 微混系统

图 3-40　BSG 混合动力系统

3. ISG（Intergrated Starter/Generator）系统

ISG 混合动力系统如图 3-41 所示。该系统将一体化起动/发电机的转子与发动机曲轴的输出端连接在一起，同时取消了原有的飞轮。ISG 混合动力系统可在发动机与变速器之间配备 1 ~2 个离合器。这种连接方式相比 BSG 混合动力系统而言，更为灵活，其功能也在 BSG 混合动力系统的基础上有所增加。

根据具体的结构和布置方式，ISG 又可分为 3 种。电动机在发动机后离合器前的单离合器结构方式，这种结构中的电动机主要起助力、发电和起动发动机用，电动机一般不能单独驱动车辆运行。电动机布置在离合器后变速器前的单离合器结构方式，这种结构方式中的电动机可单独驱动车辆，也能助力发电，但不能起动发动机。电动机布置在发动机和变速器之间的双离合器结构，这种结构既可单独驱动车辆，也可起动发动机或独立对蓄电池进行驻车发电。

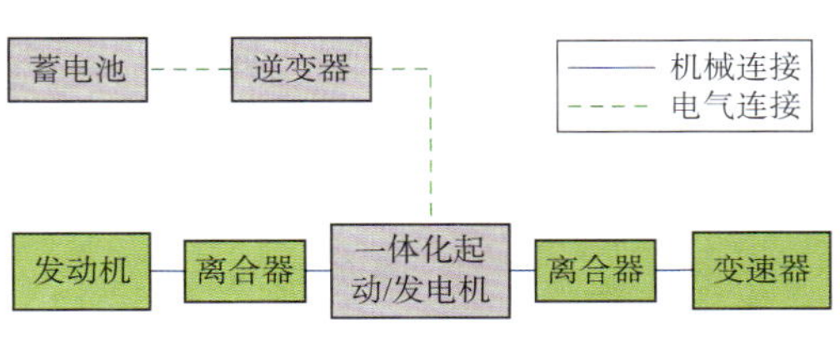

图 3-41　ISG 混合动力系统

4. 马自达 SISS 智能起停系统

马自达的 SISS 智能起停系统（现在称为 i-stop 技术）主要是通过在汽缸内进行燃油直喷，燃油燃烧产生的膨胀力来重起发动机的，发动机上的传统起动机在发动机起动时起到辅助作用。图 3-42 所示为马自达的智能起停系统，发动机停止前，使某一个汽缸活塞刚好处于压缩行程过后，燃烧行程的位置；再次起动时，通过燃烧和起动机的共同作用来起动发动机。

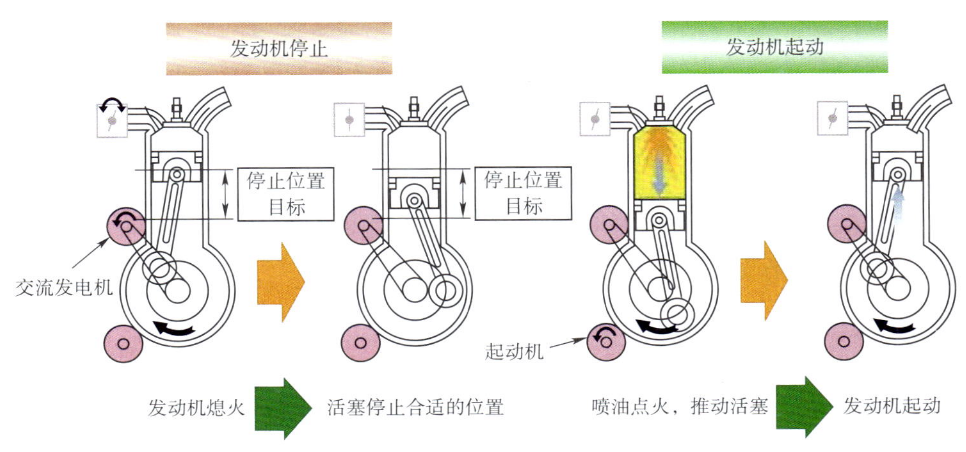

图 3-42　马自达智能启停系统

据官方数据，使用 SISS 技术，发动机在最短 0.35s 的时间内就能起动，比单纯使用起动机或电动机的起动系统要快一倍。这种系统控制智能、效率高，无须起动机就能实现起停的功能，已用于日本市场销售的 Mazda 2、Mazda 3 和 Mazda 6 部分车型上。

（二）制动能量回收技术

传统内燃机车辆减速、制动时，车辆的动能通过制动系统而转变为热能，并向大气中释放。而在电动汽车和混合动力汽车上，这种被浪费掉的动能可通过制动能量回收技术转变为电能并储存于蓄电池中，当车辆起步或加速需要增大驱动力时，电动机驱动力成为发动机的辅助动力，使电能获得有效应用。

例如在丰田普锐斯混合动力车上，车辆运动能量能够通过液压制动和能量回收制动的协调控制回收。但在本田 Insight 混合动力车上，由于发动机与驱动电动机连接，所以不能够消除发动机制动。因此，在制动时发动机全部气门关闭，以消除泵气损失，而只存在发动机本身的纯粹的机械摩擦损失。

在发动机气门不停止工作场合，减速时能够回收的能量约是车辆运动能量的 1/3。通过智能气门正时与升程控制系统使气门停止工作，发动机本身的机械摩擦（含泵气损失）能够减少约 70%。回收能量增加到车辆运动能量的 2/3。

（三）发动机工作区域优化技术

混合动力乘用车用发动机无论是柴油机还是汽油机，其燃料消耗存在明显的效率场，发动机高效区工作时的油耗远远低于低效区的油耗。因此，实现发动机始终大部分时间工作在高效区，是混合动力乘用车降低车辆油耗的 3 种主要途径之一。

发动机工作区域优化设计时需重点考虑以下几点：

（1）发动机工作点优化：基于燃油经济性、最低排放，根据发动机的转矩/转速特性曲线确定最优工作点。

（2）发动机工作曲线优化：如果发动机需要发出不同的功率，相应的最优工作点就构成了发动机的最优工作曲线。

（3）发动机工作区优化：在发动机转矩/转速曲线上，发动机有一个首选的工作区，在此工作区内，燃油效率最高。

四、案例 1：比亚迪 F3DM 混合动力乘用车关键技术

（一）F3DM 驱动系统关键技术

比亚迪 F3DM 双模混合动力汽车如图 3-43 所示，混合动力系统如图 3-44 所示。F3DM

采用混联式驱动系统，动力总成包括自主研发的 BYD371QA 发动机、发电机 MG1（25kW）、电动机 MG2（50kW）和变速器等。动力总成布置采用前横置前轮驱动方案，整个总成需要根据实际情况进行匹配设计。挡位执行器设置 P、R、N、D 共 4 个挡。当电量低于一定值（根据环境以及蓄电池相关参数等情况可能会出现变化）时，发动机自动起动，由纯电动模式切换成混合动力模式，其工作原理是：发动机发出的功率一部分通过变速器，经过机械传动系统至驱动轮，另一部分则驱动发电机发电，发出的电能输送给电动机或动力蓄电池。

图 3-43　比亚迪 F3DM 双模混合动力汽车

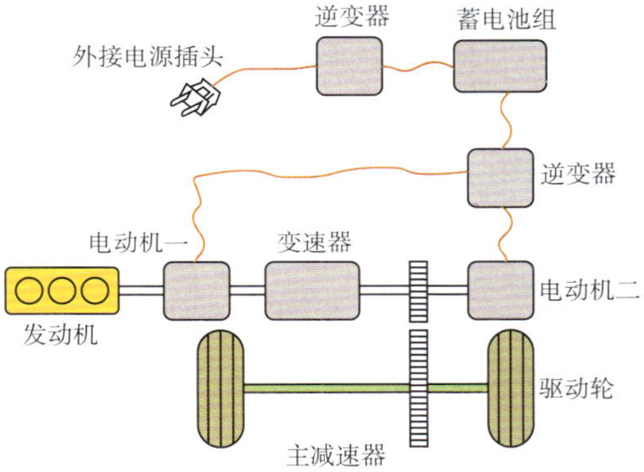

图 3-44　比亚迪 F3DM 混合动力系统示意图

根据整车功率需求以及整车系统控制策略来应对各种工况，F3DM 的工作模式可以分为下面 4 种情况。

1. “EV” 纯电动工作模式

纯电动工作模式下，动力蓄电池电量充足提供电能，供电动机 MG2 驱动车辆行驶。F3DM 在起动工况下通常为纯电动工作模式，见图 3-45。

2. “HEV” 混合动力工作模式 A

在匀速工况下，发动机工作在最佳状态，发动机发出的机械能一部分驱动汽车运转，一部分带动 MG1 发电，经逆变器为动力蓄电池组充电。当在外长途行驶，蓄电池电量不足时，可选这种模式，见图 3-46。

3. “HEV” 混合动力工作模式 B

混合动力模式 B 如图 3-47 所示，在需要较高动力输出的工况如加速工况下，发动机和电动机 MG2 一起驱动车辆，提供更高的输出功率。

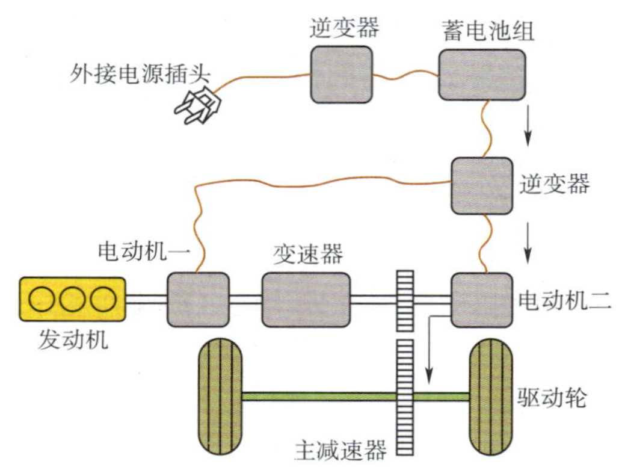

图 3-45　比亚迪 F3DM 纯电动工作模式示意图

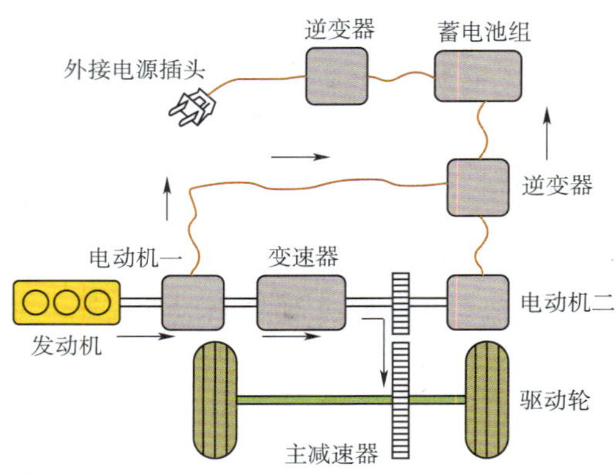

图 3-46　比亚迪 F3DM 混合动力工作模式 A 示意图

4. "HEV" 混合动力工作模式 C

混合动力模式 C 如图 3-48 所示，在电量比较低而整车需要的动力输出也较低的模式下，发动机带动发电机 MG1 发电，电动机 MG2 利用发电机 MG1 发的电驱动车辆，多余的电能将存储在动力蓄电池内。

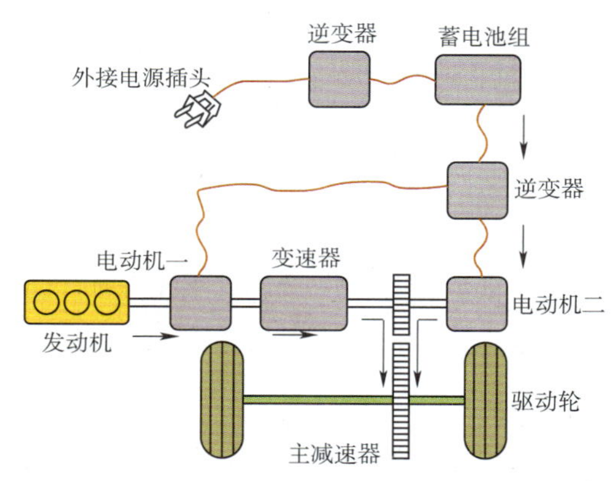

图 3-47　比亚迪 F3DM 混合动力工作模式 B 示意图

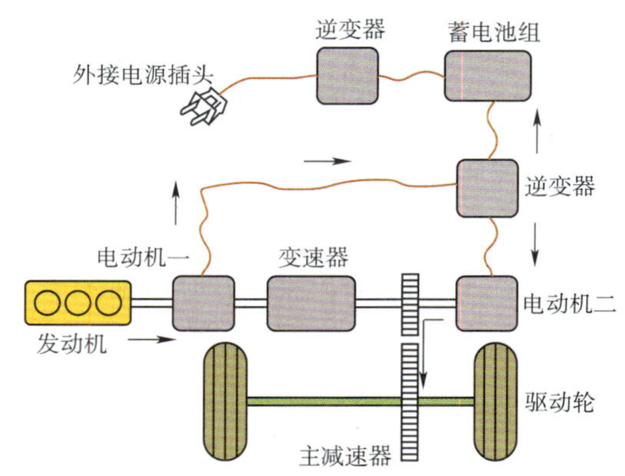

图 3-48　比亚迪 F3DM 混合动力工作模式 C 示意图

通过上述几种工况的描述，F3DM 经济性表现突出在：短途可以实现以纯电动驱动为主，极大地摆脱了整车对汽油的依赖。通过控制策略，控制整车在怠速、起步、低速时由电动机驱动，高速、平稳工况由发动机驱动，加速过程以发动机为主，电动机为辅，保持发动机、电动机持续运转在其高效经济能耗区。混合动力系统电动机的贡献度如图3-49所示。

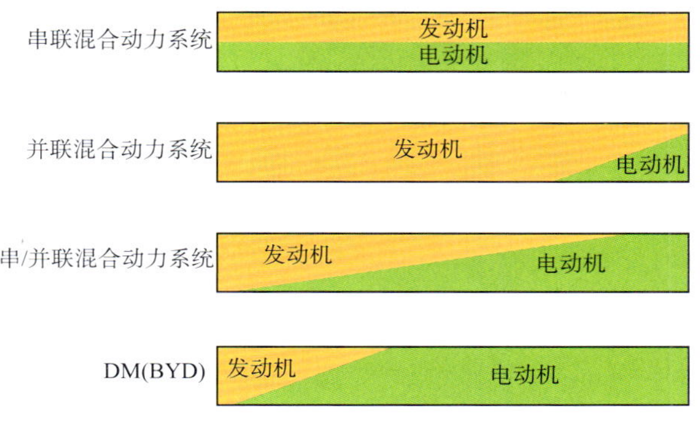

图3-49　各种混合动力系统电动机的贡献度

F3DM搭载了BYD自己生产的永磁同步电动机，它用永磁体取代绕线式同步电动机转子中的励磁绕组，从而省去了励磁线圈、滑环和电刷，定子中通入三相对称交流电。高效、高控制精度、高转矩密度、质量轻、结构紧凑等的特点在F3DM上得到充分体现。控制策略遵循功率分配原则和限功率原则等，以满足F3DM在各种复杂工况下完美运行。

（二）动力蓄电池技术

F3DM的动力蓄电池采用比亚迪自主生产的磷酸铁锂动力蓄电池，克服了铅酸蓄电池容量低、充电速度慢、寿命短等弊端，且不会对环境造成危害，其含有的所有化学物质均可在自然界中被环境以无害的方式分解吸收，能够很好地解决二次回收等环保问题，是绿色环保的蓄电池。F3DM动力蓄电池由10个蓄电池组，每个蓄电池组10节，总共100节蓄电池串联而成，总电压330V左右，在整车上的主要功用如下。

（1）为电动机提供驱动车辆所需要的动能；

（2）供给整车低压电器模块正常工作所需的电能；

（3）供给空调系统正常工作所需的电能；

（4）给12V蓄电池充电。

该蓄电池相对于其他蓄电池有很多优点：

（1）蓄电池安全性能突出。经碰撞、挤压、刺穿、高低温等极端安全实验验证表明，蓄电池在各种情况下不会起火、不会爆炸。

（2）该动力蓄电池的循环寿命长。

（3）环保无污染。该蓄电池的生产过程无污染，其含有的所有化学物质均可以被自然界无害的方式分解吸收，能够很好地解决二次回收等环保问题，不会给环境造成任何危害。

（4）充电速度快并且便利，可采用家用照明系统实现慢充。

（5）放电性能好。该蓄电池的放电曲线比较平滑，不但具有高的放电电流，而且放电电压也比较稳定，所以能够提供急加速的大电流需求。

（6）成本低廉。比亚迪生产的蓄电池成本较低，更接近于市场化。

（7）工艺性要求高，优势明显。搭载在 F3DM 上的蓄电池组都是由 100 节蓄电池串联而成，所有单体蓄电池保持较高的一致性。

（三）蓄电池管理系统

比亚迪 F3DM 采用自主研发的蓄电池管理系统。该系统与车辆所用的动力蓄电池紧密结合在一起，对蓄电池的电压、电流、温度进行时刻检测，同时还进行漏电检测、热管理、报警提醒，计算剩余容量、放电功率，报告 SOC & SOH 状态，还根据蓄电池的电压、电流及温度用算法控制最大输出功率，以获得最大行驶里程，以及用算法控制充电机进行最佳电流的充电，通过 CAN 总线接口与车载总控制器、电动机控制器、能量控制系统、车载显示系统等进行实时通信。

F3DM 漏电传感器安装在高压配电箱内部，用于对车辆直流动力电源母线与其外壳、车身底盘之间的绝缘阻抗检测，通常检测与动力蓄电池输出相连接的负母线与车身底盘之间的绝缘电阻，来判断蓄电池包的漏电程度。根据动力蓄电池母线与车身底盘的绝缘阻抗等级的不同，能够提供一般漏电、严重漏电两级输出保护信号，一般漏电保护信号和严重漏电保护信号同时输出时，输出均为低电压。蓄电池管理器接收漏电传感器的输出信号。

第四节　混合动力乘用车技术进展

一、市场需求与定位

随着国家在“十五”期间启动新能源汽车科技创新工作，在国际混合动力乘用车影响下，我国也启动混合动力汽车技术攻关、产业化和商业示范考核。以国内主流车厂为代表的整车企业逐步建立专业化的混合动力汽车产品市场需求分析，从国家新能源汽车政策导向、能源多元化发展、行业技术升级与产业转型、细分市场及增量市场、配套产业基础、人才队伍情况等多角度综合进行混合动力汽车产品定位与策划，并形成混合动力系统技术平台及产品开发计划，整车产品性能和销量目标的分步实施计划，形成了标准先行的标准制定计划等。

二、整车结构集成技术

在混合动力乘用车技术攻关和产品开发过程中，我国部分乘用车企业采用基于传统车进行二次开发模式，部分企业采用全新结构车型开发模式。经过若干年的技术攻关，我国主流乘用车企业稳步建立了混合动力汽车整车 CAD、CAE 工程设计与计算能力，掌握了混合动力乘用车整车布置和结构优化技术；建立了车辆集成优化仿真技术，并对车辆性能进行综合优化，从而大大缩短优化的周期，有效解决了车辆综合性能和空间总布置的相对矛盾。

三、整车系统匹配标定技术

在新能源汽车快速发展的同时，传统乘用车无论在新型发动机开发、DCT 等新型变速器开发、细分市场车型开发上，均取得了良好成绩。因此，在传统混合动力乘用车开发过程中，我国整车企业结合传统发动机的系列试验规范流程和经验，建立了混合动力汽车的标定匹配能力及相关的流程和规范；国内主流混合动力汽车整车制造商开发出了基于国际通用标准的分布式标定系统，实现了通过一套标定系统实现对电动机、蓄电池、整车协同标定工作，解决了混合动力汽车产业化开发过程中多系统协同标定工具难题。

与此同时，混合动力系统匹配、标定硬件系统也取得了发展。各整车企业建立了混合动力发动机、动力蓄电池、驱动电动机的台架标定匹配能力以及整车的夏季、冬季等环境标定匹配能力，支撑混合动力汽车自主标定能力建立和提升；使开发的混合动力汽车的动力性、燃油经济性等达到或超过传统汽车的水平。

四、混合动力系统拓扑构型研究

混合动力汽车整车企业根据各自的优势，开展多样的混合动力拓扑构型研究，选择最适合自己企业特征的技术路线进行产业化开发。在混合动力系统构型研究过程中，国内企业充分参考了国际典型结构，大胆创新，形成了自主知识产权，如奇瑞开发了基于单电机的混联系统并实现产业化。

以奇瑞、长安等为代表整车企业开展了 ISG 中混合动力构型研究并实现了该动力构型在乘用车上的产业化开发应用。

此外，以华晨、奇瑞为代表整车汽车开发了 BSG 形式混合动力轿车产品，并投放在沈阳、大连、南昌、昆明、重庆等节能与新能源汽车试点城市。

在强混合动力构型方面，吉利汽车联手科力远公司，组织国内零部件企业和高校科研机构，共同开展基于行星排的深混系统技术攻关和产品开发，并与长安汽车、云内动力等企业合作，共同开展产业化攻关。一汽集团联合吉林大学等单位，共同开展双电动机强混合动力构型研究，开发混合动力乘用车专用变速器，将专用变速器与电动机进行了一体化结构设计。奇瑞汽车和长安汽车开展了基于单电动机的乘用车强混合动力系统构型研究，并研制出强混合动力功能样车、性能实验车以及工程化样车，实现产业化（奇瑞汽车为主）。

五、整车机—电综合安全技术

相比传统燃油汽车，混合动力乘用车安全性（机械结构安全、高压电安全、电动化互动安全）是大规模产业化必备条件。围绕混合动力乘用车的机械结构安全和高压电安全，整车企业建立了车辆电气系统全面的安全功能分析能力，研究混合动力系统在各种运行工况下的失效安全保护措施，开发了车辆安全控制策略；开展动力蓄电池、电动机等高压系统电气安全特性和机械安全特性研究，研究高压系统在各种极限运行工况的安全保护结构、方法和措施，如结合 CAE 强度和碰撞安全分析，优化动力蓄电池和车身结构，确保整车高压系统的安全，并建立了混合动力车辆电子安全控制体系。

六、整车可靠性开发

由于大量引入新型部件，零部件可靠性直接影响整车可靠性。为此，国内整车企业建立了包含混合动力系统在内的一系列整车可靠性测试规范及标准，从而实现对混动系统、电动机、蓄电池、DC/DC 进行可靠性开发和评价，解决混合动力汽车产业化开发过程中的可靠性评价的难题，并开展实际应用。

第四章 纯电动乘用车技术

纯电动汽车指由电动机驱动、采用动力蓄电池作为动力源，并具有再生制动能量回收功能的汽车。纯电动汽车具有零排放、能源利用率高、使用成本低、电力来源广泛等优点。

根据整车产品用途，纯电动汽车可分为纯电动商用车和纯电动乘用车两种类型。纯电动乘用车指在其设计和技术特性上主要用于载运乘客及其随身行李和/或临时物品的纯电动汽车，包括驾驶员座位在内最多不超过9个座位。

第一节 纯电动乘用车发展概述

一、国际纯电动乘用车发展现状

在当前全球汽车工业面临能源环境问题的巨大挑战的情况下，世界发达国家纷纷投入巨资进行电动汽车商业化开发和应用，一些著名的汽车公司也开始转向研究和开发纯电动汽车。

各国政府为了振兴汽车工业，新能源汽车扶持政策都加速出台，在相关产业标准方面有着密集动作。2009年，美国为了支持新一代电动汽车部件及其蓄电池组的研发，设立了20亿美元的投资计划。同时还投入4亿美元来建设充电站等基础设施。2009年4月，日本对纯电动汽车、清洁柴油车、混合动力车、天然气车以及认定为低油耗且低排放的车辆开始实施“绿色税制”。日本政府还通过免除多种税负的优惠政策来鼓励用户购买“下一代汽车”（指前三类车）。日前，日本政府准备245亿日元用于研发下一代车用蓄电池，同时还将投资210亿日元用于蓄电池创新基础科学研究。同美国相比，欧洲更崇尚“零污染”的纯电动汽车。德国政府2009年颁布《国家电动汽车发展计划》，规划到2020年，德国将有100万辆电动汽车在运行。但是，由于各种原因，2012年德国政府将这一目标下调至60万辆左右。德国准备首先在大城市运营电动汽车，之后在城市间高速公路上推广。英国电动汽车技术在世界范围内都是较先进的，而且应用也相当广泛。伦敦于2012年开展“电源伦敦”计划，到2015年伦敦的充电站数量已首次超过加油站。充电站按年度会员制，会员只需缴纳161美元会费可享受全年无限制充电。此外，伦敦市长还决定彻底减免电动汽车的城市拥堵费（约每年3 200美元）。

德国研究机构ZSW的数据显示，至2013年年底，全球电动车保有量超过40万辆（含纯电动、增程式电动和插电式混合动力），其中美国以17.4万辆高居各国市场之首，日本和中国位列其后，但分别只有6.8万辆、4.5万辆。日产汽车自2010年12月推出了第一款纯电动汽车Leaf以来，已保持3年持续增长，全球总销量已突破10万辆。截止到2015年3月，Leaf在美国累计销量达到76 407辆。根据美国2014年插电式汽车销量排行，日产Leaf在美国市场创造了新的历史销售记录，全年共交付30 200辆。Tesla Model S纯电动豪华轿车预估销量为17 300辆。梅赛德斯—奔驰B级Electric Drive和Smart ForTwo Electric Drive纯电动车全年销量分别为774辆和2 594辆。丰田RAV4 EV全年累计售出1 184辆，雪佛兰Spark EV全年累计销售1 145辆，福特福克斯电动版全年累计销售1 964辆，本田飞度EV全年租赁数量为407辆。而三菱i-MiEV电动微型车总共才销售了196辆，这款四座小型电动车在美国从来就没有地位。

二、我国纯电动乘用车发展现状

2001年开始，在国家科技863计划支持下，我国汽车企业联合动力蓄电池企业、电动机企业围绕锂离子蓄电池等先进车载能量系统技术、动力系统匹配技术、智能充电技术、整车智能控制和通信交互技术等纯电动汽车关键技术开展攻关，并建立了拥有自主知识产权的纯电动汽车动力系统技术平台，带动奇瑞、比亚迪、长安、江淮、众泰、北汽、上汽、广汽、安凯等十几家汽车企业研发出多款纯电动汽车产品，并获得工信部的汽车产品目录公告。

当前，我国顺应世界汽车“纯电驱动”技术转型趋势，利用我国纯电动汽车市场容量巨大，对其市场需求进行细分，优化使用效率，正在逐渐使其成为公共交通和个人交通的组成部分。

在示范推广方面，随着2009年我国启动“十城千辆”节能与新能源汽车示范推广试点工程，纯电动乘用车实现了真正意义的示范性推广，并交出了（含插电式）6 853辆的答卷，虽与国内超过1亿的乘用车保有量依旧存在较大差距，但却开辟了全球最大的纯电动出租车示范运营模式——比亚迪e6深圳出租车运营，并为纯电动汽车蓄电池、电动机及控制技术的发展提供了宝贵的实验性数据。

纯电动乘用车示范推广数量（含插电式）在2012年有较大增长，在示范运营各类车型数量中位居第二位，其中主要由江淮、比亚迪、北汽、长安、海马、众泰、奇瑞等企业提供，这些企业目前占我国纯电动乘用车推广总量的98%。

经过十几年的发展，我国纯电动乘用车实现了从无到有的突破，并通过商业模式和细分市场研究，实现了乘用车小规模销售（2015年达到20万辆），当前，我国在全新整车结构设计与优化技术、网络总线技术、分布式系统控制技术、蓄电池模组设计和综合管理技术、动力系统高压电安全技术、整车及零部件电磁兼容技术、无线能量传输技术、线控技术等方面取得突破，建立了完整的纯电动乘用车开发流程、评价规范和测试流程，形成了纯电动乘用车动力系统平台的技术体系，提高了车辆技术水平，部分性能指标达到或超过国际先进水平，满足产业化需求。

第二节　纯电动乘用车关键技术

围绕纯电动乘用车、整车平台和产业化技术，纯电动乘用车关键技术主要包括：

（1）动力系统集成、优化与控制技术；

（2）蓄电池成组应用及管理技术、热管理技术；

（3）整车电磁兼容性、可靠性、耐久性、安全性和舒适性；

（4）整车轻量化、制造工艺、工装技术、检测和调试技术；

（5）电动辅助系统技术研究；

（6）快速充电系统优化设计与开发；

（7）纯电动乘用车产业化技术（如成本控制、批量化生产及质量控制技术等产业化技术）。

一、动力系统集成、优化与控制技术

（一）纯电动乘用车驱动动力学原理

借鉴传统内燃机车辆纵向动力学原理，纯电动乘用车及燃料电池乘用车纵向驱动动力学的单自由度模型表达如式（4-1），该模型考虑了传动系统的传动比及其对应的传动效率，考虑了电驱动单元能力、地面滚动阻力特性、风阻特性、车辆加速和爬坡阻力特性等[15]。

$$\delta m \frac{\mathrm{d}u}{\mathrm{d}t} - F_t + F_f + F_w \pm F_i = 0 \tag{4-1}$$

式中：F_t——电动机驱动单元产生的驱动力，$F_t = \frac{T_m i_g i_0 \eta_g \eta_0 \eta_d}{r}$，N；

F_f——车辆滚动阻力，$F_f = \begin{cases} mg\,f\cos\alpha & u > 0 \\ 0 & u = 0 \end{cases}$，N；

F_w——空气阻力，$F_w = \frac{1}{2} C_D A \rho u^2$，N；

F_i——爬坡阻力，$F_i = \pm mg\sin\alpha$，N；当车辆上坡时为阻力，F_i 取正值；下坡时为驱动力，F_i 取负值；

δ——汽车质量换算系数，无量纲；

m——汽车质量，kg；

u——车速，m/s；

T_m——驱动电动机输出转矩，N·m；

i_g——变速机构传动比，无量纲；

η_g——变速机构传动效率，无量纲；

i_0——主减速机构传动比，无量纲；

η_0——主减速机构传动效率，无量纲；

η_d——传动机构传动效率（如传动轴用或半轴用的联轴器），无量纲；

r——车轮半径，m；

f——滚动阻力系数，无量纲；

α——坡道角，rad；

C_D——空气阻力系数，无量纲；

A——汽车迎风面积，通常 $A=0.78\times wd\times h$，m^2；

wd——汽车宽度，m；

h——汽车高度，m；

ρ——空气密度，$\rho=1.2258kg/m^3$；

g——重力加速度，$g=9.80655m/s^2$。

（二）基于驱动动力学的纯电动乘用车动力系统容量匹配

1. 电驱动系统容量匹配

根据车辆总体设计要求和动力性设计要求，确定动力系统传动方案并初选传动系统传动比，进行主驱动电动机额定功率、额定转速、最高转速和最大功率的匹配设计。具体设计过程如下：

（1）根据车辆总体设计对车辆动力性的要求确定最高车速 u_{max} 和车辆轮胎类型，预设传动系统传动比，主要分为变速器传动比 i_g，车辆主减速器传动比 i_0，及其传动系统的传动效率 η_d，确定驱动电动机最高转速 n_{max}，即：

$$\frac{2\pi n_{max}r}{60i_gi_0}\geqslant u_{max} \tag{4-2}$$

（2）由最高车速 u_{max} 设计指标对应的功率要求确定电动机额定功率 P_n，即：

$$P_n\geqslant\frac{u_{max}\cdot\left(mgf+\frac{1}{2}C_DA\rho u_{max}^2\right)}{\eta_g\eta_0\eta_d} \tag{4-3}$$

（3）由最大爬坡度 α_{max} 设计指标对应的转矩要求确定电动机最大转矩 T_p 下限，即：

$$T_p\eta_g\eta_0\eta_di_gi_0\geqslant(mgf\cos\alpha_{max}+mg\sin\alpha_{max})\times r \tag{4-4}$$

（4）根据车辆常用车速确定驱动电动机额定转速 n_n，从而确定该电动机的额定转矩 T_n：

$$T_n=9.55P_n/n_n \tag{4-5}$$

（5）根据电动机峰值转矩 T_p 和额定转速 n_n，确定电动机峰值功率 P_p，即：

$$P_p = \frac{T_p \times n_n}{9.55} \tag{4-6}$$

（6）校核电动机峰值转矩特性曲线是否满足车辆加速时间 T_{acc} 的要求，这里以 100km/h 为例，否则调整传动系统传动比参数，增大电动机峰值转矩数值，并重新校核直至满足要求：

$$\int_0^{100/3.6} \frac{\delta m}{\frac{4T_m \eta_g \eta_0 \eta_d i_g i_0}{r} - mgf - \frac{1}{2}C_D A\rho u^2} \mathrm{d}u \leqslant T_{acc}$$

$$T_m = \begin{cases} T_P & n < n_n \\ 9.55P_p/n & n > n_n \end{cases} \tag{4-7}$$

2. 电驱动系统能量存储单元容量匹配

1）传统能量存储单元容量匹配方法

在进行纯电动汽车能量存储单元容量匹配时，一般在确定电驱动系统参数基础上，采用试凑法，以能量存储单元能够满足电驱动系统功率需求为出发点，兼顾整车续驶里程，进行动力系统电压设计，并进行能量存储单元的匹配和估算，基于车辆初步总布置进行安装空间可行性分析与校核，从而最终完成电动车动力系统的匹配。采用基于驱动动力学进行电动车动力系统容量匹配未考虑制动能量回馈能力对整车等效燃油经济性的改善，未能充分利用整车空间，能量存储单元标称能量无法最大化，整车等效燃油经济性无法实现最优，整车续驶里程亦无法实现最大化。

2）基于总体设计的蓄电池容量匹配

车载能量存储单元的能量存储大小 E_b 直接影响到整车的续驶里程 R_v，通过其存储的能量大小决定整车续驶里程，并通过其本身质量对整车质量的贡献来影响整车等效燃油经济性水平，从而间接影响到整车续驶里程。虽然能量存储单元本身质量对整车总质量的贡献程度在 10% ~25%，但由于质量增加带来整车能量消耗增加而降低的车辆续驶里程，远远小于由于整车蓄电池容量增加而提高的车辆续驶里程，因此，在纯电动乘用车设计过程中，考虑到蓄电池能量密度有限容易造成车辆续驶里程不足，应选择能量密度大的能量存储单元，并尽可能多的配置蓄电池数量，提高整车能量存储单元的标称容量，从而提高车辆的续驶里程。同时，配置同样蓄电池单体情况下，采用很多单体串并组合形成的能量存储单元标称容量越大，蓄电池能够提供的持续或峰值充、放电电流加大，为电驱动单元的功率加大提供了可能，为整车动力性的提高，整车制动能量回收提供了可能。

在整车设计开发过程中，为实现蓄电池模块化管理（包括机械结构模块化和控制管理单元模块化）、提高蓄电池可维护性，通常采用将若干蓄电池单体成组，形成模块；并基于蓄电池模块为最小单元，考虑碰撞安全性和蓄电池热管理进行蓄电池包设计[15]。统计数据表明：蓄电池模块的体积比能量 e_{vm} 和质量比能量 e_{mm} 可近似表示为单体蓄电池对应指标的函数，即：

$$e_{vm}=k_{vm}e_{vc}\text{；}\ e_{mm}=k_{rm}e_{mc}$$

式中：k_{vm}——蓄电池模块体积比能量系数，考虑到蓄电池模块内单体之间的冷却风道空间，常取 $k_{vm}=0.6\sim0.7$；

k_{rm}——蓄电池模块质量比能量系数，无量纲，常取 $k_{rm}=0.75\sim0.8$。

蓄电池包的体积比能量 e_{vp} 和质量比能量 e_{mp} 可近似表示为蓄电池模块对应指标的函数，即：

$$e_{vp}=k_{vp}e_{vm}\text{；}\ e_{mp}=k_{rp}e_{mm}$$

式中：k_{vp}——蓄电池包体积比能量系数，无量纲，考虑到蓄电池包模块之间需预留冷却风道空间及蓄电池包结构件占用空间，常取 $k_{vp}=0.55\sim0.65$；

k_{rp}——蓄电池包质量比能量系数，无量纲，常取 $k_{rp}=0.7\sim0.8$，当 $k_{rp}=0.7$ 时，基本满足碰撞瞬时蓄电池包需承受近似50g加速度的要求。

纯电动乘用车设计过程中（图4-1），考虑到整车的碰撞安全性和整车重心的合理布置，常将高压蓄电池包布置在车辆的行李舱靠近后排座椅的一侧（图4-1中A位）、后排座椅下方（传统车油箱处，图4-1中B位）、白车身中央通道（典型发动机前置，后轮驱动车辆的原传动轴安装空间，图4-1中C位）、发动机舱靠近白车身防火墙一侧（图4-1中D位）等。对比分析不同级别纯电动乘用车得到：采用电动机前置前驱型或者电动机后置后驱型乘用车，可用蓄电池安装空间近似为整车轴距和轮距的相关函数，即：

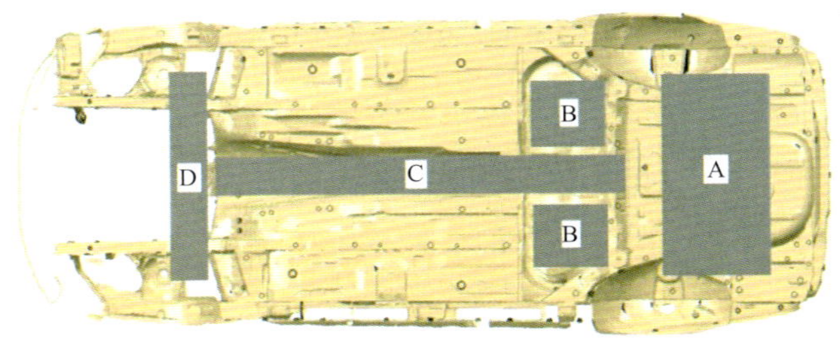

图4-1　典型乘用车蓄电池空间安装位置示意图

$$V_b = k_t \times (k_{t1} l_w l_t + k_{t2} l_w l_t + k_{t3} l_w l_t + k_{t4} l_w l_t)$$

式中：V_b——蓄电池包实际可用安装空间，L；

k_t——蓄电池包形状、尺寸影响因素，无量纲，常取 $k_t = 0.85 \sim 0.95$；

k_{t1}——整车行李舱可用于蓄电池安装的空间系数，考虑到整车后碰安全性，需预留一定空间用于整车后碰缓冲，常取 $k_{t1} = 0.6 \sim 0.8$；

k_{t2}——整车白车身中央通道可用于蓄电池安装的空间系数，考虑到整车侧碰安全性和离地间隙，中央通道与蓄电池之间需预留适当间隙，用于整车侧碰缓冲和白车身结构加强，同时保证车辆离地间隙，常取 $k_{t2} = 0.2 \sim 0.3$，对于驱动电动机后置后驱型电动车，取偏小值；

k_{t3}——整车后排座椅下方（内燃机车油箱处）可用于蓄电池安装的空间系数，考虑到整车侧碰安全性和整车离地间隙，需预留一定的车辆侧向碰撞压缩变形空间，用于整车侧碰缓冲，同时保证车辆离地间隙高度，常取 $k_{t3} = 0.1 \sim 0.25$，对于驱动电动机后置后驱型电动车，取偏小值；

k_{t4}——整车发动机前舱靠近防火墙侧（内燃机车油箱处）可用于蓄电池安装的空间系数，考虑到整车前碰安全性、动力系统主要部件的安装空间需要，转向、制动单元的安装空间，需预留一定的车辆前碰压缩变形空间和其他部件安装空间，常取 $k_{t4} = 0.1 \sim 0.2$，对于驱动电动机后置后驱型电动车，取偏大值；

l_w——整车轮距，dm；

l_t——整车轴距，dm。

则基于整车空间计算得到磷酸铁锂蓄电池装车总容量为：

$$\begin{aligned} E_b &= V_b \times e_{vp} \\ &= k_t \times (k_{t1} l_w l_t + k_{t2} l_w l_t + k_{t3} l_w l_t + k_{t4} l_w l_t) \times k_{vp} \times e_{vm} \\ &= k_t \times (k_{t1} l_w l_t + k_{t2} l_w l_t + k_{t3} l_w l_t + k_{t4} l_w l_t) \times k_{vp} \times k_{vm} \times e_{vc} \end{aligned} \tag{4-8}$$

式中：E_b——装车蓄电池总容量，W·h。

进行动力系统电压设计时，额定电压设计不宜过低，否则引起动力系统电流过大，导致储能单元、电动机驱动单元内部电流过大，引起系统损坏，缩短蓄电池使用寿命。在蓄电池模块结构确定条件下，系统电压等于模块电压的整数倍，即：

$$V_p = i \times V_m = i \times j \times V_c \tag{4-9}$$

式中：V_p——动力系统设计额定电压，V；

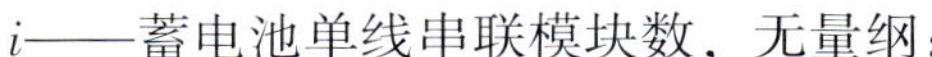

i——蓄电池单线串联模块数，无量纲；

V_m——蓄电池模块额定电压，V；

j——蓄电池模块内单线串联单体蓄电池数，无量纲；

V_c——蓄电池单体电压，V。

则车辆配置标称容量：

$$C_e = \frac{E_b}{V_p}$$

实际使用过程中，由于蓄电池标称容量相对固定，某些大容量储能单元的标称容量可通过小容量储能单元并联形成，或者动力蓄电池模块的并联形成。则对应单体蓄电池标称容量为：

$$C_{ec} = \frac{C_e}{w} = \frac{E_b}{V_p \times w}$$

式中：C_e——车辆储能单元标称总容量，A·h；

C_{ec}——蓄电池单体单元标称容量，A·h；

w——蓄电池并联基数，无量纲。

考虑到蓄电池实际使用特性，则计算可用于驱动的实际能量大小为：

$$E_{bh} = h_{soc} E_b \tag{4-10}$$

式中：E_{bh}——可用蓄电池能量，W·h；

h_{soc}——可用蓄电池 SOC 区间系数，常取 $h_{soc}=0.8$。

根据蓄电池装车总容量，计算得到蓄电池包总质量：

$$m_b = \frac{E_b}{e_{mp}} = \frac{E_b}{k_{rp} e_{mm}} = \frac{E_b}{k_{rp} k_{rm} e_{mc}} \tag{4-11}$$

车载储能单元充、放电电流影响车辆驱动/制动工况下蓄电池功率的输出和输入，因此必须进行驱动/制动动力学下的蓄电池充、放电能力的匹配（或校核），即蓄电池容量的选择必须同时考虑其所具有的持续和峰值充、放电能力。上述方法能够实现整车能量存储单元标称容量的最大化，提高了车辆的续驶里程，但仍然存在：①未考虑蓄电池包容量增加带来的蓄电池包质量的增加；②未考虑蓄电池容量增加对电动机功率约束的改变；③未考虑回馈制动对电动机功率要求的改变等问题，动力系统匹配设计仍然有提高空间。

（三）基于等效燃油经济性要求的驱动系统匹配

根据车辆动力性设计，车辆纵向加速度一般小于0.5g，常用车辆制动系统设计加速度指标约为0.7g，因此，制动工况下应选择更大峰值功率的驱动电动机，以便能够回收更多的制动能量。同时，需考虑能量存储单元对主驱动电动机驱动/制动功率的影响。

1. 驱动工况下的蓄电池能量消耗

在设计循环工况中主电动机处于驱动模式下，整车蓄电池端电能总消耗 Q_{fd} 如式4-12：

$$Q_{fd} = \int_0^T q_d(t)\,\mathrm{d}t \tag{4-12}$$

$$q_d(t) = [(P_{aux}(t) + P_m(t)] \times \eta_b(t)$$

$$P_{aux}(t) = P_{pt}(t) + P_{ob}(t) + P_{ecc}(t) + P_{brk}(t) + P_{str}(t)$$

$$P_m(t) = \frac{T_m(t) \times n_m(t)}{9.55 \times \eta_m(t)}$$

$$T_m(t) = \frac{F_t(t) \times r}{i_g i_0 \eta_g \eta_0 \eta_d}$$

$$F_t(t) = \delta m \frac{\mathrm{d}u(t)}{\mathrm{d}t} + F_f(t) + F_w(t) \pm F_i(t)$$

$$\begin{aligned} m &= m_{org} + m_{\mathrm{m}} + m_b = m_{org} + \frac{P_p}{d_m} + m_b \\ &= m_{org} + \frac{P_p}{d_m} + \frac{E_b}{k_{rp} k_{rm} e_{mc}} \\ &= m_{org} + \frac{P_p}{d_m} + \frac{k_t \times (k_{t1} l_w l_t + k_{t2} l_w l_t + k_{t3} l_w l_t + k_{t4} l_w l_t) \times k_{vp} \times k_{vm} \times e_{vc}}{k_{rp} k_{rm} e_{mc}} \end{aligned}$$

式中：Q_{fd}——设计循环工况中，电动机驱动状态下消耗蓄电池的总能量，W·h；

$q_d(t)$——设计循环工况中，电动机驱动状态下的输出功率，W；

$\eta_b(t)$——蓄电池充、放电效率，忽略蓄电池电压、电流、温度对充放电效率的影响；

$P_m(t)$——主驱动电动机在输入端的实际消耗功率，W；

$P_{aux}(t)$——辅助系统消耗的功率，W；

$P_{pt}(t)$——动力系统控制单元低压电源消耗总功率（主要为部件控制器低压电源能量消耗），W；

$P_{ob}(t)$——车身电子消耗总功率（包括主动安全性控制、车载娱乐单元、仪表、灯光等），W；

$P_{ecc}(t)$——电动空调控制单元低压电源消耗的功率，W；

$P_{brk}(t)$——电动制动系统消耗的功率，W；

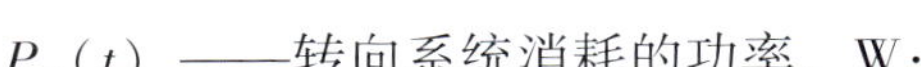

$P_{str}(t)$ ——转向系统消耗的功率，W；

m_{org}——原型电动车半载质量（不包括电动机及其控制单元质量、蓄电池包质量），kg。

2. 制动工况下的蓄电池能量回收

在设计循环工况中主电动机处于回馈制动模式下，采用电动机优先加载控制策略，在电动机制动容量不足情况下，机械制动系统介入，则整车蓄电池端可回馈的电能 Q_{fr}：

$$Q_{fr} = \int_0^T q_r(t)\,\mathrm{d}t \tag{4-13}$$

$$q_r(t) = [P_{mr}(t) - P_{aux}(t)] \times \eta_b(t)$$

$$P_{aux}(t) = P_{pt}(t) + P_{ob}(t) + P_{ecc}(t) + P_{brk}(t) + P_{str}(t)$$

$$P_{mr}(t) = \frac{T_{mr}(t) \times n_m(t) \times \eta_m(t)}{9.55}$$

$$T_{mr}(t) = \begin{cases} \dfrac{F_r(t) \times r}{i_g i_0 \eta_g \eta_0 \eta_d} & \dfrac{F_r(t) \times r}{i_g i_0 \eta_g \eta_0 \eta_d} < T_{m\_\max} \\ T_{m\_\max} & \dfrac{F_r(t) \times r}{i_g i_0 \eta_g \eta_0 \eta_d} > T_{m\_\max} \end{cases}$$

$$T_{m\_\max} = \begin{cases} T_P & n_m(t) < n_n \\ \dfrac{9.55 P_p}{n_m}(t) & n_m(t) > n_n \end{cases}$$

$$F_r(t) = \delta m \frac{\mathrm{d}u(t)}{\mathrm{d}t} + F_f(t) + F_w(t) \pm F_i(t)$$

$$\begin{aligned} m &= m_{org} + m_m + m_b = m_{org} + \frac{P_p}{d_m} + m_b \\ &= m_{org} + \frac{P_p}{d_m} + \frac{E_b}{k_{rp} k_{rm} e_{mc}} \\ &= m_{org} + \frac{P_p}{d_m} + \frac{k_t \times (k_{t1} l_w l_t + k_{t2} l_w l_t + k_{t3} l_w l_t + k_{t4} l_w l_t) \times k_{vp} \times k_{vm} \times e_{vc}}{k_{rp} k_{rm} e_{mc}} \end{aligned}$$

式中：Q_{fr}——设计循环工况中，电动机制动状态下回馈给蓄电池的总能量，W·h；

$q_r(t)$ ——设计循环工况中，电动机制动状态下的实际可用于蓄电池充电的功率，W；

$P_{mr}(t)$ ——设计循环工况中，电动机制动状态下的电动机回馈制动的实际功率，W；

$\eta_b(t)$ ——蓄电池充、放电效率，忽略蓄电池电压、电流、温度对充放电效率的影响；

$P_{aux}(t)$ ——辅助系统消耗的功率，W；

$P_{pt}(t)$ ——动力系统控制单元低压电源消耗总功率（主要为部件控制器低压电源能量消耗），W；

$P_{ob}(t)$ ——车身电子消耗总功率（包括主动安全性控制、车载娱乐单元、仪表、灯光等），W；

$P_{ecc}(t)$ ——电动空调控制单元低压电源消耗的功率，W；

$P_{brk}(t)$ ——电动制动系统消耗的功率，W；

$P_{str}(t)$ ——转向系统消耗的功率，W；

$T_{mr}(t)$ ——设计循环工况中制动模式下，电动机的回馈制动转矩，N·m；

T_{m_max}——电动机最大回馈制动转矩，N·m。

3. 基于等效燃油经济性的驱动系统峰值功率匹配

基于循环工况的电驱动单元峰值功率的确定，可采用能量存储单元在该循环工况下能量消耗最小为优化目标，电驱动单元峰值功率为设计变量的优化函数，即：

优化目标：

$$Q_{f\min} = \min\ (Q_{fd} - Q_{fr})$$

设计变量：

P_{vd}：主驱动电动机的峰值功率，在传统基于驱动动力学进行电驱动系统设计基础上，保持电动机额定转速 n_n、峰值转速 $n_{\max}$不变，进行电动机峰值功率的重新优化设计。

设计变量优化区间：

$$\left\{P_p,\ \min\ [V_p \times C_e \times f_p - P_{aux}(t)] \times \eta_m(t),\ [(V_p \times C_e \times f_{pc})\ /\eta_b + P_{aux}(t)]\ /\eta_m(t)\right\}$$

区间判断：

如果：$\begin{matrix}\min\ [V_p \times C_e \times f_p - P_{aux}(t)] \times \eta_m(t), \\ [(V_p \times C_e \times f_{pc})/\eta_b + P_{aux}(t)]\ /\eta_m(t) < P_p\end{matrix}$ 则：动力系统蓄电池的充、放电能力限制了电动机峰值功率增长，采用基础总体设计确定能量存储单元的标称容量，采用能量存储单元所能提供的最大放电电流来校核电动机峰值功率，最终匹配的电动机峰值功率应小于等于能量存储单元提供给它的最大峰值功率。

二、蓄电池成组应用及管理技术、热管理技术

蓄电池管理系统（BMS）的主要功能除了保护系统的相关基本保护功能外，还有蓄电池电压、温度及电流测量、能量均衡、电量（SOC）计算及显示、异常报警、充放电管理、通信等，有些 BMS 系统还集成热量管理、蓄电池加热、蓄电池健康状况（SOH）分析、绝缘电阻测量等。其中蓄电池保护功能又包括：蓄电池过充保护（OVP）、过放保护

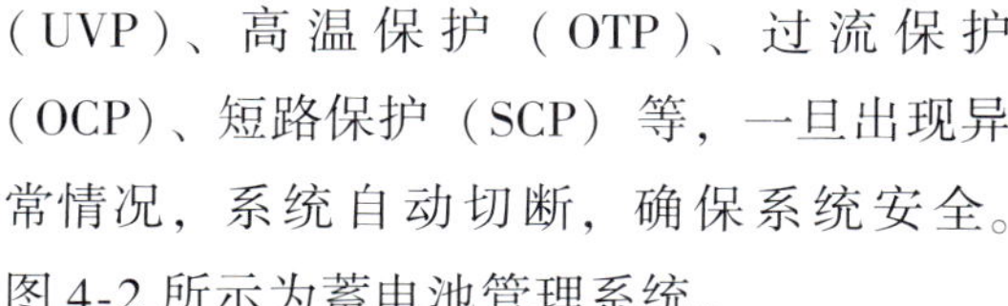

（UVP）、高温保护（OTP）、过流保护（OCP）、短路保护（SCP）等，一旦出现异常情况，系统自动切断，确保系统安全。图 4-2 所示为蓄电池管理系统。

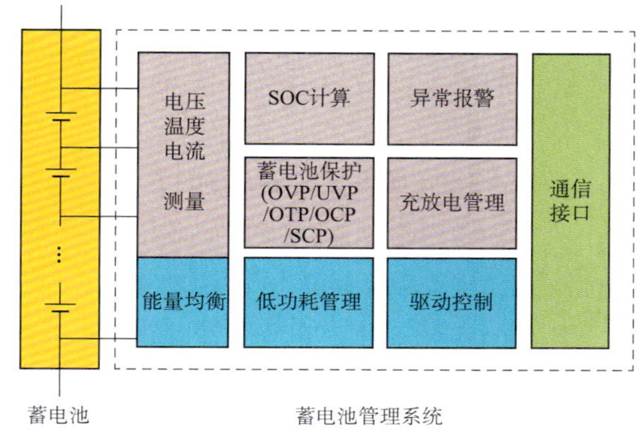

图 4-2　蓄电池管理系统

（一）蓄电池组不一致性

1. 蓄电池组不一致性形成原因

蓄电池组不一致性的产生原因主要有两个方面：①生产过程不一致。由于工艺和材质不均匀等问题，造成蓄电池极板厚度、微孔率和活化物质的活化程度等存在微小差别，这使得同批次出厂的同型号蓄电池的容量、内阻等参数值不完全一致。②使用过程不一致。由于蓄电池组中各个蓄电池的温度、通风条件、自放电程度和电解液密度等差别的影响，在一定程度上造成了蓄电池电压、内阻和容量等参数的不一致性。

2. 蓄电池组不一致性表现形式

1）电压不一致

电压不一致主要体现在并联蓄电池组中。由于蓄电池存在电压高低的差异，所以在并联回路中将产生电流，高电压蓄电池放电，低电压蓄电池被充电。电压不一致性使得能量损耗到单个蓄电池之间互充电的过程中，达不到预期的对外输出效果。

2）电阻不一致

对于串联蓄电池组，放电过程中的放电电流相同但是内阻不一致，使得分压情况有所不同。内阻较大的分压较大，相应的内部能量损耗产生的热量也较大，同时使蓄电池内部的温度升高较快，然而内阻会随着温度的升高而增大，一旦出现散热问题，蓄电池温度将持续升高，会导致蓄电池变形甚至爆炸。充电过程中，内阻大的蓄电池电压将会提前达到充电的最高电压极限，为保证安全不得不停止充电，而其余蓄电池还未充满，相反如果还保持在充电状态，那么将会存在安全隐患。

对于并联蓄电池组，放电过程中的各单体的放电电压相同，内阻的不一致造成内阻较大的放电电流较小，内阻较小的放电电流较大，使得蓄电池在不同放电倍率下工作，造成各个单体蓄电池的放电深度也不同，这样对蓄电池的使用寿命造成不良影响。充电过程中，内阻的不一致，使得在相同的充电电压状态下各个并联支路的电流不同，所以对于相同的充电时间却得不到相同的充电效果，因此为防止过充现象，需要对充电过程采取折中的控制办法。

3）容量不一致

容量不一致直接导致蓄电池组的可用容量降低，并且对蓄电池组的寿命造成不良影响。对于串联蓄电池组，根据“木桶效应”，最大的可用容量由蓄电池组中容量最小的蓄电池决定，因此蓄电池组的可用容量远远低于预期容量。此外，在相同的充放电条件下，由于各自的容量不同，充放电情况也会不同，容量较低的蓄电池会有过充或过放的现象发生，对其造成不可逆的损坏，因此容量不一致还会在循环使用过程中严重影响蓄电池组的寿命。

（二）蓄电池热管理

蓄电池在不同的温度下会有不同的工作性能。温度的变化会影响蓄电池的 SOC、开路电压、内阻和可用能量，甚至使用寿命，也会引起蓄电池均衡问题。蓄电池热管理系统通过车载空调器使蓄电池工作在适当的温度范围内，降低各个蓄电池模块之间的温度差异。

高温环境下蓄电池只需冷却，而不必对其进行加热。但在寒冷环境中（温度约为 -10℃或以下），大多数蓄电池的能量和功率都降得很低，车辆性能严重衰退，这就需要使用加热系统，以确保正常工作。对于纯电动汽车，由于没有发动机对蓄电池组进行加热，电动机散发出来的热以及功率较大的车内电子电器产生的热均可加以利用。对于 HEV 而言，发动机可以提供热源，只是它必须经过一定的时间延迟才能使蓄电池加热到理想工作温度，故需要给蓄电池加设相应的加热装置。

1. 采用空气冷却的热管理

传热介质对热管理系统的性能和成本有重大的影响。采用空气作为传热介质就是直接把空气导入，使其穿过模块以达到散热目的。被动式空气冷却热管理系统结构相对简单，直接利用周围环境对蓄电池进行加热、冷却（或通风）。主动式空气冷却热管理系统则需建立单独系统，组装在系统内部，能够在低温情况下提供热源或在高温情况下提供冷源。主动元件包括蒸发器、加热芯、电加热器或燃料加热器等。

2. 采用液体作传热介质的热管理

采用液体介质的传热可在模块间布置管线，或围绕模块布置夹套，或者把模块沉浸在电介质的液体中，也可把模块直接布置在加热（冷却）液体中。

若液体不是直接和模块接触，传热介质可以采用水、乙二醇甚至制冷剂。若要把模块沉浸在传热液体中，则该液体必须是电介质，并采用绝缘措施以免发生短路。在模块壁和传热介质之间进行传热的速率取决于液体的热传导率、黏度、密度和流动速率等。在相同流速下，大多数直接接触式流体传热速率远高于空气。因为后者有比较薄的边界层和较高的导热率。但由于油具有较高的黏度，需要较高的泵送功率，只能采用较低的流速，使其传热系数比空气仅高出 1.5 到 3 倍。

3. 采用相变材料做传热介质的热管理

采用相变材料（PCM）的蓄电池热管理系统，当蓄电池进行大电流放电时，PCM 吸收蓄电池放出的热量，自身发生相变，而使蓄电池温度迅速降低。此过程是系统把热量以相变热的形式储存在 PCM 中。在蓄电池进行充电的时候，特别是在比较寒冷的天气情况下（即大气温度远低于相变温度），PCM 把热量排放到环境中去。

相变材料用于蓄电池热管理系统中具有不需要运动部件、不需要耗费蓄电池额外能量等优势。具有高的相变潜热和导热率的相变材料，用于蓄电池组的热管理系统中可以有效吸收充放电过程中放出的热量，降低蓄电池温升，保证蓄电池在正常温度下工作。通过在石蜡中添加热导率高的物质制成复合 PCM，有助于提高材料的综合性能。

（三）蓄电池均衡控制

1. 被动均衡

被动均衡为能量耗散型，采用电阻耗能式，在每个单体蓄电池并联一个电阻分流，将容量多的蓄电池中多余的能量消耗掉，实现整组蓄电池电压的均衡。

被动均衡电路如图 4-3 所示。蓄电池 B_1、B_2……B_n 分别并联分流电阻 R_1、R_2……R_n，当蓄电池 B_n 的电压过高时，控制电路将旁路控制开关 S_n 合上，对应的分流电阻 R_n 发热，阻止 B_n 电压高于其他单体电压。通过控制电路反复检测，多轮循环后，达到整组一致。该均衡方法结构简单，成本低，可靠性高。但能耗较大，均衡速度慢，效率低，且电阻散热会影响系统正常运行，因此只适用于容量较小的蓄电池组。

2. 主动均衡

主动均衡为非能量耗散型，采用能量转移式，将单体能量高的转移到单体能量低的，或用整组能量补充到单体能量最低的蓄电池，在此过程中需要一个储能环节，好让能量通过这个环节重新进行分配。

主动均衡根据能量的流动方式又分为集中式和分散式。集中式均衡方法指的是从整组蓄电池获取能量，然后通过电能转换装置向能量少的蓄电池补充电量。分散式均衡则是在相邻的蓄电池间设置一个储能环节，这个储能环节可以是电感也可以是电容，这样可以让电量在相邻蓄电池间流动，能量多的蓄电池就可将能量传递到能量少的蓄电池。

开关电容法主动均衡电路如图 4-4 所示。电容 C 通过各级开关的通断，存储电压较高的蓄电池单体能量，再释放给电压较低的蓄电池单体。这种均衡方法的结构简单，容易控制，能量损耗比较小。但当相邻蓄电池的电压差较小时，均衡时间会比较长，均衡的速度慢；均衡效率低，对大电流快速充电的场合不适用。

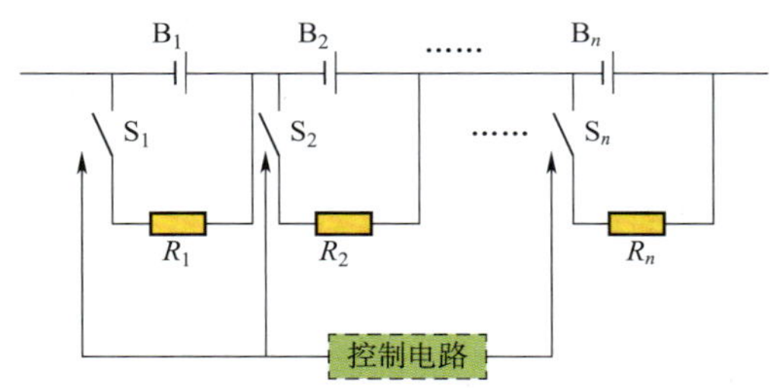

图 4-3　被动均衡电路

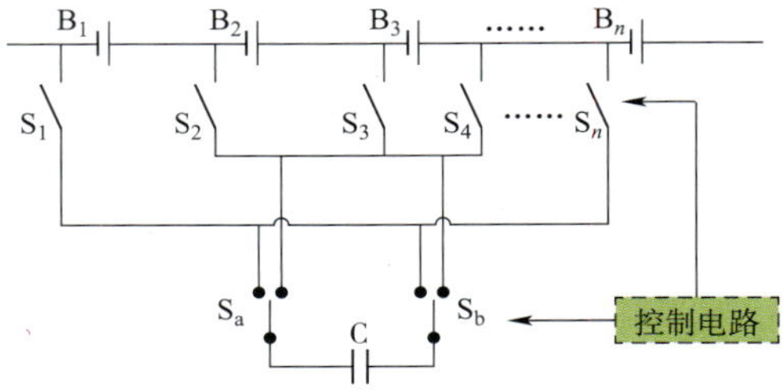

图 4-4　开关电容法主动均衡电路

DC—DC 变压器法主动均衡从理论上讲没有损耗，均衡速度快，是目前锂蓄电池均衡的主流方案。

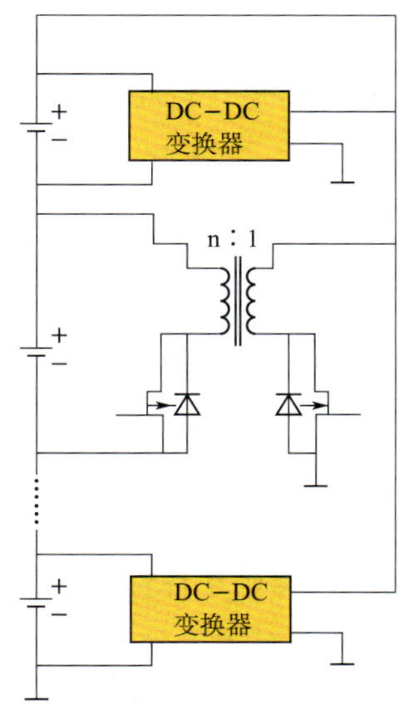

图 4-5　隔离型均衡电路

（1）集中式变压器均衡法：每个蓄电池单体并联一个变压器副边绕组，各副边绕组匝数相等，使得电压越低的单体能够获得的能量越多，从而实现整组蓄电池单体之间的均衡。这种均衡结构的优点是均衡速度快，效率高，损耗低。缺点是当电压比较高、蓄电池组串联蓄电池数量比较多的时候，变压器的副边绕组的精确匹配难度就会较大，变压器的漏感所造成的电压差也很难补偿，元件多，体积大，不易于模块化，开关元件耐压高。

（2）分散式变压器均衡法：给每个单体配置一个带变压器的隔离型并联均衡电路，如图 4-5 所示，优点是均衡效率高、开关器件上所承受的电压高低与串联级数多少无关，这种均衡结构比较适应于串联蓄电池组数量较大的场合；其主要缺点是电路中有较多磁性元件，体积大，容易互感，变压

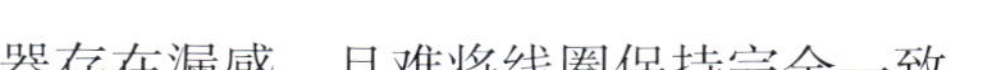
器存在漏感，且难将线圈保持完全一致。

三、整车电磁兼容性、可靠性、耐久性、安全性和舒适性

整车电磁兼容性能包括电磁发射和电磁敏感度两个方面。电磁发射，用以衡量系统产生的电磁干扰的发射水平。电磁敏感度用以衡量系统在工作时为实现预期技术指标而需要的抵抗电磁干扰的能力。综合考虑，可以通过减小设备发射电磁干扰的强度、抑制电磁干扰的传输、降低设备电磁敏感部件接收干扰的强度，来综合提高整车电子设备的电磁性能。

整车的可靠性包括整车性能的一致性和动力蓄电池的一致性等。纯电动汽车在完成规定行驶里程的可靠性试验后，其动力性、安全性、经济性仍能满足技术要求，动力蓄电池单体电压值最大差值或续驶里程衰减率控制在要求的范围内。此外，纯电动汽车的整车、系统和零部件应通过强度试验、结构耐久性试验和抗腐蚀性试验等耐久性测试，在整个服务周期内，满足用户的使用需求。

整车的安全性可分为储能、功能、人员安全，整车碰撞安全和蓄电池安全 3 个方面。车载储能装置碰撞、功能安全和故障防护、人员触电防护应符合 GB/T 18384 相关要求。碰撞试验应符合相关碰撞要求以及电动汽车安全要求。蓄电池应符合国家和行业相应标准要求以及蓄电池准入要求。

整车的舒适性包括汽车平顺性、汽车噪声、汽车空气调节性能、汽车乘坐环境及驾驶操作性能等，保证驾驶和乘坐纯电动汽车的人员拥有一个舒适、愉快的乘坐环境。

四、整车轻量化、制造工艺、工装技术、检测和调试技术

纯电动汽车车身对整车性能（如加速能力、爬坡能力、最高车速以及续驶里程）有着很大的影响。在蓄电池容量一定的前提下，应用新型铝合金材料制作纯电动汽车车身和底盘，可大大降低整车质量。同时，采用流线型的车头和鱼尾式的车尾，平坦和隐藏式的车身底部，以此来降低车身风阻系数，从而有效降低空气阻力，提高纯电动汽车续驶里程。

通过对整车实际使用工况和使用要求的分析，对蓄电池的电压、容量，驱动电动机功率、转速和转矩，整车性能等车辆参数的总体优化，可以合理地选择蓄电池和电动机参数。通过对电动机、传动系、冷却系统、空调、制动系统的集成化和模块化的优化设计，以及对蓄电池、蓄电池箱、蓄电池管理系统和车载充电机组成的车载能源系统的合理集成，可减轻动力总成、车载能源系统的质量，提高系统的可靠性，降低检测和调试的

难度。

为方便整车匹配和性能优化，整车各子系统的 ECU 应具备基于 RS232 和 CAN 等接口的在线参数检测和标定功能，通过通信接口可以实现对各子系统参数的在线检测和标定。

五、电动辅助系统技术

电动汽车辅助系统既包括电动汽车所特有的蓄电池充电器、蓄电池管理系统（BMS）、制动能量回收系统等，也包含与传统燃油车所共有的空调器、辅助动力源、动力转向系统、导航系统、照明、刮水器等。

（一）电动空调

对于传统燃油汽车空调系统，制冷主要采用发动机驱动的蒸汽压缩式制冷系统进行降温，而制热主要采用发动机产生的余热。但对于纯电动汽车来说，没有发动机作为空调压缩机的动力源，也不能提供作为汽车空调冬天制热用的热源，因此无法直接采用传统燃油汽车空调系统，必须研究适合纯电动汽车使用的新型空调系统。纯电动汽车车上拥有高压直流电源，采用电动热泵型空调系统，电动机直接驱动压缩机，便成了纯电动汽车可行的空调解决方案。

电动热泵型空调系统的基本原理为：蓄电池组的直流电经逆变器为空调压缩机的驱动电动机供电，电动机带动压缩机旋转，从而形成制冷循环，产生制冷效果。电动热泵型空调系统与传统燃油汽车空调系统的比较如图 4-6 所示。该系统相对于传统燃油汽车空调系统的改变量较小，压缩机由驱动电动机直接驱动，由于在电动汽车上使用，专门开发了双工作腔滑片压缩机、驱动电动机和逆变器控制系统。

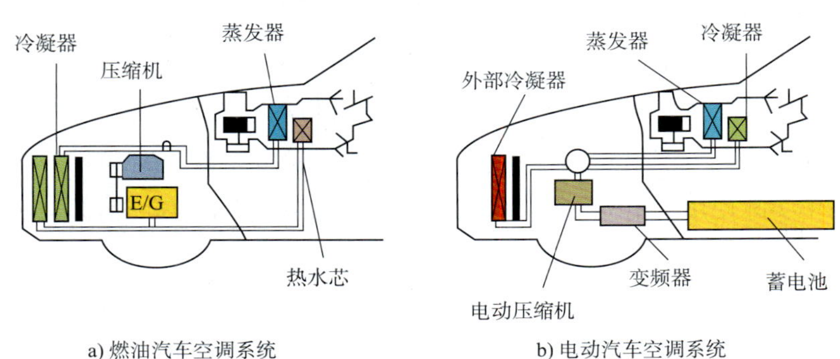

图 4-6　电动汽车空调系统与燃油汽车空调系统

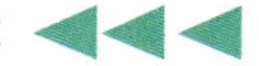

（二）电动助力转向

电动助力转向系统（EPS）利用直流电动机提供转向动力，辅助驾驶员进行转向操作。根据助力机构的不同，电动助力转向系统可以分为电动液压式助力转向系统和电动机直接助力式转向系统。

1. 电动液压助力转向

电动液压助力转向系统的液压泵（齿轮泵）通过电动机驱动，助力效果只与转向盘角速度和行驶速度有关，是典型的可变助力转向系统。它由 ECU 提供供油特性，汽车低速行驶时助力作用大，驾驶员操纵轻便灵活；在高速行驶时转向系统的助力作用减弱，驾驶员的操纵力增大，具有明显的“路感”，既保证了转向操纵系统的舒适性和灵活性，又提高了高速行驶中转向的稳定性和安全感。电动液压助力转向系统示意图如图 4-7 所示。

2. 直接助力式电动转向

直接助力式电动助力转向如图 4-8 所示。该转向系统的结构非常简单，没有了液压泵、储液罐、液压管路和转向阀体结构，而是由传感器、控制单元和助力电动机构成。在转向柱位置安装了转矩传感器，当转向盘转动时，转矩传感器探测到转动转矩，并将之转化成电信号传给控制器，车速传感器也同时将信号传给控制器，控制器运算后向电动机输出适当的电流，驱动电动机转动，电动机通过减速机构将转矩放大推动转向柱或转向拉杆运动，实现助力。其根据速度可变助力的特性能够让转向盘在低速时更轻盈，高速时更稳定。

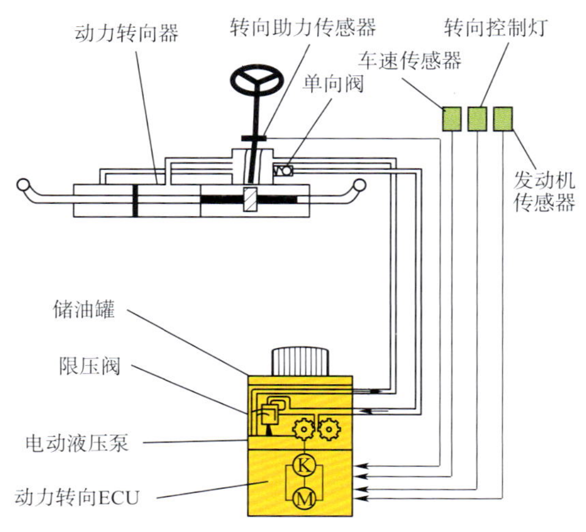

图 4-7 电动液压助力转向系统示意图

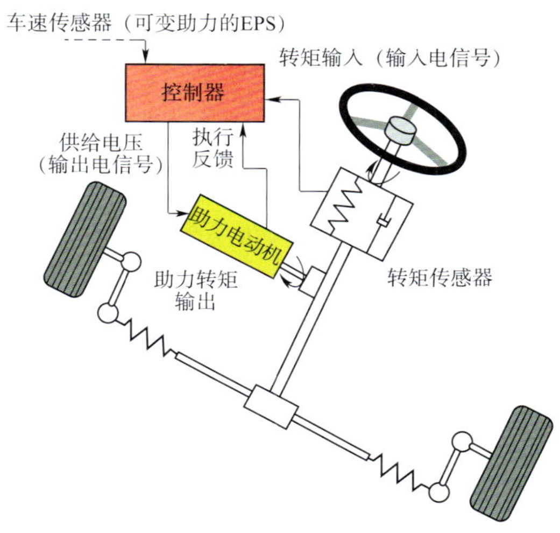

图 4-8 直接助力式电动转向

六、快速充电技术

常规蓄电池的充电方法一半时间较长，给实际使用带来许多不便。快速充电蓄电池的出现，为纯电动汽车的商业化提供了技术支持。快速充电是以较大电流短时间在电动汽车停车的20min至2h内，为其提供短时充电服务，一般充电电流为150～400A。

快速充电的充电时间短，充电蓄电池寿命长（可充电2 000次以上），没有记忆性，可以大容量充电及放电，在短时间内就可充70%～80%的电能。因此，建设相应的充电站可不配备大面积停车场。但是，相对常规充电模式，快速充电的充电器充电效率较低，且相应的工作和安装成本较高；同时，快速充电的电流大，这对充电技术方法以及充电的安全性提出了更高的要求，计量收费设计也需特别考虑。

七、纯电动乘用车产业化技术

纯电动汽车商业化的基础设施包括充电站网络、车辆维修服务网络、多种形式的蓄电池营销服务网络等。建立一定数量的公用充电站并配备专用电缆及插座等是实现纯电动汽车产业化的关键。在一个城市内至少要建立十几个到几十个公用充电站，才能满足市区内的出租汽车、私家车、商务车快速充电的需要。另外在停车场和社区内也要建立充电设备。

第三节　我国纯电动乘用车产业化与应用示范

为加快纯电动乘用车市场导入速度，我国在开展纯电动乘用车技术攻关的同时，在北京、深圳、合肥、杭州等城市建成了多家纯电动轿车整车生产与示范基地，生产的产品在“十城千辆”节能与新能源汽车示范推广试点工程中得到应用，并实现小批量出口欧美市场。

在国家政策引导下，越来越多的汽车、能源、新兴零部件企业把纯电动汽车作为掌握核心技术和战略性新兴产业发展的主攻方向。例如，北京市一直坚持纯电动汽车为主的技术路线，经过十几年的发展，逐步形成了纯电动乘用车完整的整车产品体系，建成昌平新能源汽车设计制造产业基地、大兴新能源汽车科技产业园、房山高端现代制造业产业基地。这三大纯电动乘用车产业基地，将吸引和集聚一批整车上下游企业入驻。

第五章　燃料电池乘用车技术

燃料电池电动汽车（fuelcellelectric vehicle），指以燃料电池作为动力电源的汽车。在纯电动汽车、燃料电池汽车、混合动力汽车（早期为非插电式，后期逐渐演化为插电式和增程式）共同发展时期，燃料电池汽车因其具有零排放、工作效率高、氢气来源多元化（提纯、电解水、重整等方式）、能源可再生（相比化石能源）等优势而被认为是未来汽车工业可持续发展的终极方向，是解决全球能源问题和气候变化的理想方案，是下一代汽车产业转型和技术变革的重要方向。

根据整车产品用途，燃料电池电动汽车可分为燃料电池商用车和燃料电池乘用车两种类型。燃料电池乘用车指在其设计和技术特性上，主要用于载运乘客及其随身行李和/或临时物品的燃料电池电动汽车，包括驾驶员座位在内最多不超过 9 个座位。

第一节　燃料电池技术特点

燃料电池与普通化学蓄电池相类似，两者都是通过化学反应将化学能转换成电能。然而从实际应用角度，两者之间存在着较大差别。普通蓄电池是将化学能储存在蓄电池内部的化学物质中。当蓄电池工作时，只有有限的物质发生反应，将储存的化学能转变成电能，直至这些物质全部发生反应。因此，实际上普通的蓄电池只是一个有限的电能输出和储存装置。但是燃料电池（FC-Fuel Cell）与常规化学能源不同，更类似于汽油或柴油发动机。它的燃料（主要是氢）和氧化剂（纯氧或空气）不是储存在燃料电池内，而是储存在燃料电池外的储罐中。当燃料电池发电时，需连续不断地向燃料电池内送入燃料和氧化剂，排出反应物水。燃料电池本身只决定输出功率的大小，其储存的能量由储罐内燃料与氧化剂的量来决定。因此，燃料电池是一个环境友好的氢氧发电装置。它的最大特点是反应过程不涉及燃烧，因此其能量转换效率不受“卡诺循环”的限制，其能量转换效率可高达 80% 。实际使用效率则是普通内燃机的两倍[30]。

氢作为燃料电池的主要燃料是一种洁净的能源载体。它不是一次能源，而是由一次能源——煤、石油和天然气经高温下水蒸气重整来制取。从长远看，潜力更大的氢气生产技术是用光直接分解水生成氢气，和生物技术生产氢气。因此，用燃料电池发电为能源的多样化利用和人类采用新能源形式提供了一条新的途径。

第二节　燃料电池主要类型

燃料电池按所采用的电解质不同大致可分为 5 类：碱性燃料电池（AFC）、磷酸型燃料电池（PAFC）、固体氧化物燃料电池（SOFC）、熔融碳酸盐燃料电池（MCFC）、直接甲醇燃料电池和质子交换膜燃料电池（PEMFC）。质子交换膜燃料电池是在其他燃料电池之后发展起来的第五代燃料电池。由于采用了固态电解质高分子膜作为电解质，因此具有能量转换效率高，可低温起动，无电解质泄漏等优点。表 5-1 给出了燃料电池类型与主要特征。

燃料电池类型与特征　　表 5-1

类型	电解质	导电离子	工作温度	燃料	氧化剂	技术状态	可能应用领域
碱性	KOH	OH^-	50～200℃	纯氢	纯氧	高度发展高效	航天特殊地面应用
质子交换膜	全氟磺酸膜	H^+	30～100℃	重整氢气	空气	高度发展需降低成本	电动汽车潜艇推动可移动动力源

续上表

类型	电解质	导电离子	工作温度	燃料	氧化剂	技术状态	可能应用领域
磷酸	H_3PO_4	H^+	100～200℃	重整氢气	空气	高度发展成本高、余热利用价值低	特殊需求区域性供电
熔融碳酸盐	(Li，K) CO_3	CO_3^{2-}	650～700℃	净化煤气、天然气重整氢气	空气	正进行现场实验需延长寿命	区域性供电
固体氧化物	氧化钇稳定的氧化锆	O^{2-}	900～1 000℃	净化煤气天然气	空气	燃料电池结构选择，开发廉价制备技术	区域供电联合循环发电
直接甲醇燃料电池		H^+	20～100℃	甲醇	空气		低功率、运行时间长的便携式电子设备

第三节　质子交换膜燃料电池（PEMFC）

PEMFC以全氟磺酸固体聚合物为电解质，铂（pt/c）为电催化剂，纯氢或净化重整氢气为燃料，空气或纯氧为氧化剂，带有燃料和氧化剂气体流动通道的石墨或表面改性金属板为双电极，组成一个燃料电池单元，如图5-1所示。

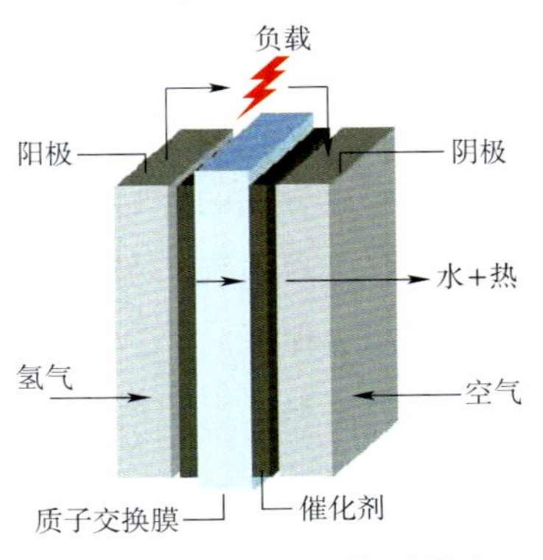

图5-1　PEMFC工作原理图

从阳极进料口进入燃料电池内的氢气在催化剂的作用下发生电极反应（$H_2 \rightarrow 2H^+ + 2e^-$），产生的电子经外电路到达阴极。氢离子透过电解质膜到达阴极，与阴极进料口进入的氧气及电子在阴极发生反应生成水。生成的水不稀释电解质，而是通过电极的通道随反应气体排除出去[31]。

构成 PEMC 单元的关键材料及部件如下：

1. 质子交换膜

质子交换膜是燃料电池的核心部件。它与一般化学电源中使用隔膜有很大不同，是一种选择透过性膜，而通常的隔膜则属于多孔薄膜。此膜还是电解质和电极活性物质（电催化剂）的基底，该膜应当具有以下特性：良好的导电性、材料的互聚和交联程度高、膜对水分子电渗作用小、膜对气体的渗透性要尽可能小、对水合/脱水可逆性好、对氧化、还原和水解具有稳定性，足够高的机械强度和结构强度及表面性质适合于与催化剂结合等特点。

2. 电催化剂

为了加快阴极与阳极的氧化、还原反应，气体扩散到电极上都含有一定量的催化剂。目前 PEMFC 主要采用铂作为电催化剂，它对两个电极均有催化活性，且可长期工作。催化剂研究的两个主要方向是：一是提高铂的利用率，降低其用量；二是寻找新的价格较低的非贵金属催化剂。目前考虑采用的阳极新催化剂体系，如 PT-RU 合金或负载型 PT-RU 催化剂。阴极催化剂如无铂金属大环螯合物及过渡金属复合氧化物催化剂。

3. 极板

它是影响燃料电池性能（尤其是燃料电池功率密度）和制造成本的另一重要因素。PEMFC 需用极板来传递反应气体，并排出反应物水。极板表面刻有许多沟槽以传递反应气体及反应物。沟槽的凸缘（脊）则与电极的扩散基底精密结和形成电子引出通道。沟槽的设计对 PEMFC 的性能至关重要，尤其是以空气为氧化剂时更是如此。对民用型 PEMFC，极板通常是由碳或碳复合材料制成。降低极板材料和极板加工费是燃料电池极板技术需解决的主要问题。

与普通化学蓄电池不同，PEMFC 实际上是一个系统。除 PEMFC 本体（有数十个燃料电池单元集合成的燃料电池堆）外，整个系统还包括一个燃料供应及其循环系统，氧化剂供应及其循环系统，水/热管理系统及对各类开关和泵的控制系统。燃料、氧化剂及其循环系统主要保证向 PEMFC 提供具有一定流量和压力的燃料和氧化剂。同时循环回收反应未完全的燃料及氧化剂；水/热管理系统主要用来保证燃料电池堆内部的水平衡和热平衡状态；控制系统则根据负载对燃料电池功率的要求，随燃料电池工作条件压力、温度、电压等的变化，对反应气体的流量、压力、水/热循环系统的水流速等进行控制，以保证燃

料电池正常、高效地运行。

对于所有的燃料电池都涉及以下关键技术：

（1）燃料电池电堆工程设计技术。将输出电压不超过1V的众多单个燃料电池单元集合成燃料电池堆的燃料电池堆工程设计技术，这直接影响到燃料电池堆的质量、大小及功率密度。

（2）燃料电池密封技术。这主要保证燃料、氧化剂和冷却流体不泄露和不串漏。

（3）燃料电池的水/热管理技术。燃料电池发热时，燃料中约近一半的能量以热的方式消散。另一方面，氢燃料与氧化剂反应生成排放物水，故水与热的排出与消散对保持燃料电池的水/热平衡非常关键。

（4）燃料电池的系统整合技术。所有燃料电池必须包括两部分：即燃料电池堆和上述控制燃料电池堆运行的外围辅助系统。怎样使外围辅助系统安排紧凑、体积小、质量轻、消耗功率低、提高整个系统的能量效率、使燃料电池在安全参数范围内运行，是一项非常关键的技术。

（5）电极制作与性能改进技术。电极是燃料电池的心脏，电极的性能直接决定燃料电池的性能，对采用贵金属的燃料电池，必须在不牺牲电极性能的条件下尽量降低贵金属用量，并且保证催化剂不变性，提高其利用率与催化性能是一项非常重要的技术。

（6）燃料电池的性能测试与诊断技术。

第四节　国外燃料电池乘用车技术发展历程

燃料电池技术实际上是一个古老的技术。早在1839年英国物理学家格络福爵士就发现了这一电化学现象，并发明了一个燃料电池发电站。

直到50年以后，卡尔·奔驰先生在1889年把当时一致认为只能用为固定机位的内燃机用于交通，开发了世界上第一辆汽车。当时的功率为735W的内燃机质量竟超过100kg。在以后的100多年中，内燃机和汽车技术经过不断的优化和改进，终于成为人类生活中不可缺少的最重要的交通工具。在能源问题与环保意识推动下，1994年，第一辆装载燃料电池的燃料电池汽车问世。

一、奔驰公司——燃料电池汽车的先驱

燃料电池技术获得突破性的进展还是近20年内的事情。1994年9月，当时的德国奔驰汽车公司在法兰克福市举行的世界最大的国际汽车博览会上展出了世界上第一辆燃料电池汽车NECARI（New Electric Car-Ⅰ新型电动汽车）。当时研制的燃料电池系统总质量达800kg，最高时速可以达到90km/h。由于推动系统的庞大体积，NECARⅠ被人们戏称为“滚动的电化学实验室”。

2年以后的1996年5月，奔驰公司推出了在6座公务车V-Klasse基础上改装的NECARⅡ第2代燃料电池轿车。NECARⅡ使用压缩氢气，最高速度可达110km/h，续驶里程达250km。

奔驰公司燃料电池项目经理帕尼克博士把这一技术飞跃归功于电化学专家和整车开发工程师之间的坦诚交流和密切配合。“参与项目的科学家和工程师们把面向客户的整车作为他们研究和开发的共同目标，通过整体优化和组合以满足将燃料电池用于交通的目的”。

1997年9月，法兰克福国际汽车展（IAA）上奔驰公司推出了使用车载甲醇重整制氢燃料电池轿车NECARⅢ。NECARⅢ最高行驶时速可达120km/h。媒体和汽车界最感兴趣的是NECARⅢ采用甲醇重整车载制氢技术，续驶里程达到400km。遗憾的是当时重整器体积稍大，占据了后厢和后座。导致NECARⅢ只能提供2个座位。1997年10月，奔驰公司总裁宣布“我们将集中力量加速研发燃料电池推动技术，争取成为第一个把燃料电池轿车系列产品推向市场的制造商。我们预计的时间不早于2005年”。

1999年企业重组后的戴姆勒—克莱斯勒公司推出了第一辆真正零排放的燃料电池轿车NECARⅣ。NECARIV采用液态氢气，使用巴拉特公司最新开发的MARK900型燃料电池，额定功率为70kW。驱动电动机功率为55kW，最高时速145km/h，续驶里程可达450km。NECARⅣ的技术进步表现在燃料电池、驱动电动机和整车设计3个方面。能耗相对于NECARⅡ型提高30%。NECARⅣ采用了和福特汽车公司合资的ECOSTAR公司开发的电力驱动系统，电动机功率比NECARⅢ（33kW）提高40%，使NECARⅣ获得较高的动态性能和加速度。在整车开发方面，合理地将所有部件安装于夹层地板和后厢下部，保证了与普通A级车相同的使用空间。

戴姆勒—克莱斯勒公司于2000年11月推出了NECAR Ⅴ。NECAR Ⅴ也是采用车载甲醇重整制氢技术，与NECAR Ⅲ相比，其功率达到80kW，提高了50%，电动机功率55kW，提高60%。NECAR Ⅴ具有较好的动态性能，其加速度比普通内燃机轿车先进，最高时速可以达到150km/h。经过系统优化和改进，燃料电池和重整器系统完全布置在夹层底板内，其整车质量比NECAR Ⅲ降低300kg，体积是NECAR Ⅲ的一半，保持了普通A级车的使用空间。NECAR Ⅴ系列车辆部分性能参数见表5-2。

戴姆勒—克莱斯勒公司的NECAR系列燃料电池车性能参数　　表5-2

车型 动力性参数	NECAR Ⅰ（1994）	NECAR Ⅱ（1996）	NECAR Ⅲ（1997）	NECAR Ⅳ（1999）	NECAR Ⅴ（2000）
最高车速（km/h）	90	110	120	150	150
功率（kW）	50	50	50	70	80
续驶里程（km）		250	400	450	250

从1994年推出第一辆燃料电池汽车以来，戴姆勒—克莱斯勒公司仅用了7年的时间达到和超越了现代汽车水平，完成了传统内燃机汽车100多年改革和优化进程。从汽车工程的角度来看，正如帕尼克博士所说："燃料电池驱动技术可以在所有的技术指标上与传统的内燃机驱动竞争，并且在轿车舒适度，功率、效益和环保方面具有明显的优势"。

二、"氢动一号"——通用公司的代表

通用公司在40多年前就开始了燃料电池汽车的研究。1997年，在日内瓦车展上，通用欧宝首次亮相燃料电池汽车，功率50kW（68马力），最高时速120km/h，从0到100km/h加速时间为20s。

2000年年初，通用欧宝推出"氢动一号"燃料电池轿车。"氢动一号"样车质量1 575kg（赛飞利质量1 425kg），造价200万美元，其中燃料电池占车价的50%；最高时速140km/h，从0到100km/h的加速时间为14s，续驶里程400km。

通用花了大约2～3年的时间攻克了燃料电池轿车实用中关键的冷车起动技术，可在零下30～40℃快速启动。

"氢动一号"于2000年悉尼奥运会上作为马拉松赛引导车的"绿色使者"，受到全世

界观众的注目。欧宝 Zafira 燃料电池汽车与传统汽油电喷车辆参数对比见表 5-3。

燃料电池车与常规能源车的性能比较　　表 5-3

车型 性能	欧宝 Zafira	
	汽油电喷	燃料电池
尺寸（mm）	4 317 × 1 742 × 1 686	4 317 × 1 742 × 1 686
功率（kW）	74	55
转矩（N·m）	150	251
最高车速（km/h）	184	128
0～100km/h 加速时间（s）	13. 5	14
续驶里程（km）	650	400
整车质量（kg）	1 315	1 575
达到排放标准	欧Ⅲ	欧Ⅴ

三、Focus FCV——福特的骄傲

早在 1997 年福特副总裁里查德就这样表述过："我们认为燃料电池技术是 21 世纪初能改革世界汽车工业的关键技术。在这以前的 100 年中内燃机作为（水陆）交通的常规动力源得到不断改进。然而这种改进越来越困难。我们乐观地面对燃料电池轿车，因为它可以面对未来环境保护的挑战。为此我们和戴姆勒—奔驰公司及巴拉特公司组成联合体加速进入市场的进程。"

福特公司于 1997 年加入了奔驰和巴拉特的战略联盟，于 1998 年在底特律汽车展展示了第一辆燃料电池轿车 P2000。

2001 年初，福特公司推出了第二代燃料电池轿车 Focus FCV。福特公司通过 Focus FCV 的研制，成功地把最先进的推动技术应用于该公司最畅销的轿车，把燃料电池技术、环保特性和客户需求有机地结合起来，向该公司燃料电池轿车市场化大大推进了一步。Focus FCV 燃料电池汽车与传统汽油电喷车辆参数对比如表 5-4 所示，整车总布置方案如图 5-2 所示。

燃料电池车与常规能源车的性能比较　　表 5-4

车型 性能	福特 Focus	
	柴 油 直 喷	燃 料 电 池
尺寸（mm）	4 362×1 702×1 465	4 362×1 702×1 465
功率（kW）	66	55
转矩（N·m）	200	245
最高车速（km/h）	184	128
0～100km/h 加速时间（s）	12.6	14
续驶里程（km）	800	250
整车质量（kg）	1 205	1 750
达到排放标准	欧Ⅲ	欧Ⅴ

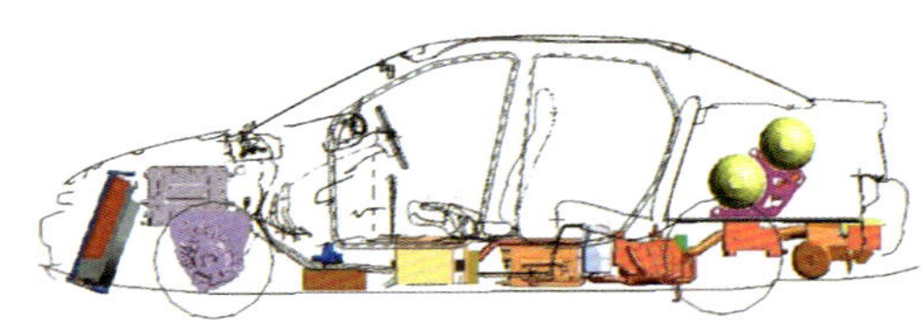

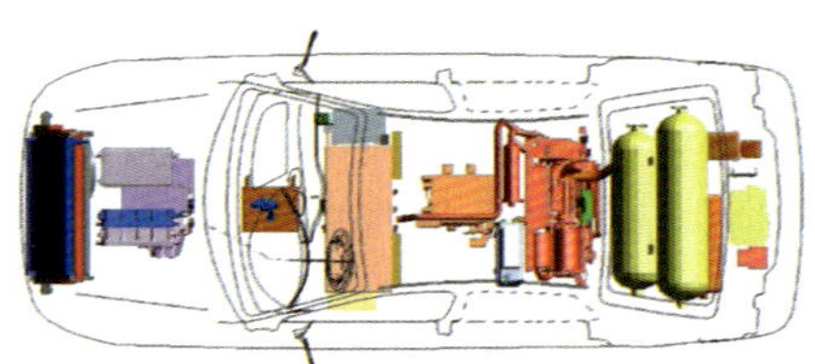

图 5-2　Focus FCV 燃料电池汽车总布置图

四、巴拉特公司的发展之路：股民参与，承担技术发展风险

加拿大巴拉特公司（Ballard power system Inc.）是全世界规模最大、技术最先进的专门研究、生产 PEMFC 的公司。公司 1979 年成立，1983 年开始研制 PEMFC，当时只有很少资金和几个人。后来随着奔驰公司和福特公司的先后加入，再加上公司股票上市，向社会发行股票，现在公司已发展到超过几十亿美元资产。1997 年 9 月，在英国伦敦召开的世界燃料大会上，巴拉特公司因先进的燃料电池技术而获得“金球纪念奖”。

在 1989 年，奔驰公司与巴拉特公司接触，将 PEMFC 用于电动汽车，1993 年奔驰公司投资 1 300 万美元与巴拉特公司共同开发车用燃料电池。1994 年，奔驰公司又向巴拉特公司投资了 3 500 万美元。1997 年，奔驰公司出资 2 亿加元购买巴拉特公司 25% 的股份，并与巴拉特公司共同投资 4.5 亿加元成立戴姆勒—奔驰燃料电池公司。此后，福特公司加入发展燃料电动车的燃料电池联盟，形成了由巴拉特公司与奔驰公司和福特公司共同投资10亿加元的发展电动燃料电池联盟。目前，巴拉特公司开发的燃料电池真正得到了投资者的认可。

第五节　我国燃料电池乘用车开发总体思路、技术路线与策略

我国早在20世纪60年代就已开始研究燃料电池技术。中科院长春应用化学所在20世纪60年代末就进行了燃料电池技术的研究。70年代曾出现过研制燃料电池高潮，中科院大连化物所在20世纪70年代曾组装了10kW和20kW以NH3分解气为燃料的燃料电池组。80年代研制成功千瓦级水下用燃料电池。到90年代初这段时间内，国内许多科研机构及大学对各类燃料电池技术做了许多研究工作，取得大量成果。

自第一辆燃料电池汽车出现以来（1994年），逐渐形成了北美、欧盟、日本3个代表性区域技术攻关联盟。在燃料电池汽车技术创新过程中，3个联盟相互竞争与协同，同时对外又严格技术封锁。中国作为一个爆发式增长的汽车制造和销售大国，却被排除在新一轮以氢气为二次能源的汽车动力系统变革之外。

在燃料电池汽车全球协同，共同发力的过程中，为了在日益激烈的国际竞争中占据主动，抢占汽车动力系统技术制高点，我国在“九五国家科技攻关计划”实施时，将燃料电池技术与燃料电池电动车列入其中，组织力量开展燃料电池汽车、燃料电池发动机、整车集成、高压储氢系统等关键技术突破。到了“十五”时候，燃料电池汽车整车及关键零部件技术又被列入国家“三纵三横”新能源汽车战略规划布局，并在国家科技计划中设立燃料电池轿车和燃料电池客车技术攻关项目，扶持包括燃料电池发动机、高压储氢系统、动力系统集成技术在内的关键技术及零部件开发攻关，同时大力支持动力平台技术和整车集成技术的开发和创新，强调整车和动力平台的引领与带动示范作用，意在打破国外在该领域的技术垄断和封锁，形成自主研发能力。

在国家“十五”、“十一五”期间，在我国燃料电池乘用车技术基本一片空白（“九五”期间积累的科技成果非常有限）的基础上，我国确定燃料电池轿车动力系统技术平

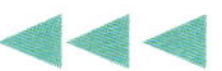

台、电—电混合动力系统理论和方法、高压储氢系统、工业副产品氢气重整为攻关重点，重点研究燃料电池作为车用动力源的新型动力系统设计理论与方法，从动力系统结构设计和综合控制上解决燃料电池发动机动态响应慢和系统集成难度大等问题；研究动力系统与整车匹配优化技术，一方面满足整车基本性能要求，另一方面保证车辆被动结构安全、高压电被动安全、碰撞安全；研究燃料电池乘用车动力系统相关测试技术，建立较为完整的测试规范、测试标准、测试流程、测试方法及测试环境；研究电—电混合构型下的燃料电池动力系统的工作特性、优缺点，以便遵循燃料电池工作效率最佳、辅助系统功耗最小化、动力蓄电池 SOC 窄区间管理、制动能量回馈最大化（车辆安全性为基础）等设计原则，对动力系统不断优化，开发功能样车和性能样车，开发样车的台架转鼓试验和实际道路测试。

第六节　燃料电池乘用车关键技术

燃料电池乘用车是一个涉及包括汽车理论、电力电子、电化学、控制论、工程热力学在内的多学科知识，是一个跨学科的技术融合。燃料电池乘用车关键技术包括燃料电池乘用车动力系统集成理论方法、燃料电池轿车动力系统控制方法、燃料电池轿车动力系统测试标定技术、全新结构燃料电池整车安全与人机工程等技术、燃料电池整车环境适应性技术等。

一、燃料电池乘用车动力系统集成理论方法

以同济大学为代表的高校科研机构，在燃料电池汽车前瞻技术和理论探索过程中，研究并攻克了包括燃料电池发动机动态非线性建模、不同化学电源效率和损伤机理建模、不同内阻特性电源并联和多电源功率平衡控制等一系列理论难点，并最终形成一套科学完整的拥有自主知识产权的燃料电池乘用车动力系统设计理论和方法。

（一）燃料电池乘用车动力系统工作基本原则

燃料电池乘用车主要由燃料电池和动力蓄电池混合形成动力系统，其工作遵循以下基

本原则：

（1）燃料电池是混合电动汽车动力系统的主要能源，除在冷起步阶段因为需要必需的热机时间而不提供能源外，在其他工况下都能够提供驱动能量；

（2）燃料电池是车载附件，是空调空气压缩机、真空助力器及真空泵等的供电来源；

（3）燃料电池可以向蓄电池或超级电容进行充电；

（4）动力蓄电池是汽车冷起动时的唯一能源；

（5）燃料电池能源不能满足行驶工况要求时，由蓄电池和（或）超级电容辅助提供驱动能量；

（6）制动工况可以利用电动机进行能量回收，向蓄电池或超级电容充电；

（7）驱动电动机容量能够满足汽车任何行驶工况的要求（在一定的传动系统参数条件下）。

（二）燃料电池、动力蓄电池和超级电容的容量设计原则

根据燃料电池乘用车整车动力性指标功率要求，以及结合特殊工况的功率要求，按照以下原则进行燃料电池、动力蓄电池和超级电容的输出功率的预估：

（1）燃料电池必须能够满足水平路面最高车速持续行驶的功率要求；

（2）动力蓄电池功率应满足冷起动汽车功率要求，即车辆冷起动时，蓄电池单独向电动机供电；

（3）超级电容、动力蓄电池和燃料电池联合供电时必须能够满足最大爬坡和加速要求；

（4）估算中必须考虑电能和机械能传输系统各个环节的效率链。

二、燃料电池乘用车动力系统结构

基于燃料电池乘用车动力系统集成理论方法，我国创新性提出了双动力源的蓄能调节式动力系统结构，如图 5-3 所示。该系统结构采用燃料电池作为主动力源、锂离子高能蓄电池作为辅助动力源存储燃料电池发出的剩余能量和制动时电动机回馈的惯性能量，并在车辆加速时补充提供峰值功率，从而弥补了燃料电池动态响应慢、过载能力差的不足，大大降低了对燃料电池的功率需求，并确保其稳定地工作在高效区。图 5-4 所示为燃料电池电—电混合乘用车典型动力系统结构简图。在同等动力性的前提下，提出的双动力源蓄能

调节式动力系统，具有能量链短、燃料电池发动机等部件不需全功率等特点，使系统具有成本低、效率高的特点。

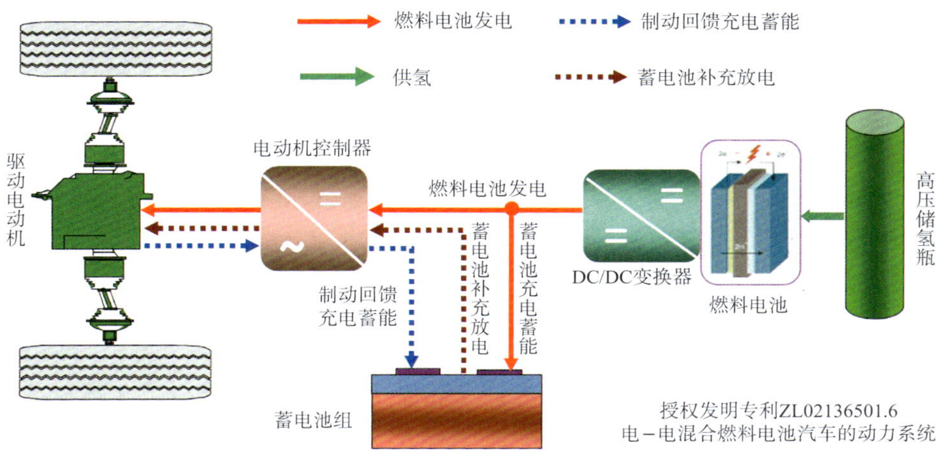

图 5-3 蓄能调节式电—电混合燃料电池轿车动力系统拓扑结构

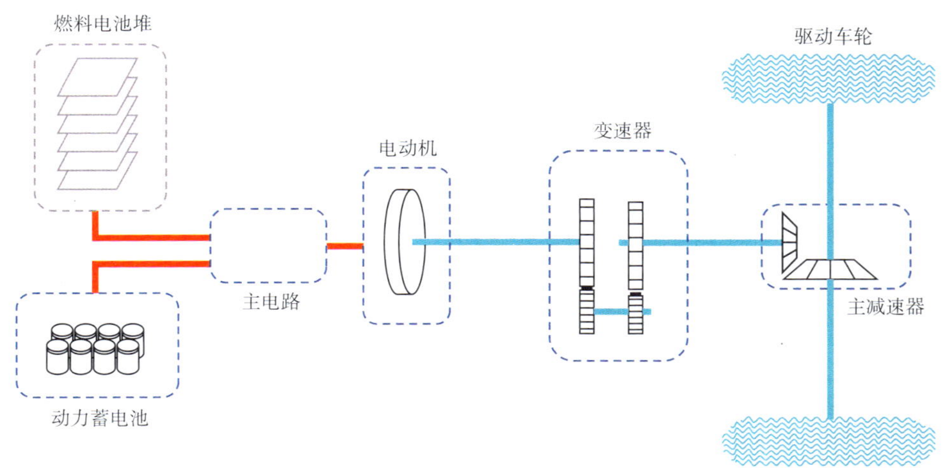

图 5-4 燃料电池混合电动汽车动力系统简图

三、燃料电池乘用车整车适配技术

燃料电池乘用车动力系统与整车的匹配，由于动力系统部件的结构设计要求改变、电气设计要求改变、振动噪声激励方式和特性改变、热管理要求等改变，其对应整车集成技术要求也发生改变，必须解决燃料电池汽车振动噪声激振传递机理和控制方法，面相机械结构安全和电安全的整车综合安全性技术，面向整车质量和载荷分配改变下的操纵稳定性设计与控制等一系列技术与工程化难题。围绕整车集成技术关键点，我国在燃料电池轿车噪声诊断、预测和控制领域开展了开创性的研究工作，形成了燃料电池轿车振动噪声激励机理、传递途经、控制方法等系列技术。技术成果应用于我国自主开发的“超越”系列燃料电池乘用车上。2006 年，世界清洁能源汽车挑战赛期间，我国研制的燃料电池轿车在所有同类参赛的燃料电池车中噪声最低，获得了 A 级单项技术奖。图 5-5 所示为搭载拥有自主知识产权和发明专利的燃料电池汽车动力系统平台的我国首台燃料电池台架样车，实现我国燃料电池汽车从无到有的突破。表 5-5 所示为超越系列燃料电池乘用车的部分性能参数。

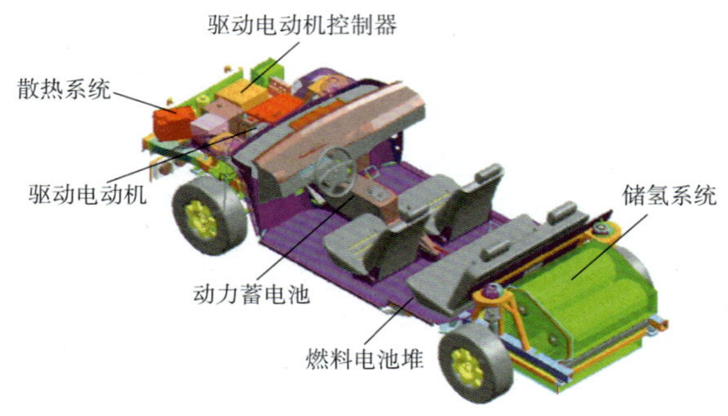

图 5-5　搭载燃料电池汽车动力系统平台的台架样车

超越系列燃料乘用车性能参数　　表 5-5

技术指标 \ 车型	超越一号	超越三号	超越四号
整车整备质量（t）	—	1.767	1.966
0～100km/h 加速时间（s）	—	18	15
最大时速（km/h）	108.3	122.3	152.1
一次加氢续驶里程（km）	231	273	319
燃料经济性（kg/100km）	0.985	1.200 0	1.192
燃料电池功率（kW）	30	50	55
电动机功率（kW）	60	65	90
蓄电池容量（kW·h）	—	48	26

第七节　燃料电池乘用车试验考核与示范推广

经过近10年持续不断的技术攻关，充分地挖潜国内高校、科研机构和企业的创新潜能，我国攻克了燃料电池轿车动力系统平台设计、开发和匹配等关键难点，建立了具有自主知识产权和发明专利的以电—电混合、平台化、模块化、高压储氢为技术特征的燃料电池汽车动力系统技术平台。攻克并掌握整车集成、动力系统、关键零部件开发、标准法规体系等关键技术，并初步形成包括燃料电池发动机、高压DC/DC变换器、驱动电动机、制氢储氢与运输等关键零部件的小批量生产制造体系。成功开发了“超越”系列燃料电池轿车，并进一步开发了“帕萨特领驭”、“上海牌”、“东方之子”、“志翔”和“奔腾”等燃料电池乘用车。

“十五”期间。研制的燃料电池功能样车最高车速超过120km/h，0～100km/h加速时间小于18s，续驶里程超过220km，百公里氢燃料消耗小于1.12kg（等效4.3L汽油，同类传统汽车油耗为7～8L/100km），率先实现到2020年节能汽车百公里燃油消耗量达到4.5L的要求。

“十一五”期间，我国研制了新一代燃料电池轿车动力技术平台，装备该平台的燃料电池轿车综合性能指标进一步提升，0～100km/h加速时间达到15s，最高车速突破150km/h，最大爬坡度超过20%，续驶里程超过300km，燃料经济性指标在整车质量比“十五”期间研发的样车质量增加250kg的前提下，与之基本相当，百公里氢燃料消耗率仍然维持在1.2kg以内。

研发的“超越二号”和“超越三号”燃料电池轿车，代表中国分别参加2004年和2006年世界必比登新能源汽车挑战赛，与通用、福特、大众、戴姆勒、丰田等汽车公司研制的燃料电池轿车同场竞技，在7项技术测试中分别取得5项和4项技术A级奖，综合成绩优秀，而且燃料经济性和车外噪声测试指标位列第一。图5-6所示给出了我国自主研发的燃料电池轿车动力系统技术平台及对应开发的工程样车。表5-6为2006年清洁能源汽车挑战赛技术测试数据。

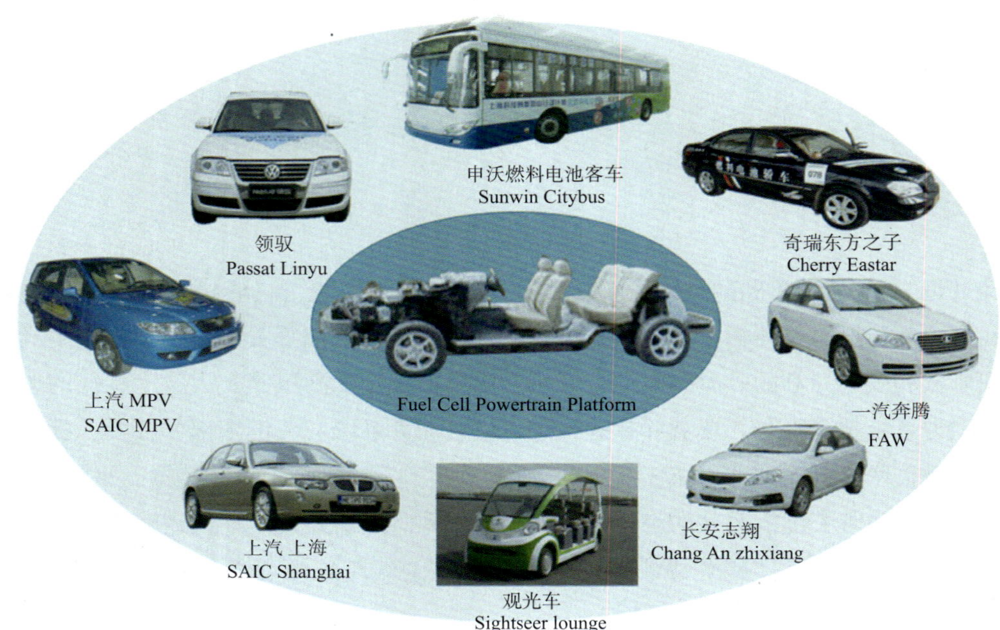

图 5-6　我国自主研发的燃料电池轿车动力系统技术平台及部分移植适配样车

2006 年清洁能源汽车挑战赛技术测试数据公告　　表 5-6

排名	研发单位	车　型	0～100km/h 加速时间（s）	制动距离（m）	蛇行时间（s）	噪声（dB）	排放	燃料经济性（kg/100km）	CO_2
1	同济上燃	超越三号 50	18.24	36.39	9.52	68.05	A	3.59	A
2	同济上燃	超越三号 51	18.43	45.18	9.90	68.40	A	3.70	A
3	通用欧宝	Zafira-氢动 3 号	27.96	32.42	9.43	69.35	A	5.36	A
4	戴克奔驰	F-Cell A-Class	14.33	31.22	9.84	68.40	A	5.94	A
5	米其 PSI	Hy-Light	12.92	37.53	8.91	72.95	A	3.93	A
6	戴克奔驰	F-Cell A-Class	14.17	32.74	10.06	68.35	A	4.12	A
7	日产	X-TRAIL FCV				68.50	A	4.57	A
8	福特	FOCUS FCV	18.69	33.59	10.16	71.13	A	4.80	A

经过持续技术攻关与验证试验，我国燃料电池乘用车于 2008 年首次通过了产品公告

技术评审，取得生产和上路许可，我国燃料电池汽车开始进行特定场合下实际道路的小规模示范运营考核。

图 5-7 给出了由同济大学牵头（拥有国家级燃料电池汽车及动力系统工程技术中心），联合国内多家单位，开发的三代超越系列燃料电池轿车动力技术平台，并成功地将其应用于上汽自主车型 MPV，上海大众桑塔纳 3000 和奇瑞东方之子等车型。随着燃料电池乘用车工程化深入，燃料电池汽车开发由原来的技术攻关为重心，逐渐演变为以技术提升、产业链培育、商业示范推广应用相结合的产业链、价值链、技术链同步联动新阶段。

图 5-7　同济大学等自主开发的三代超越系列燃料电池轿车平台

在我国新能源汽车发展过程中，我国坚持过渡与转型并行，研发与示范考核相结合的中国特色新能源汽车推进之路。因此，以 2008 年北京奥运会为契机，我国研制了 20 辆帕萨特领驭燃料电池乘用车，服务奥运会。奥运会期间，20 辆燃料电池乘用车累积载客 2100 余次，累计行驶 7.6 万 km，圆满完成马拉松赛引导等多项奥运任务。图 5-8 所示为服务北京奥运会的燃料电池乘用车。

为进一步考核燃料电池乘用车的可靠性、耐久性、环境适应性，2009 年，我国研制的 16 辆燃料电池乘用车参加了“美国加州燃料电池伙伴计划（CaFCP）”为期近 6 个月的示范运行，实现在城市道路、乡间道路、高速公路和综合道路实际运行，表现良好，累计行驶里程超过 10 万 km。图 5-9 所示为参与 CaFCP 示范运行的燃料电池汽车。

2010 年，我国累计自主研制了 80 辆燃料电池轿车、100 辆燃料电池观光车、6 辆燃料电池客车，服务在上海举行的世博会。世博会期间，该批车辆累计行驶超过 90 万 km，载客超过 180 万人次，其中接待重要人士超过 6 000 人次。图 5-10 所示为服务上海世博会的燃料电池汽车。

上海世博会期间的燃料电池汽车大规模、长时间、高负荷运营，为开展燃料电池汽车

的技术研究、产业化推进、示范运行组织等提供了丰富数据和经验，加速了我国燃料电池汽车技术发展及产业化进程，燃料电池汽车研发由前期以高校科研机构为主体，正式转变为以上汽为代表的整车企业为主体。

图 5-8　燃料电池汽车服务北京 2008 年奥运会

图 5-9　燃料电池汽车参与美国加州 CaFCP 示范运行

图 5-10　燃料电池汽车服务 2010 年上海世博会

第八节　氢燃料

目前研制的燃料电池汽车主要以氢气为燃料，而储存和制取的方法不同，如 Ballard 公司的示范燃料电池公交车、Daimler Chrysler 公司的 NECAR Ⅱ 采用的是压缩氢气储存，Ford 公司的 Focus 和通用公司的“氢动一号”用了液氢储存。为避免氢气加注和储存的困难，也有通过车载含氢燃料重整制氢，如 Daimler Chrysler 和 Ford 联盟主张采用甲醇重整，而 GM、Toyota、Nissan、Renault、VW 等公司看好汽油重整方式。

一、氢燃料的性质

氢虽然是地球上最丰富的元素，但在自然界中主要以化合物的形式存在。在所有的燃料中氢气具有最高的能量质量密度，是一种最有潜力的替代能源。1kg 氢气的热值相当于 6kg 的甲醇或 2.8kg 汽油，但即使是液氢，体积能量密度也只有汽油的 1/4（图 5-11）。

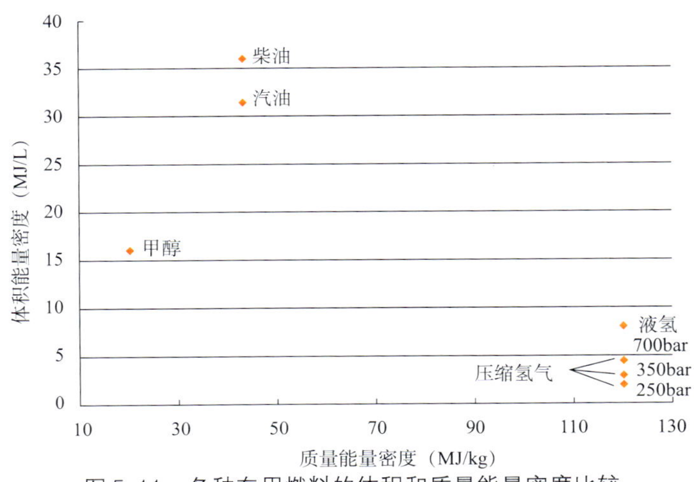

图 5-11　各种车用燃料的体积和质量能量密度比较

氢的来源广泛，除化石燃料中存在大量的氢以外，占地球表面 3/4 的海洋之中还蕴藏有无穷的氢，氢占海水质量的 10.82%。氢的燃烧产物是水，引起的污染主要来自生产过程，而不是燃烧。氢气本身无毒，密度低，泄漏后迅速扩散，除非空间封闭，否则氢气很难积聚形成可燃混合气。但氢气的可燃范围和爆炸范围宽，点燃所需能量低（是天然气的1/15），使用中的安全问题必须重视。但国内外大量的使用实践表明：氢和电一样，有着良好的安全使用记录，它并不比其他燃料或可爆物更可怕、更危险。过去出现的一些事故都是使用者对氢的特性和其工作规律认识不足，或者是思想上疏忽和操作上失误所致。其大多数都是可以避免的。原理上氢可以以水为原料电解制取，通常被看作一种取之不尽的替代能源。

二、氢的生产

国内氢主要是作为化工合成的中间产品或原料，作为直接产品或燃料的产量较少。以煤、石油及天然气为原料制取氢气是当今制取氢气最主要的方法。用矿物燃料制氢的过程包括：含氢混合气的制造、气体中 CO 组分变换反应及氢气提纯等步骤。制得的氢气主要作为化工行业生产原料用，如石油炼制、生产合成氨、合成甲醇等。这些方法在我国都具有成熟的工艺，并建有工业生产装置。

近 20 年里氢能得到了迅速发展，制氢技术也日趋完善。主要制氢技术的现状见表 5-7。

主要制氢技术现状　　表 5-7

制 氢 方 法	技 术 现 状
天然气蒸气转化法	成熟
重油部分氧化法	成熟
天然气催化分解法	成熟
电解制氢法	成熟
煤气化法	研究发展—成熟
热化学循环法	研究发展阶段
光化学法	早期研究阶段
光电化学法	早期研究阶段
光生物法	早期研究阶段

（一）化石燃料制氢

到目前为止，化石燃料为全球提供了 90% 以上的氢气。常用的方法有蒸气转换法，部

分氧化法，煤气化法。

（二）电解水制氢

电解水制氢是一种传统制氢方法。目前利用电解法制氢的氢产量仅占氢的总产量的1%～4%。电解水制氢具有产品纯度高和操作简便的特点，传统的电解水制氢已经商业化80余年。

水电解反应是在电解槽中进行，电解槽内充满反应介质，用隔膜将电解槽分为阳极室和阴极室，各室分别置有电极。由于水的导电性能很小，故在电解槽内加入电解水，电解反应是在电解槽中进行，电解槽内充满反应介质，当在一定电压下电流从电极间通过时，则在阴极上产生氢气，在阳极上产生氧气，从而达到水的电解。

工业上电解水电压一般在1.65～2.2V，电流密度100～200mA/cm^2，电解制氢效率约在70%～80%。较典型的水电解槽的工作条件为温度70～90℃，压力为常压，电解槽电压1.85～2.05V，耗电量为4～5kW·h/m^3 H_2（STP）。

三、氢燃料的储存

（一）压缩氢气储存

气态氢被加压并储存在标准的压力气瓶或大型球型容器中。

（二）液氢储存

氢气通过一系列压缩、冷却、膨胀等过程转为液态，以－253℃温度储存。由于氢的分子较小，容易透过容器壁面，液氢储存的首要问题是防止液氢蒸发损失，导致能量效率下降。储氢的低温容器都具有双层壁面，并且两层壁面抽成真空以防止对流和传导传热。大型的容器外部还有一层壁，其间填充液态氮，以减少环境与液氢之间的温度差。

四、氢气的运输和分配

氢气运输方式的选择与距离和生产方式以及氢气状态有关。目前还未形成广泛的氢气运输和分配系统，大部分氢气在生产地就被使用，只有少量通过液氢、压缩氢气的罐车以及气体管道运输到别处。

（一）氢气的管道运输

国外的化工行业通常采用高压（10MPa）专用氢气管道进行大量氢气的长途运输。氢气专用的输送管道的成本比天然气管道高，因为必须对钢材进行防氢脆处理，通过在管壁上添加涂层或在气体中添加少量的 CO、SO_2、O_2 缓解管道材料的疲劳破坏。同时与天然气相比，要达到相同的能量流量，氢气管道的直径必须增加 20%。全部氢气输送系统的费用将比天然气输送系统至少高出 50%，运输成本随运输距离增加而增大，随运输量增加而减少。

（二）槽车运输

氢气可以气态、液态的形式通过槽车运输。在 20MPa 压力下，一辆压缩氢气槽车可以运输 2 400 ~ 3 600Nm^3（1Nm^3 为在 0℃，1 个标准大气压下的气体体积）氢气。槽车适用于中小规模氢气的中短途运输，成本低于管道运输。

五、氢气的加注

加注站是氢气的公用工程中技术要求最为严格的环节。目前还未形成广泛普及的加气系统。以慕尼黑机场加注站为例，如图 5-12 所示，它由两个并行的系统构成，一个为公交车提供压缩氢气，另一个为轿车提供液氢。压缩氢气在加注站通过高压电解设备现场制取；液氢通过槽车由 Linde AG 提供，并储存在站内低温液氢储罐中。

图 5-12　Munich 机场液氢燃料汽车的加注站

因为氢气的来源多样化，可能由化工厂运输而来，未来也有可能在加气站直接电解制取，可能加注压缩气体，也有可能加注液氢，或两者的组合，故氢气加气站的设计应该标准化、模块化，以满足不同的当地条件。

第六章 新能源乘用车关键零部件技术

动力蓄电池、电动机、电控系统构成新能源乘用车三大共性核心零部件。围绕新能源乘用车技术进步和创新，先后出现了不同种类和特性的动力蓄电池、电动机和电控系统产品。

第一节 车用动力蓄电池技术

车用动力蓄电池是车辆的典型储能装置之一。作为新能源汽车的核心部件，动力蓄电池性能的好坏是决定新能源汽车综合性能的关键因素。新能源汽车要求车用动力蓄电池具备比能量高、比功率大、自放电少、工作温度范围宽、使用寿命长、安全可靠以及成本低、绿色环保等特点。在众多车用动力蓄电池当中，锂离子蓄电池是当今国际公认的最合适的化学能源，已成为新能源汽车动力蓄电池的首选。随着全球新能源汽车产业的快速发展，对动力锂离子蓄电池的需求将呈现爆发式增长的趋势，但与此不相适应的是动力蓄电池在能量密度、安全性、循环寿命、高低温性能、快速充电等方面都与市场期盼存在较大差距。

一、蓄电池概述

蓄电池（Storage Battery）能将所获得的电能以化学能的形式储存并可以将化学能转变为电能的一种电化学装置，它可以重复充电和放电，属于二次蓄电池。广泛使用的蓄电池包括铅酸蓄电池、镍氢蓄电池、镍镉蓄电池、锂蓄电池、钛酸锂蓄电池、固体蓄电池等。以锂蓄电池为例，其主要由正极、负极、隔膜、电解液、壳体等组成。

（一）蓄电池工作原理

1. 蓄电池充放电原理

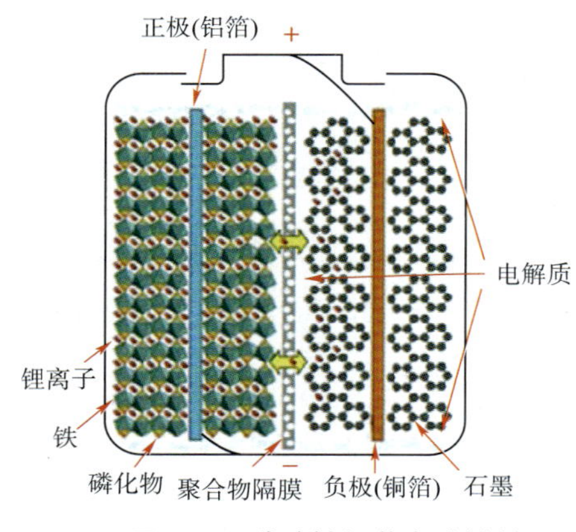

图 6-1　磷酸铁锂蓄电池结构

蓄电池充电时，电能通过蓄电池内的“活性物质”的化学变化转化为化学能存储；蓄电池放电时，通过蓄电池内的“活性物质”的逆化学变化，化学能转化为电能输出。以磷酸铁锂动力蓄电池为例，蓄电池结构如图 6-1 所示，其充、放电的化学反应过程如表 6-1 所示。该蓄电池充放电过程就是锂离子在两个电极之间往返嵌入和脱嵌过程，充电时，锂离子从正极脱嵌，经过电解质嵌入负极，负极处于富锂状态，放电时则反之。表 6-2 为锰酸锂蓄电池的充、放电的化学反应过程。

磷酸铁锂蓄电池化学反应过程　　表 6-1

正极 $LiFePO_4$	充电	$LiFePO_4 \rightarrow Li_{1-x}FePO_4 + xLi^+ + xe^-$	氧化反应锂离子脱嵌
	放电	$Li_{1-x}FePO_4 + xLi^+ + xe^- \rightarrow LiFePO_4$	还原反应锂离子嵌入
负极石墨	充电	$6C + xLi^+ + xe^- \rightarrow Li_xC_6$	还原反应锂离子嵌入
	放电	$Li_xC_6 \rightarrow 6C + xLi^+ + xe^-$	氧化反应锂离子脱嵌

锰酸锂蓄电池化学反应过程　　表 6-2

正极 $LiMn_2O_4$	充电	$LiMn_2O_4 \rightarrow Li_{1-x}Mn_2O_4 + xLi^+ + xe^-$	氧化反应锂离子脱嵌
	放电	$Li_{1-x}Mn_2O_4 + xLi^+ + xe^- \rightarrow LiMn_2O_4$	还原反应锂离子嵌入
负极石墨	充电	$6C + xLi^+ + xe^- \rightarrow Li_xC_6$	还原反应锂离子嵌入
	放电	$Li_xC_6 \rightarrow 6C + xLi^+ + xe^-$	氧化反应锂离子脱嵌

在锂离子蓄电池中不使用诸如铅酸蓄电池或镍氢蓄电池的水溶液电解液，而是使用有机电解液。在充电过程中，正极中的锂呈离子状态，在电解液中移动，并被负极中的碳物质吸附。放电则是充电过程的逆反应。在这种反应过程中，通常锂以离子形态存在，不析

出金属状态的锂。

此外，大部分蓄电池的电能化学能是可逆变换过程。

2. 超级电容特点

超级电容具有如下特点：

①充电速度快，主要取决于充电设备的功率。

②循环使用寿命长，深度充放电循环使用次数可到100万次，没有“记忆效应”。

③大电流放电能力超强，能量转换效率高，过程损失小，大电流能量循环效率≥90%。

④功率密度高，可达3 000～7 000W/kg，相当于蓄电池功率密度的5～10倍。

⑤产品原材料构成、生产、使用、储存以及拆解过程均没有污染。

⑥充放电线路简单，无须充电蓄电池所需的充电电路，安全系数高，长期使用免维护。

⑦超低温特性好，温度范围宽，－40～＋70℃。

⑧检测方便，剩余电量估计精度高。

3. 超级电容与蓄电池之不同

常见的超级电容大多是双电层结构，同电解电容器相比，这种超级电容器能量密度和功率密度都非常高。超级电容器利用静电极化电解溶液的方式储存能量。虽然它是一个电化学器件，但它的能量储存原理却一点也不涉及化学反应。这个原理是高度可逆的，它允许超级电容器充放电次数达十万甚至百万次。

相比之下，车用动力蓄电池是通过电化学反应，产生法拉第电荷转移来储存电荷的，使用寿命较短，并且受温度影响较大。同时，大电流工作会直接影响这些蓄电池的寿命，因此，对于要求长寿命、高可靠性的应用场合，基于化学反应的动力蓄电池显示出种种不足。

4. 蓄电池连接方式

1）蓄电池串联

将若干单体蓄电池的正负极依次串接在一起，形成一个开路蓄电池，如图6-2所示。蓄电池串联后，蓄电池组端电压提高，但额定电流不变。

2）蓄电池并联

将若干单体蓄电池的正负极分别并接在一起，形成一个开路蓄电池，如图6-3所示。蓄电池并联后，其蓄电池组端电压不变，额定电流为单体蓄电池额定电流的倍数，其倍率取决于并接的单体蓄电池数量。

图6-2　蓄电池串联示意图

图6-3　蓄电池并联示意图

（二）蓄电池的电特性

1. 电压特性（V）

电动势：蓄电池正负极之间的电位差；

开路电压：蓄电池开路状态下的端电压；

额定电压：标准条件下工作时的电压；

工作电压：一定负载条件下，放电过程中的蓄电池电压，数值为电动势减去电流与内阻的乘积；

终止电压：蓄电池在一定标准放电条件下，蓄电池电压下降到的最低值；

蓄电池工作电压的数值和平稳度取决于放电条件。高速率、低温度条件下放电。

2. 容量特性（Ah）

理论容量：根据蓄电池活性物质特性，按照法拉第定律计算得到的最高理论值，一般用质量容量或者体积容量表示。

实际容量：在一定条件下所能输出的电量，等于放电电流的时间积分。

标称容量：用来鉴别蓄电池适当的近似安时数。

额定容量：按照一定的标准放电条件，蓄电池应放出的最低容量限度。

充电状态 SOC：蓄电池容量变化的反应。一般蓄电池的放电高效区在 50% ~80% 。

3. 能量特性（W · h）

蓄电池能量特性决定电动车的续驶里程及动力性能，能量越大，续驶里程越大，反之亦然。

标称能量：按照一定的标准规定的放电条件下蓄电池输出的能量。为额定容量与额定电压的乘积。

实际能量：在一定条件下蓄电池所能输出的能量，为蓄电池实际容量与平均工作电压的乘积。

比能量密度：动力蓄电池单位质量所能输出的能量（W·h/kg）。

能量密度：动力蓄电池单位体积所能输出的能量（W·h/L）。

4. 功率特性（kW）

蓄电池的功率特性很大程度上影响车辆的加速、爬坡或者超车性能。

比功率：蓄电池单位质量中所具有的电能功率能力（W/kg）。

功率密度：蓄电池单位质量中所具有的电能功率能力（W/kg）。

5. 内阻特性（Ω）

由于蓄电池内部电阻存在，放电时，蓄电池端电压低于其电动势和开路电压；充电时，蓄电池端电压高于其电动势和开路电压。

蓄电池内阻主要由蓄电池正负极板的电阻、电解液的电阻、隔板（隔膜）的电阻、连接导线的电阻和端子的电阻组成。

6. 充放电特性

时率：蓄电池以某种电流强度放电直到蓄电池的电压达到终止电压时的放电时间。

倍率：蓄电池的放电电流强度的数值与额定容量数值的倍数。

自放电率：蓄电池存放过程中，在没有负荷的条件下自身放电而使蓄电池容量损失的速度。采用单位时间内蓄电池容量下降的百分数表示。

7. 寿命特性

蓄电池反复充放电过程中，活性物质不断进行正向和逆向的化学反应。随着充放电次数增加，蓄电池的活性物质会发生老化变质，化学功能衰退，其充电和放电效率下降，最终蓄电池报废。

蓄电池充电和放电的循环次数与充放电的形式、蓄电池的温度和放电深度有关。

新能源汽车用动力蓄电池的一致均衡性、安装固定方式、振动和冲击载荷以及线路安装等都会影响循环次数。

（三）蓄电池行业发展情况

2012 年 1～12 月全国规模以上蓄电池制造企业数量为 1 207 家，蓄电池制造行业资产合计 327 605 678 000 元，同比增加 12.06%；实现销售收入 385 474 508 000 元，同比增加

21.85%；完成利润总额13 459 780 000元，同比增加-22.81%；蓄电池制造行业整体从业人数507 668人，同比增长1.39%，详细情况见表6-3。

2012年1~12月全国规模以上蓄电池制造企业经济指标分析　　表6-3

企业单位数（个）	1 207
从业人员平均人数（人）	507 668
从业人员平均人数同比增长（%）	1.39
工业销售产值（元）	373 449 248 000
工业销售产值同比增长（%）	18.86
出口交货值（元）	92 498 119 000
出口交货值同比增长（%）	-1.37
流动资产合计（元）	185 978 111 000
流动资产合计同比增长（%）	10.04
资产合计（元）	327 605 678 000
资产合计同比增长（%）	12.06
负债合计（元）	197 742 032 000
负债合计同比增长（%）	12.68
主营业务收入（元）	385 474 508 000
主营业务收入同比增长（%）	21.85
主营业务成本（元）	343 783 886 000
主营业务成本同比增长（%）	23.38
利润总额（元）	13 459 780 000
利润总额同比增长（%）	-22.81

二、车用动力蓄电池关键技术

车用动力蓄电池是指为汽车提供动力的蓄电池，其技术要求不同于汽车发动机起动用的起动蓄电池。当前，随着新能源汽车动力系统拓扑结构不断丰富，对车用动力蓄电池性能进行细分，动力蓄电池可划分为功率型动力蓄电池、功率能量兼顾型动力蓄电池、能量型蓄电池等。随着动力蓄电池新型正负极材料技术进步，先后出现了铅酸蓄电池、镍氢蓄电池、镍镉蓄电池、锂蓄电池、钛酸锂蓄电池、固体蓄电池等。

（一）车用动力蓄电池技术要求

为保障包括新能源乘用车在内的新能源汽车的续驶里程、驱动制动性能、环境适应性能、可靠性、安全性等性能，以及市场可接受的价格，要求新能源汽车用的动力蓄电池具备比能量高、比功率大、自放电少、工作温度范围宽、使用寿命长、安全可靠以及成本低、绿色环保等特点。

（二）车用动力蓄电池典型类型

动力蓄电池性能是决定新能源汽车尤其是纯电动汽车命运的主要因素。车用动力蓄电池主要包括铅酸蓄电池、金属氢化物镍蓄电池、镍镉蓄电池、锂蓄电池等。表 6-4 给出了车用动力蓄电池的基本特点及其优缺点。

主要车用动力蓄电池类型　　表 6-4

蓄电池种类	铅酸蓄电池	镍镉蓄电池	镍氢蓄电池	锂蓄电池
商品化时间（年）	1890	1956	1990	1992
工作电压（V）	2	1.2	1.2	3.2～3.7
能量密度（W·h/L）	100	150	250	350～400
比能量密度（W·h/kg）	< 30	50	60～80	100～200
循环寿命（次）	300	400～500	> 500	1 000
记忆效应	无	有	无	无
绿色环保	污染	污染	环保（镍为重金属）	环保
优点	技术成熟	快速充电	高功率放电	可高功率放电
	价格低	价格便宜	循环寿命长	能量密度高
		循环寿命长		循环寿命长
缺点	能量密度低	能量密度低	能量密度较低	安全性差
	铅污染严重	镉污染严重	充放电效率低	价格高
	不宜快速充放电	具有记忆效应	高温环境性能差	
	寿命短			

续上表

蓄电池种类	铅酸蓄电池	镍镉蓄电池	镍氢蓄电池	锂蓄电池
车用动力蓄电池对比分析	虽然技术成熟，价格便宜，但能量密度低，不宜快速充放电，寿命短且铅污染重	能量密度低，镉污染严重，且具有记忆效应	可高功率放电，循环寿命长，但能量密度偏低，高温性能差	能量密度高，循环寿命长，可高功率放电
	非理想车用动力蓄电池		可作车用动力蓄电池	理想车用动力蓄电池
	低速纯电动（短途纯电动）		常规混合动力轿车	应用范围广

1. 铅酸蓄电池

铅酸蓄电池，电极是由铅和铅的氧化物构成，电解液是硫酸的水溶液。根据应用需要分为恒流放电型（如不间断电源）和瞬间放电型（如汽车起动蓄电池）。此外，铅酸蓄电池也可以作为动力蓄电池应用在三轮车、低速纯电动等类型车辆。

2. 镍镉蓄电池

镍镉蓄电池（Nickel-cadmium battery）正极为氢氧化镍，负极为镉，电解液是氢氧化钾溶液。

3. 镍氢蓄电池

镍氢蓄电池（NiMH）是由镍镉蓄电池（NiCd battery）改良而来的，其以能吸收氢的金属代替镉（Cd）。它以相同的价格提供比镍镉蓄电池更高的电容量、比较不明显的记忆效应、比较低的环境污染（不含有毒的镉）。其回收再用的效率比锂离子蓄电池好，被称为是最环保的蓄电池。但是与锂离子蓄电池比较时，却有比较高的记忆效应。旧款的镍氢蓄电池有较高的自我放电反应，新款的镍氢蓄电池已具有相当低的自我放电（与碱电相约），而且可在低温下工作（-20℃）。镍氢蓄电池比碳锌或碱性蓄电池有更大的输出电流，相对地更适合用于高耗电产品，某些特别型号甚至比镍镉蓄电池有更大输出电流。

4. 锂离子动力蓄电池

锂蓄电池是指电化学有锂（包括金属锂、锂合金和锂离子、锂聚合物）的最基本电化学单位。锂蓄电池大致可分为两类：锂金属蓄电池和锂离子蓄电池。锂离子蓄电池不含有金属态的锂，并且是可以充电的。

锂离子蓄电池可分为液态锂离子蓄电池和聚合物锂离子蓄电池两种，广泛应用于汽车、工业、通信等领域。根据各自能量特性和功率特性，车用锂离子蓄电池又可以细分为能量型、功率型和能量功率兼顾型。能量型主要用于纯电动汽车，功率型主要用于常规混合动力汽车，能量功率兼顾型主要用于插电式混合动力汽车等。

根据蓄电池正极所用材料不同，主要车用锂离子蓄电池包括钴酸锂蓄电池、锰酸锂蓄电池、三元材料锂蓄电池和磷酸铁锂蓄电池等，表 6-5 给出了上述几种典型车用锂离子蓄电池的相关特性。

车用锂蓄电池主要类型　　表 6-5

类型 / 指标	钴酸锂	锰酸锂	镍钴锰三元材料	磷酸铁锂
主要材料成分	$LiCoO_2$	$LiMn_2O_4$	$Li(NiCoMn)O_2$	$LiFeO_4$
晶体结构	层状氧化物	尖晶石结构	层状氧化物	橄榄石结构
理论能量密度（mAh/g）	274	148	278	170
实际能量密度（mAh/g）	140～160	110～120	150～220	130～150
放电电压（V）	3.7	3.8～4.3	3.0～4.5	3.2～3.5
振实密度（g/cm^3）	5.01	4.28	4.69	3.60
价格（万元/t）	25～30	4～10	18	12～18
单次循环性能（次）	>300	>500	>800	>200
加工性能	优	一般	良好	差
安全性能	差	良好	一般	良好
使用温度（℃）	-20～50 之外衰退严重	50 以上快速衰退	-20～50	-20～75 低温无法工作
环保	钴具有放射性	无毒	钴、镍有毒	无毒
车用锂离子动力蓄电池对比分析	虽然能量密度高，但由于其化合物为层状氧化物结构，锂离子嵌入和脱嵌过程中晶体结构易发生变化，安全性能较差；钴具有放射性，易造成污染；钴成本较高	尖晶石结构，锂离子迁移路径为三维通道，嵌入和脱嵌过程中晶体结构相对稳定，安全性较强；锰价格低廉	镍酸锂中掺杂钴、锰可以发挥三元协调效应，改善镍酸锂性能，得到电化学性能稳定，循环寿命长，比能量高的三元材料。 钴成本高，且具有放射性；镍为重金属	橄榄石结构，锂离子迁移路径为三维通道，嵌入和脱嵌过程中晶体结构相对稳定，安全性较强；铁价格低廉

（三）典型新型车用动力蓄电池

当前，围绕致力于提升能量密度、功率密度、安全性等各项性能，我国正在构建新结构、新体系等新型车用动力蓄电池。典型新型车用动力蓄电池如下：

1. 钠硫蓄电池

钠硫蓄电池，是一种以金属钠为负极、硫为正极、陶瓷管为电解质隔膜的二次蓄电池。在一定的工作温度下，钠离子透过电解质隔膜与硫之间发生的可逆反应，形成能量的释放和储存。钠硫蓄电池具有以下特点：

1）比能量高

钠硫蓄电池比能量高，其理论比能量为760W·h/kg，实际已经突破150W·h/kg。如日本东京电力公司（TEPCO）和NGK公司合作开发钠硫蓄电池作为储能蓄电池，其应用目标瞄准电站负荷调平（即起削峰平谷作用，将夜晚多余的电能存储在蓄电池里，到白天用电高峰时再从蓄电池中释放出来）、UPS应急电源及瞬间补偿电源等，并于2002年开始进入商品化实施阶段，已建成世界上最大规模（8MW）的储能钠硫蓄电池装置。

2）比功率大

钠硫蓄电池比功率大，可以大电流充放电。由于采用固体电解质，没有通常采用液体电解质二次蓄电池的那种自放电及副反应，充放电电流效率几乎100%。

3）工作温度高

钠硫蓄电池工作温度高，其工作温度一般在300～350℃。钠硫蓄电池实际工作时需要一定的加热保温，如采用高性能的真空绝热保温技术。

4）工作环境局限性大

不少国家一开始纷纷致力于发展其作为电动汽车用的钠硫蓄电池，并取得了不少成果，但随着时间的推移发现，钠硫蓄电池在移动场合下（如电动汽车）使用条件比较苛刻，无论从使用可提供的空间、蓄电池本身的安全等方面均有一定的局限性。所以在20世纪80年代末和90年代初开始，国外重点发展钠硫蓄电池作为固定场合下（如电站储能）应用，并越来越显示其优越性。当前，随着材料技术、蓄电池成组技术等进步，钠硫蓄电池再次进入大家视野。

2. 锌空气蓄电池

以空气中的氧为正极活性物质。其比容量大，有碱性和中性两种，结构上分为湿式和

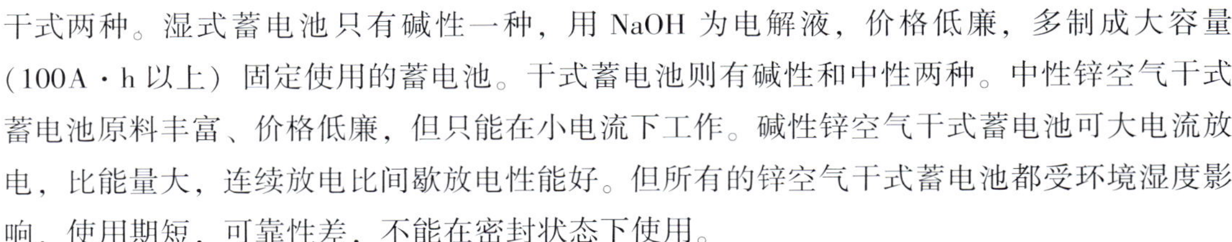

干式两种。湿式蓄电池只有碱性一种，用 NaOH 为电解液，价格低廉，多制成大容量（100A·h以上）固定使用的蓄电池。干式蓄电池则有碱性和中性两种。中性锌空气干式蓄电池原料丰富、价格低廉，但只能在小电流下工作。碱性锌空气干式蓄电池可大电流放电，比能量大，连续放电比间歇放电性能好。但所有的锌空气干式蓄电池都受环境湿度影响，使用期短，可靠性差，不能在密封状态下使用。

3. 固体电解质蓄电池

以固体离子导体为电解质，分高温、常温两类。高温的有钠硫蓄电池，可大电流工作。常温的有银碘蓄电池，电压0.6V，价格昂贵，尚未获得应用。已使用的是锂碘蓄电池，电压2.7V。这种蓄电池可靠性很高，可用于心脏起搏器。但这种蓄电池放电电流只能达到微安级。

4. 超级电容

超级电容，又称电化学电容器、双电层电容器、黄金电容、法拉电容，英文名称：Supercapacitors，Ultracapacitor，是从20世纪70～80年代发展起来的通过极化电解质来储能的一种电化学元件。它不同于传统的化学电源，是一种介于传统电容器与蓄电池之间、具有特殊性能的电源，主要依靠双电层和氧化还原加电容电荷储存电能。但在其储能的过程并不发生化学反应，这种储能过程是可逆的，也正因为此超级电容器可以反复充放电数万次。其基本原理和其他种类的双电层电容器一样，都是利用活性炭多孔电极和电解质组成的双电层结构获得超大的容量。突出优点是功率密度高、充放电时间短、循环寿命长、工作温度范围宽。

（四）车用动力蓄电池关键技术

车用动力蓄电池关键技术主要包括蓄电池单体关键技术、成组技术和管理关键技术等。其中动力蓄电池单体技术主要包括材料、配方与生产制造技术；成组技术主要包括模块化成组、均衡、充放电管理和热管理等；蓄电池管理系统主要功能是监测动力蓄电池的充放电电流、总电压、单体电压、温度等状态量，进而估算动力蓄电池荷电状态以及最大充放电功率，使动力蓄电池工作处于最佳工作状态，充分发挥动力蓄电池性能。蓄电池管理技术主要包括动力蓄电池荷电状态估计、蓄电池老化、健康状态预测技术、蓄电池状态检测技术、蓄电池能量均衡管理技术、蓄电池残电量管理技术、蓄电池热管理技术、诊断与预警技术等。

1. 动力蓄电池荷电状态估计技术

精确的估算动力蓄电池荷电状态（State of Charge，简称 SOC）是避免车用动力蓄电池过充、过放的基本保障，是新能源汽车进行动力控制和能量分配的一个重要依据，是新能源汽车实现应用的一项关键技术。在众多车用动力蓄电池中，锂离子动力蓄电池荷电状态估计尤为复杂。

1）铅酸蓄电池 SOC 估计

常用的铅酸蓄电池 SOC 估计主要是根据 Peukert 方程进行估算。

1898 年，Peukert 根据铅酸蓄电池容量随放电倍率的变化而变化的关系，提出了一个经验公式，如式（6-1）。

$$C = I^{\mathrm{P}} \times t \tag{6-1}$$

式中：C——蓄电池放电容量，Ah；

I——放电电流，A；

t——放电持续时间，h；

P——Peukert 常数，对于铅酸蓄电池，P 值与蓄电池结构密切相关，但对于一个给定的蓄电池，P 为常数。随着蓄电池放电电流增大，其放电时间会减小。P 值越接近 1，则该蓄电池的高倍率放电性能越好。

2）锂离子蓄电池 SOC 估计

目前，针对锂离子动力蓄电池，已经形成了包括开路电压法、内阻法、安时法、自适应神经网络模型、卡尔曼滤波算法等一系列估算方法。

2. 动力蓄电池负极材料技术

锂离子动力蓄电池的关键技术在于负极，处于研发热点。碳材料之所以被广泛用于锂离子蓄电池的负极材料，是因为这些碳材料具有高比容量，低电极电位，高循环效率，长循环寿命和蓄电池内部没有金属锂，安全问题有明显缓解等优点。但由于受到理论比容量（约为 372mA · h/g）极限限制，碳负极材料的比容量很难进一步提高。金属氧化物与合金具有较高的比容量，如硅基和锡基氧化物复合材料。

3. 动力蓄电池故障诊断技术

锂离子动力蓄电池故障诊断系统通过分析蓄电池管理系统采集的蓄电池状态参数，对动力蓄电池故障状态做出判断，对动力蓄电池可能出现的故障进行预测，给出动力蓄电池使用的合理建议，避免蓄电池重大故障的发生。动力蓄电池故障诊断系统明显提高了蓄电池管理系统对动力蓄电池的安全监控和有效管理能力，提高了动力蓄电池的使用效率、可靠性和安全性，延长了动力蓄电池的使用寿命，是动力蓄电池管理系统中不可缺少的关键技术。

动力蓄电池的故障诊断系统可分为在线诊断和离线诊断两个诊断状态。在线诊断状态指在动力蓄电池工作时对其进行故障诊断，并实时将诊断结果上报给整车控制单元；离线诊断主要是通过动力蓄电池行车数据记录仪将动力蓄电池运营期间的相关数据进行保存，再对记录的数据进行分析处理，重现动力蓄电池运行时状态曲线，从而对其运行状态进行故障诊断和应用评价。

动力蓄电池诊断系统的诊断包括对电压、电流、温度、硬件设备状态等诊断。

1）电压诊断技术

①起动过程中蓄电池组电压信号合理性诊断；

②起动过程中蓄电池模块电压合理性诊断；

③模块电压一致性故障诊断；

④电压波动诊断；

⑤无模块电压诊断；

⑥无蓄电池组电压诊断；

⑦高压电控制故障诊断。

2）电流诊断技术

①过电流故障诊断；

②电流故障诊断；

③起动过程中电流信号合理性诊断。

3）温度诊断技术

①无温度信号诊断；

②起动过程中温度信号合理性诊断。

4）硬件设备诊断技术

①起动过程中 BMS 硬件故障诊断；

②起动过程中传感器信号合理性诊断；

③流量传感器故障诊断；

④通信系统故障诊断；

⑤通风机故障诊断。

5）过充电诊断技术

①SOC 的过充电诊断；

②传感器温度的过充电诊断；

③传感器温度变化率的过充电诊断；

④平均温度的过充电诊断；

⑤平均温度变化率的过充电诊断；

⑥模块电压的过充电诊断；

⑦模块电压变化率的过充电诊断；

⑧蓄电池组电压的过充电诊断；

⑨蓄电池组电压变化率的过充电诊断。

6）过放电诊断技术

①传感器温度的过放电诊断；

②传感器温度变化率的过放电诊断；

③平均温度的过放电诊断；

④平均温度变化率的过放电诊断；

⑤模块电压的过放电诊断；

⑥模块电压变化率的过放电诊断；

⑦蓄电池组电压的过放电诊断；

⑧蓄电池组电压变化率的过放电诊断。

（五）车用动力蓄电池阶段进展

“十五”期间，我国重点开展镍氢动力蓄电池、锂离子动力蓄电池为代表的先进动力蓄电池的关键技术攻关；“十一五”期间，我国以动力蓄电池产业化为目标，重点开展动力蓄电池单体、动力蓄电池系统及关键原材料产业化技术攻关。经过多年的技术准备，我国车用动力蓄电池技术水平得到了很大的提升，自主研发出混合动力汽车用高功率型动力蓄电池和纯电动汽车用高能量型动力蓄电池，形成了镍氢和锂离子 6～150A·h 多个系列车用动力蓄电池，蓄电池功率密度和能量密度等关键指标明显提升，支撑“十二五”期间我国新能源汽车规模化示范运营，新能源汽车动力蓄电池技术水平迅猛发展得到国际社会的高度关注和认可。

1）锂离子单体动力蓄电池技术进展

在锂离子动力蓄电池方面，改性锰酸锂蓄电池、磷酸铁锂蓄电池、三元材料蓄电池相继产业化，更高容量的锂离子蓄电池正极材料也开始进入试验生产和应用阶段。动力蓄电池制造也从早期的半自动偏手工向半自动中试、乃至全自动大规模制造转变。动力蓄电池系统集成技术也取得重要进展，满足了目前示范车辆大规模运行的需求。混合动力汽车用功率型锰系锂离子动力蓄电池单体功率密度从2002年的490W/kg左右提高到2008年的2300W/kg左右，提升到原来的近5倍；纯电动汽车用高能量型磷酸铁锂动力蓄电池和锰酸锂动力蓄电池单体（软包装）能量密度分别超过110W·h/kg和120 W·h/kg，且在进一步提升。

2）动力蓄电池生产技术进展

我国动力锂离子蓄电池生产制造方面，实现大型蓄电池生产制造设备国产化（如高速喷涂蓄电池极片的涂布机），动力蓄电池制造也从中试规模的半自动化生产向全自动化大规模制造过渡，电芯的一致性和自动化分选配组水平也得到提升，单体蓄电池的分选标准和要求进一步提高。

3）动力蓄电池管理系统的技术进展

经过多年的技术攻关，国内部分高校科研机构和典型企业在车载动力蓄电池管理系统方面取得了一定成绩，动力蓄电池管理系统的功能、可靠性、实用性、安全性等方面显著提升。通过对蓄电池实际运行状况的大数据分析，以提升蓄电池安全性能、提高蓄电池系统寿命、满足车辆实际需求、提高蓄电池健康预测精度为目标，通过优化蓄电池工作环境、提高蓄电池运行效率等手段，进行蓄电池管理系统和其子系统的研究，探索了蓄电池管理系统匹配控制新方法。当前，蓄电池的热管理技术和蓄电池组结构设计技术取得了长足进步。

4）动力蓄电池关键材料技术进展

（1）正极材料。2012年期间，全球锂蓄电池正极材料生产商出现聚集规模效应，锂蓄电池正极材料主要由umicore、日亚化学、L&F新材料等单位生产提供。图6-4给出了2012年全球锂蓄电池正极材料主要生产企业市场份额。

国内锂离子动力蓄电池正极材料主要包括锰酸锂、三元材料和磷酸铁锂。我国已形成了以京津地区、华中地区、华南地区和华东地区为聚集地的锂离子蓄电池正极材料产业集群，并分别以北京和天津、湖南、广东、浙江和江苏为发展中心。

随着电动汽车产业的发展，将为锂离子蓄电池正极材料的成长带来巨大的市场空间，以磷酸铁锂、锰酸锂和三元材料为主的正极材料领域将得到快速的发展。

（2）负极材料。当前，车用动力蓄电池负极材料产业集中度极高，表现在区域的集中和企业集中。从区域看，中国和日本是全球主要产销国，总量占全球负极材料产销量 95% 以上。从企业来看，日立化学占全球市场份额的 35%，深圳贝特瑞占全球份额的 27%，其次分别是 JFE 和三菱化学，其市场份额分别是 9% 和 7%。全球前四大企业市场份额合计占比为 78%，负极材料生产企业表现出高度集中。图 6-5 给出了 2012 年全球锂蓄电池负极材料主要生产企业市场份额。

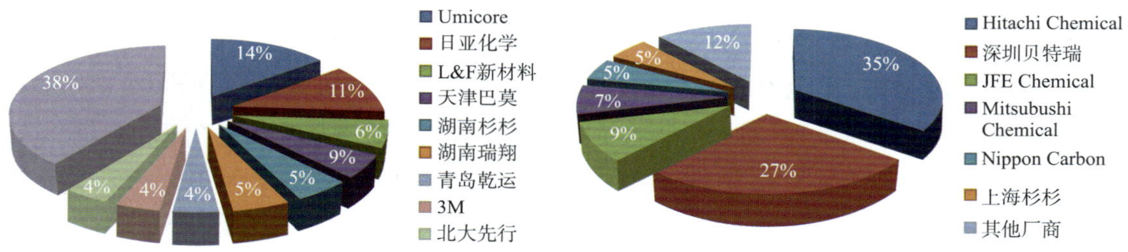

图 6-4　2012 年全球锂电正极材料主要生产企业市场份额

图 6-5　2012 年全球锂蓄电池负极材料市场份额

车用动力蓄电池负极材料主要包括碳系负极材料、钛酸锂、合金系负极材料。其中碳系负极材料又细分为天然石墨、人造石墨、中间相类石墨、石墨烯等，合金系负极材料包括硅类、锡类等。各种负极材料的对比分析如表 6-6 所示。

目前国内负极材料以人造石墨与天然石墨为主，市场份额接近 80%，中间相类石墨约占 18%，基本满足了能量型蓄电池的需求，钛酸锂、硬炭及合金负极材料也正在开展应用研究。据不完全统计国内负极材料生产企业已超过 40 家，多数以天然石墨与低端人造石墨为主，在低端领域展开竞争。

（3）隔膜。我国掌握了干法拉伸生产的国产化单层隔膜关键技术，实现了批量生产和销售，市场占有率和产品质量水平不断提高；掌握湿法生产隔膜关键技术，掌握并推广隔膜陶瓷涂层技术，推动国产隔膜在锂离子动力蓄电池中的应用。

（4）电解液。通过不断改进和提高，我国电解液产品质量已达到国际先进水平。目前国内蓄电池生产商电解液配套生产已基本实现国产化，只有少部分企业使用进口电解液。

国内多家生产企业年生产能力均在千吨级以上，涉及高、中、低端各个市场，可满足我国锂离子蓄电池生产的需要，并有部分出口。

几种典型负极材料性能对比　　表6-6

负极材料	负极材料细分	比容量（mA·h/g）	首次效率	循环寿命（次）	安全性	快充特征
碳系负极	天然石墨	340～370	90%	1 000	一般	一般
	人造石墨	310～360	93%	1 000	一般	一般
	中间相类石墨	300～340	94%	1 000	一般	一般
	石墨烯	400～600	30%	10	一般	差
钛酸锂	钛酸锂	165～170	99%	30 000	最高	最好
合金系负极	硅	800	60%	200	差	差
	锡	600	60%	200	差	差

作为锂离子蓄电池电解液所用电解质六氟磷酸锂原料，由于生产涉及低温、高温、真空、高压、耐腐、安全以及环保等方面的多种技术和要求，设备要求高，工艺难度大，我国少数企业掌握了批量生产关键技术，产能在快速提升中，产品质量可满足动力蓄电池电解液的生产需求。

2. 产业规模与聚集进展

在动力蓄电池产业化方面，我国初步具备了动力蓄电池基本生产装备设计制造能力，有竞争潜力的较大型蓄电池企业正在快速成长。据统计，2009年年底国内车用镍氢和锂离子动力蓄电池的年生产能力分别超过1.4亿W·h和9亿W·h，随着新能源汽车产业的发展，动力蓄电池企业对产业化的投入大大加强，截至2010年年底国内在动力蓄电池领域有近80亿元产业资金投入，形成了以珠江三角洲、长江三角洲以及京津地区三大区域为主的动力蓄电池产业集群带，并得到了中央和地方政府的大力支持。图6-6给出了我国动力蓄电池产业聚集与分布情况。表6-7为国内主流动力蓄电池企业产能情况的数据统计。表6-8和表6-9则分别统计了国内镍氢和锂离子动力蓄电池生产企业的产品技术。

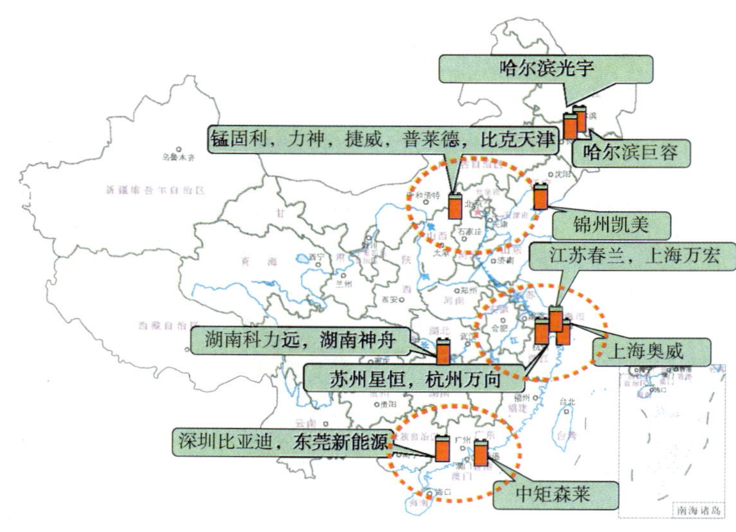

图 6-6　车用动力蓄电池产业聚集与分布情况

中国主流动力蓄电池企业产能情况统计（2010 年数据）　表 6-7

产品类别	企业名称	2010 年产能（亿 W·h）
锂离子动力蓄电池	天津力神	2
	比克国际（天津）	0.50
	天津捷威	0.5
	洛阳中航锂电	2.0
	深圳比亚迪	10
	哈尔滨光宇	4.0
	杭州万向	1.5
	中信国安盟固利	2.0
	苏州星恒	1.0
	上海航天电源	0.2
	小计	23.7
镍氢动力蓄电池	湖南科霸公司	0.12
	江苏春兰	1
	内蒙古稀奥科	0.78
	小计	1.9

国内镍氢动力蓄电池生产企业技术统计表　　表6-8

企业名称	蓄电池形状（代表产品）	外壳材料	应用领域
湖南科霸	方形（六连体）	塑料	HEV 轿车和客车
中炬森莱	D 型圆柱	不锈钢	HEV 轿车
湖南神舟	方形	塑料	HEV 客车
江苏春兰	方形	不锈钢	HEV 客车
内蒙古稀奥科	D 型圆柱	不锈钢	HEV 轿车
上海万宏动力	圆柱环形	不锈钢	HEV 轿车和客车
北京有色院	方形	塑料	燃料电池客车

国内锂离子动力蓄电池生产企业技术统计表　　表6-9

企业名称	材料体系（代表产品）	壳体形状	极片卷绕方式	蓄电池形状
比亚迪	磷酸铁锂/石墨	不锈钢	卷绕+叠片	方形
天津力神	磷酸铁锂/石墨	铝壳	卷绕+叠片	方形
深圳比克	磷酸铁锂/石墨 三元材料/石墨	铝壳 不锈钢	卷绕	圆柱形
哈尔滨光宇	磷酸铁锂/石墨	不锈钢	叠片	方形
天津捷威	磷酸铁锂/石墨	软包装	叠片	软包装
万向电动汽车	磷酸铁锂/石墨	软包装	叠片	软包装
北京盟固利	混合材料/石墨	软包装	叠片	软包装
苏州星恒	磷酸铁锂/石墨	铝壳	叠片	方形
中航锂电	磷酸铁锂/石墨	塑料	叠片	方形
上海航天电源	磷酸铁锂/石墨	不锈钢壳	叠片	方形
宁德新能源	磷酸铁锂/石墨	不锈钢壳	卷绕+叠片	方形
湖州微宏	三元/钛酸锂	不锈钢壳	卷绕	圆柱形
备注	各企业在开展代表产品批量生产的同时，积极开展技术创新，开展提升比能量、安全性和循环寿命的研究，提高性价比，推动国产材料和装备的应用。如各企业目前加强了对锰酸锂与三元混合材料、三元材料的研究，加强了对富锂材料的研究；加强了对钛酸锂材料、硅基材料的研究 应用领域以 EV 和 PHEV 领域为主，同时兼顾 HEV 领域			

第二节 电驱动系统

一、电驱动系统技术要求

用于新能源乘用车的电驱动系统（含主驱动电动机及驱动控制系统、变速单元等）较一般工业应用具有以下特殊要求。

（1）效率高；由于车载动力源储能有限，为了提高续驶里程，必须提高运行效率。

（2）体积更小，质量更轻；由于车内安装空间有限和汽车整备质量的限制，这要求电动机和驱动控制装置应具有尽可能小的空间尺寸和高的功率密度。

（3）要适应更苛刻的工作环境，耐撞击，耐振动和较大的工作温度范围。

（4）车用电动机要有更高的绝缘、防护以及抗振要求。大部分普通工业电动机多为室内使用，车用电动机一直在室外使用，环境多样、振动比较大。因此车用电动机的绝缘和防护要求较高，零部件的抗振能力也要较强。

（5）车用电动机要具有低速大转矩、宽调速范围内的恒功率，以及整个运行范围内的高效率特性。而普通工业电动机则主要要求额定效率高、起动转矩大及过载能力强。

（6）车用电动机由直流电源经逆变器供电，其外特性受电源电压、逆变器影响较大，谐波含量较高。而工业电动机的电源为电网，虽然有的经变频器供电，但输入电压相对比较稳定。

在不考虑主驱动电动机动态响应特性情况下，用于纯电动乘用车或者燃料电池乘用车的主驱动电动机理想机械输出特性如下：

（1）电动机具有四象限运行功能，驱动和发电模式下具有相同的机械特性曲线；

（2）转速 n 低于额定转速 n_{n}，电动机具有恒转矩输出能力；

（3）转速 n 处于额定转速 n_{n} 和最高转速 $n_{\max}$ 之间，电动机具有恒功率输出特性；

（4）电动机具有长时间持续输出功率和短时间峰值输出功率特性（3min 以内）；

（5）电动机具有效率场特性，其工作效率是输出转矩和输出转速的时间函数，即：$\eta_{\mathrm{m}}(t)=f(T_m(t),n_m(t))$；

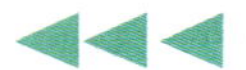

（6）电动机质量 m_m（包括电动机单元和电动机控制单元）与电动机功率可近似为线性比例关系，即：$m_m = P_p/d_m$，其中 d_m 为电动机质量功率密度，常用永磁同步电动机的质量功率密度 d_m 近似为 700～1 000W/kg。

电驱动系统的容量必须满足：

（1）能够满足汽车任何行驶工况的要求，满足车辆动力性要求；

（2）考虑电动机功率增加带来的整车质量增加（主要体现电动机本身总质量增加和对应能量存储单元质量的增加），从而增加整车驱动等效燃油消耗率；降低了整车等效燃油经济性水平；

（3）考虑电动机功率增加带来制动过程中的能量回收增加，从而降低了整车等效燃油消耗率；改善了整车等效燃油经济性水平；

（4）考虑电动机回馈制动控制策略，即考虑电制动系统和机械制动系统的优先级；

（5）满足车辆空间总布置要求；

（6）电动机功率增加带来的蓄电池回馈充电和驱动放电电流的增加；必须考虑蓄电池充、放电电流限制。

（一）电动机绝缘等级要求

电动机的绝缘等级是指其所用绝缘材料的耐热等级，分 A、E、B、F、H、C、N、R 级，见表 6-10。允许温升是指电动机的温度与周围环境温度相比升高的限度。

电动机的绝缘温度等级表　　表 6-10

绝缘的温度等级	A 级	E 级	B 级	F 级	H 级	C 级	N 级	R 级
最高允许温度（℃）	105	120	130	155	180	200	220	240
绕组温升限值（K）	60	75	80	105	125	135	150	170

电动机的绝缘温度等级分级如图 6-7 所示，由于车用电动机要适应极寒极热的环境、极端雨雪天气、较大颠簸的路况，因此其的绝缘等级一般在 H 级及以上。漆包线、绝缘纸、槽楔、绝缘漆、绑扎带、引线、绝缘套管等绝缘材料的绝缘等级也要求在 H 级及以上。

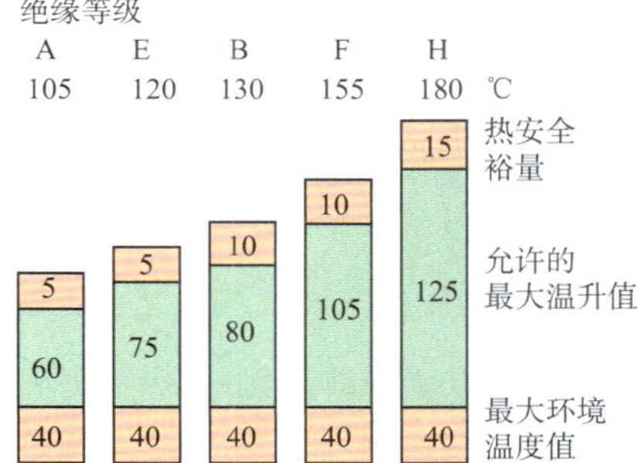

图 6-7　电动机的绝缘温度等级分级图

（二）电动机防护等级要求

IP（INGRESS PROTECTION）防护等级系统是由

IEC（INTERNATIONAL ELECTROTECHNICAL COMMISSION）所起草。将电器依其防尘防湿气之特性加以分级。这里所指的外物含工具，人的手指等均不可接触到电器内之带电部分，以免触电。IP 防护等级是由两个数字所组成，第 1 个数字表示电器防尘、防止外物侵入的等级；第 2 个数字表示电器防湿气、防水侵入的密闭程度，数字越大表示其防护等级越高。

第一个数字具体含义如表 6-11 所示。

防尘代号含义　　表 6-11

数字	防护范围	说明
0	无防护	对外界的人或物无特殊的防护
1	防止直径大于 50mm 的固体外物侵入	防止人体（如手掌）因意外而接触到电器内部的零件，防止较大尺寸（直径大于 50mm）的外物侵入
2	防止直径大于 12mm 的固体外物侵入	防止人的手指接触到电器内部的零件，防止中等尺寸（直径大于 12.5mm）的外物侵入
3	防止大于直径 2.5mm 的固体外物侵入	防止直径或厚度大于 2.5mm 的工具、电线及类似的小型外物侵入而接触到电器内部的零件
4	防止大于直径 1.0mm 的固体外物侵入	防止直径或厚度大于 1.0mm 的工具、电线及类似的小型外物侵入而接触到电器内部的零件
5	防止外物及灰尘	完全防止外物侵入，虽不能完全防止灰尘侵入，但灰尘的侵入量不会影响电器的正常运作
6	防止外物及灰尘	完全防止外物及灰尘侵入

第二个数字具体含义如表 6-12 所示。

防水代号含义　　表 6-12

数字	防护范围	说明
0	无防护	对水或湿气无特殊的防护
1	防止水滴侵入	垂直落下的水滴（如凝结水）不会对电器造成损坏
2	倾斜 15°时，仍可防止水滴侵入	当电器由垂直倾斜至 15°时，滴水不会对电器造成损坏
3	防止喷洒的水侵入	防雨或防止与垂直的夹角小于 60°的方向所喷洒的水侵入电器而造成损坏
4	防止飞溅的水侵入	防止各个方向飞溅而来的水侵入电器而造成损坏

续上表

数字	防护范围	说　明
5	防止喷射的水侵入	防止来自各个方向由喷嘴射出的水侵入电器而造成损坏
6	防止大浪侵入	装设于甲板上的电器，可防止因大浪的侵袭而造成的损坏
7	防止浸水时水的侵入	电器浸在水中一定时间或水压在一定的标准以下，可确保不因浸水而造成损坏
8	防止沉没时水的侵入	电器无限期沉没在指定的水压下，可确保不因浸水而造成损坏

二、电动机类型

新能源汽车电驱动单元中的主驱动电动机与驱动控制系统，按所使用的电动机需要输直流电流或交流电流可以分为直流电动机驱动系统和交流电动机驱动系统[36]。

对于直流电动机驱动系统，驱动控制器比较简单，它仅需要根据汽车的运行工况，控制电动机所需电功率的大小及流向便可方便地控制电动机输出的机械转矩。然而由于直流电动机结构复杂和需要经常维护的特点，导致电动机体积和质量都较大，造价和运行成本都较大。因此在新能源汽车中基本不采用这类电动机与驱动控制系统。

对于交流电动机驱动系统，电动机需要交流电流供电，故驱动控制器还需将直流动力源提供的直流电流转化为电动机需要的交流电流，同时根据汽车运行工况控制电动机所需电功率的大小及流向，以控制电动机的输出转矩。因此驱动控制器结构比较复杂，装置的造价成本较高。但交流电动机本身结构简单，坚固性好，可以高速运行，工作效率高，几乎不需维护。相同的容量与直流电动机相比，体积和质量可降低20%～30%。其性能，以现有的控制技术完全可以与直流电动机控制系统相媲美。除少数国内低速纯电动汽车采用直流电动机，国内主流整车企业开发的新能源汽车均采用交流电动机。

对于交流电动机及其驱动控制系统，根据交流电动机形式的不同还可分为：异步电动机、永磁同步电动机、永磁无刷电动机和开关磁阻电动机。

采用矢量控制的异步电动机驱动系统，因其电动机结构简单、坚固且控制性能优良，已在新能源汽车中被广泛采用。

永磁同步电动机与永磁无刷电动机因具有高功率密度和高运行效率，体积小，质量轻等突出特点被认为在电动车中具有最好的应用前景。

开关磁阻电动机结构非常简单，坚固，起动性能好，效率也较高，兼具有异步电动机和直流电动机调速的特点，是极具潜力的驱动方式；但技术目前尚不完全成熟，还需解决低速转矩脉动和噪声问题。

表 6-13 给出了电驱动单元的主驱动电动机及其控制系统的技术指标。

电动汽车电动机及驱动控制系统技术性能比较 表 6-13

技术性能 \ 类别	直流电动机	无刷直流电动机	开关磁阻电动机	永磁同步电动机	交流异步电动机
峰值效率（%）	85～89	95～97	90	95～97	91～94
10% 负载时效率（%）	80～87	73～82		90～95	93～94
最高转速（r/min）	4 000～6 000	4 000～10 000	>15 000	9 000～13 000	9 000～15 000
控制单元相对成本	1.0	3.7～6.0	4～10	<2.5	2.5～3.0

（一）电动机主要组成

电动机主要由定子和转子两大部分组成，定子与转子中间是气隙。此外，还有端盖、轴承、速度传感器、温度传感器等部件。

定子部分由机座、定子铁芯和定子绕组 3 个部分组成。定子铁芯是电动机磁路的一部分，装在机座里。定子绕组放置在定子铁芯槽内。

对于交流异步电动机，转子部分由转子铁芯、转子绕组和转轴组成；对于永磁同步电动机，转子部分由转子铁芯、永磁体和转轴组成。

（二）永磁同步电动机

永磁同步电动机是一种常用的交流电动机。作电动机运行时，转子由永磁体励磁，定子通三相交流电，产生旋转磁场，带动转子同步转动。作发电机运行时，转子由永磁体提供励磁磁场，由外部机械力带动转子转动，其转动方向与电磁转矩方向相反，定子绕组中产生感应电动势，然后输出电压。

（三）交流异步电动机

交流异步电动机（也叫感应电动机）是一种常用的交流电动机，可用作电动机和发电机。异步电动机的原理主要是在定子中通入三相交流电，使其产生旋转磁场。转子导体切割磁力线，根据电磁感应原理，转子导体中产生感应电动势和感应电流，转子导体在磁场

中受到电磁力的作用，即产生电磁转矩，使转子旋转起来，转子对外输出机械能量，带动机械负载旋转起来。当转子转速高于旋转磁场的转速时，即作为发电机运行。

（四）开关磁阻电动机

开关磁阻电动机是一种新型调速电动机，利用“磁阻最小原理”——磁通总是要沿磁阻最小的路径闭合，因磁阻转矩而产生切向磁拉力。

图6-8所示为一个开关磁阻电动机原理示意图。当A相定子绕组通电励磁时，所产生的磁力则力图使转子旋转到转子极轴线与定子极轴线重合的位置，以使A相励磁绕组的电感最大、磁阻最小。B相定子绕组和C相定子绕组依次通电励磁，于是电动机转子便逆时针旋转。

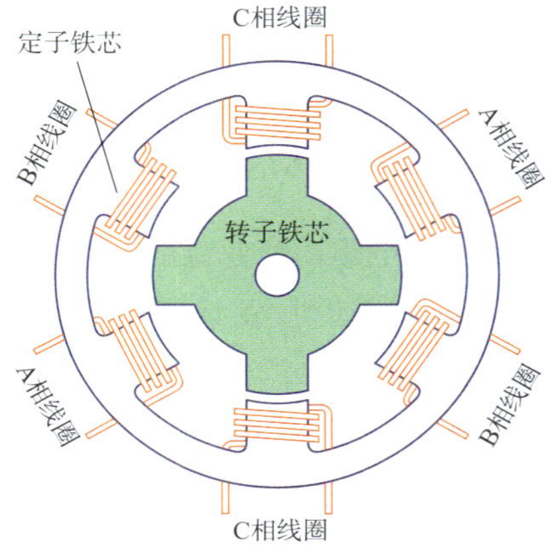

图6-8　开关磁阻电动机原理示意图

三、同步电动机和异步电动机基本区别

同步电动机与异步电动机的最大区别就在于它们的转子旋转速度是不是与定子旋转磁场速度一致，如果转子的旋转速度与定子旋转磁场速度是一致的，那就叫同步电动机；如果不一致，就叫异步电动机。

同步电动机和异步电动机之间有这样的区别，最根本的原因其实就是转子有没有加励磁（永磁体也是一种励磁）。不加励磁为异步，因为只有产生相对运动了，才会有切割磁感线的作用（或者说是磁通变化），才会产生电磁感应力。而加了励磁，转子就可以看作一块磁铁，有固定的N和S极，会随着旋转磁场同步转动，所以称同步电动机。

四、电驱动系统关键技术

车用电动机是三大核心零部件之一。秉承“整车牵头，关键零部件协同发展”的理念，基于工业电动机设计理论和方法，综合考虑汽车行驶工况、动力系统构型和整车技术设计对车用电动机提出的新技术要求，融合电力电子控制技术，我国车用电动机设计与制造经历了产品概念设计，关键材料、关键器件、电动机本体及控制单元的研发，车用电动机工程化和产业化研发等重要阶段，截至2011年年底，我国已掌握面向大规模产业化或大规模商业化示范运行需求的车用电动机核心技术，产品在综合性能、可靠性、耐久性已基本满足整车要求，产品系列化、成本控制、产能建设和面向下一代纯电驱动系统技术攻关，成为“十二五”时期重要任务；我国形成以具有传统整车及零部件生产经验的汽车企业、具有其他领域电动机生产经验的企业和专门针对电动汽车成立的电动机企业三类力量为主体的市场格局。

五、电驱动系统技术进展

我国电驱动产业链上下游企业，通过自主创新，在诸如无取向硅钢研发、双电动机混动系统、电动机/发动机/变速器一体化车用动力总成系统、电驱动机械式自动变速器(AMT/EMT)、车用电动机转子位置传感器、永磁磁阻等核心技术研究中取得相应突破，我国永磁同步电动机、交流异步电动机、开关磁阻电动机和永磁磁阻电动机产品实现了系列化，功率范围覆盖300kW以下民用范围，电动机质量比功率超过1300W/kg，最高效率达到96%，部分产品的性能指标已经达到世界领先水平；AMT自动变速器、行星排变速器等传动或动力分流单元已经实现产业化，并率先在商用车上规模应用。

（一）电驱动系统关键技术取得突破

我国已经开发出以异步感应电动机（IM）、永磁同步电动机（PMSM）、开关磁阻电动机（SRM）、永磁磁阻电动机为代表的车用电动机产品，并同步对新原理的电动机系统，如基于双机械端口电动机的电力无级变速系统、混合励磁电动机系统等进行了探索；对诸如电动机/发动机/变速器集成一体的动力传动单元中的机械、电磁和热管理进行一体化设计、多目标综合设计，对同轴转矩叠加强混双电动机系统进行研究，对基于行星排的混动系统进行设计和产品开发，对电驱动系统用高性能机械式自动变速器（AMT/EMT）进行工程化开发和产业化，我国企业电驱动系统自主研发的能力和水平显著提高。

集成一体化车用动力总成系统的快速发展，不仅有利于减小系统的质量和体积，还可有效降低制造成本，其中如电驱动机械式自动变速器（EMT）既具备AMT的高效、经济性能，又具备DCT的换挡动力中断时间短的特性，利用电动机“零速”控制功能和一挡变速器大传动比特性，使车辆在停车和起步时可保持“零位移”功能；利用电动机带动车辆起步，极大降低了混合动力系统中离合器的磨损程度，提高了换挡平顺性。图6-9为集成一体化车用动力总成系统。

在电动机驱动系统产业化集成研究过程中，推出了与混合动力发动机配套的集成式水冷助力电动机—发电机控制系统、与减速机集成的牵引电动机控制系统、在电动机和控制器两方面均拥有自主知识产权的微混电动机系统（BSG 系统）等，企业掌握了与发动机一体的永磁发电机技术及其应用策略、整车电器一体化技术、驱动电动机和减速器一体化技术、电源电压波动条件下的动力输出策略等多项关键核心技术，其中第一代强混合动力双电动机系统更是填补了国内在喷油直冷、与变速器集成双电动机领域的空白。图 6-10 为混合动力车用电动机。

图 6-9　集成一体化车用动力总成系统

图 6-10　混合动力车用电动机

最后，我国车用电动机产品制造工艺日臻完善。“十五”、“十一五”期间，国内企业在车用电动机及控制器的制造工艺研究方面取得重要创新，对如大功率模块安装工艺、ESD 防护技术、PCBA 单板调试技术、IPU 在线测试技术、拼块式铁芯、高密度绕线技术和整体充磁技术等几十项工艺进行了全面优化。在生产过程中，主要车用电动机产品生产企业均通过了 TS 16949 质量管理体系认证，从质量目标确定到相关的质量策划、控制、保障和改进都完全按照国际标准实施。在供应链管理方面，全面导入 Approved Vendor List（AVL）供应商管理系统，不仅规范了企业内部生产、品保、采购各部门的作业，还可对供应商进行实时的考核和评估，为最终产品的品质提供了有力的保障。经过 10 年的发展，车用电动机产品为整车企业提供产品配套的能力显著增强，截至“十一五”末，我国已拥有 30 万套动力总成产品的配套能力，并为国外一线汽车企业提供多款极具竞争力的驱动电动机产品。此外，主要生产企业仍在通过多种渠道筹集资金进行生产能力建设，以期能在“十二五”期间能够占据更多的市场份额。表 6-14 为国内电动机及其控制系统主要生产企业的“十二五”产能规划。

国内电动机及其控制系统主要生产企业“十二五”产能规划　　表6-14

产品类别	企业名称	2010年产能（台套）	“十二五”产能规划
电动机及其控制系统	中山大洋电机	5 000	募集近12.2亿元用于投资新能源动力及控制系统产业化项目（预计年产能30 000台）、新能源动力及控制系统研发及中试基地建设项目、驱动起动电动机（BSG）及控制系统建设项目（预计年产能1 000 000套）、大功率IGBT及IPM模块封装建设项目
	湖南南车时代	5 000（客车）	2010年3月，南车集团与曙光股份签订合资合作意向协议，共同打造节能与新能源客车、乘用车生产基地，将在南车时代电动汽车产业化基地一期工程的基础上，两年内形成具有年产10 000台以上新能源客车整车及年产20 000套电动机驱动系统等关键零部件的产业化基地
	北京中纺锐力	3 000	现有科研生产基地4 000m^2，并配套了国内第一条SRD（开关磁阻电动机调速系统）控制器专用生产流水线，到2010年年底产能预计达到5 000套/年
	上海电驱动有限公司	50 000	2009年形成一条电动机系统柔性装配线，2009年年底具备1.2万台套产能，2010年具备5万台套产能，2011年达到10万台套产能
	北京精进电动	50 000（2011年产能）	利用插电混合动力汽车在美国市场突飞猛进的发展机遇，成功赢得美国新兴电动汽车公司Fisker Automotive的150kW功率级发电机和驱动电动机的产业化项目，产品成功用于“Karma”插电混合动力高性能跑车。计划投入亿元资金，在国内率先建立一条现代化高性能电动机生产线，2011年初开始为该款车型批量配套电动机并出口，预计每年生产50 000台电动机
	天津清源	50 000	2008年6月建立国内第一条柔性动力总成生产线，生产车间总占地面积1 152m^2，2010年年底，动力总成生产车间已具备年产50 000台套电动机控制器的生产能力

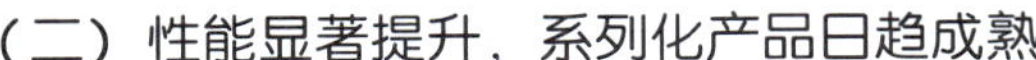

（二）性能显著提升，系列化产品日趋成熟

目前已形成了完整的系列化产品型谱。

（1）轻/中度混合动力轿车用 ISG 系统，如杰勋 ISG 混合动力轿车等；

（2）强混合动力车用双电动机系统，如蓝鸟风行混合动力轿车，奔腾强混合动力轿车等；

（3）纯电动、燃料电池车用电动机驱动系统，如主流纯电动汽车和燃料电池乘用车等；

（4）客车用大功率双电动机系统，如申沃混合动力客车、解放牌混合动力客车、宇通混合动力大客车等；

（5）客车用大功率驱动电动机系统，如五洲龙、南车时代电动、宇通客车生产混合动力客车用电动机。

产品系列覆盖 7 ~ 200kW 的全部功率范围，与“十五”初期相比，车用电动机产品的性能指标得到显著提升，如采用非晶金属取代矽钢片材料，电动机实现高频化运行，铁损仅为原来的 1/3 ~ 1/5，效率可提高到 98%，功率密度超过传统电动机 2 倍，达到世界领先水平；批量生产的 90kW 车用牵引电动机峰值转矩达到 210N · m，系统最高效率超过 93%；开关磁阻电动机噪声较“十五”初期降低了 12%，实现 10r/min 满载稳定运行，电动机额定温升降低 25K，堵转转矩提高 26%；大功率永磁同步电动机体积减小 10%，质量降低 15%，温升降低 10K，均已达到国际先进水平。

与技术研发阶段不同，10 年来国内企业从工程化开发角度出发，对产品可靠性重视程度日益提高，结合 TS 16949 质量体系认证工作，采取科学的产品开发控制方法，对车用电动机产品进行了潜在失效模式及后果分析（FMEA），开展了包括环境适应性研究、可靠性预测及优化设计、耐久性快速评估方法、平均故障间隔里程指标测算等在内的多项关键课题研究，显著降低了电动机产品的故障率。

以“十城千辆”节能与新能源汽车示范推广试点工程为契机，车用电动机产品的可靠性通过实车得以验证，如东风 EQ6110HEV 混合动力城市公交车的平均故障间隔里程从最初的 3 500km 提升至 10 547km，累计运行近 2 000 万 km；南车时代开发的 1 700 多套各类电动客车驱动电动机系统，单台车最长运行里程数已超过 35 万 km，运行总里程数达到近 4 000 万 km；蓝鸟风行混合动力轿车配套的强混车用双电动机系统，至今已完成 10 万 km 道路试验，日趋成熟的系列产品为新能源汽车的产业化奠定了坚实的基础。

（三）携手行业上下游，推动产业链快速升级

随着车用电动机产品的生产规模不断扩大，有效调动起产业链上下游企业的技术创新

与生产积极性，在国内出现了多个新能源产业基地，产品涉及磁性材料、硅钢片、漆包线、功率模块、车用电动机转子位置传感器等，业已形成诸多地方新的经济增长点。

第三节　变速器技术

一、变速器功能

汽车之所以需要变速器，是由发动机的工作特性决定的。发动机具有转速高、转矩小以及转速与转矩变化范围小等特性，而汽车在使用上要求牵引力和车速能在相当大的范围内变化。为保证汽车能在不同的使用条件下正常行驶，并具有良好的动力性和经济性，在传动系中需设置变速器。它的功能如下：

1）减速增矩

扩大发动机输出转矩、转速的变化范围，使发动机在高效的工况下工作，并满足汽车行驶驱动力需要。

2）车辆倒车

发动机运转方向不变情况下，实现倒车。

3）动力中断

利用空挡，实现发动机空转，中断动力传递，满足汽车短暂停车和滑行等工况的需要。

二、变速器类型

按操纵方式的不同，汽车变速器可分为手动变速器和自动变速器两种。汽车最初普遍采用的是手动变速器，驾驶员需要直接操纵换挡手柄和离合器踏板以完成换挡。而自动变速器取消了离合器踏板，传动比选择是根据换挡控制参数控制相应的执行元件自动完成的，驾驶员只需控制加速踏板以控制车速。

（一）手动变速器

图 6-11 所示为平行轴式手动变速器。手动变速器主要由壳体、传动组件（输入输出

轴、齿轮、同步器等）和操纵组件（换挡拉杆、拨叉）等组成。

图6-12所示为五挡手动变速器结构示意图。手动变速器必须用手拨动换挡杆，通过换挡拨叉，操纵同步器与各挡位从动齿轮啮合。发动机的动力通过输入轴，经过中间轴，间接传递至输出轴。

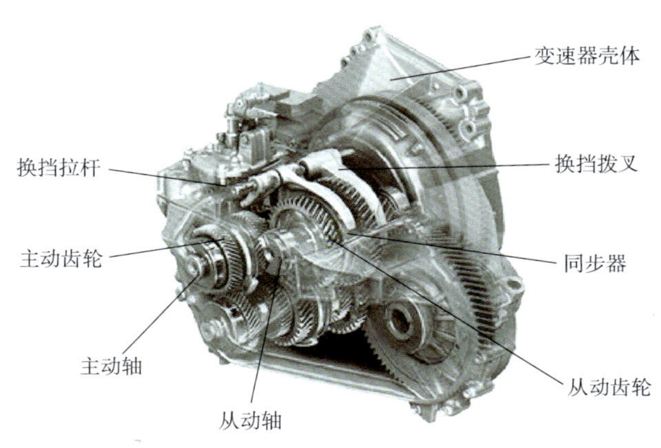

图6-11　手动变速器构造图

同步器可以保证接合套与待接合的齿圈达到同步（等速）以后再换挡，简化了换挡动作，避免了齿间冲击和噪声。常用的同步器有锁环式和锁销式同步器两等。锁环式同步器应用较广，主要由接合套、花键毂、锁环等元件组成，如图6-13所示。接合套移动选挡时，滑块推动锁环运动，当锁环的内圆锥面与输入轴常啮合齿轮齿圈的外圆锥面接触后，在摩擦力矩的作用下，两者同步旋转。结合套先与同步锁环齿圈啮合，后与换挡齿轮的齿圈啮合，完成换挡过程。图6-14所示为同步器工作原理示意图。

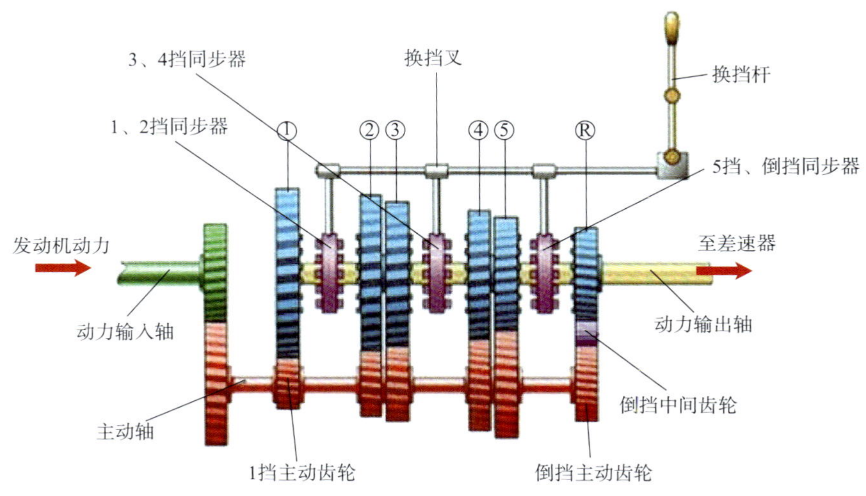

图6-12　五挡手动变速器结构示意图

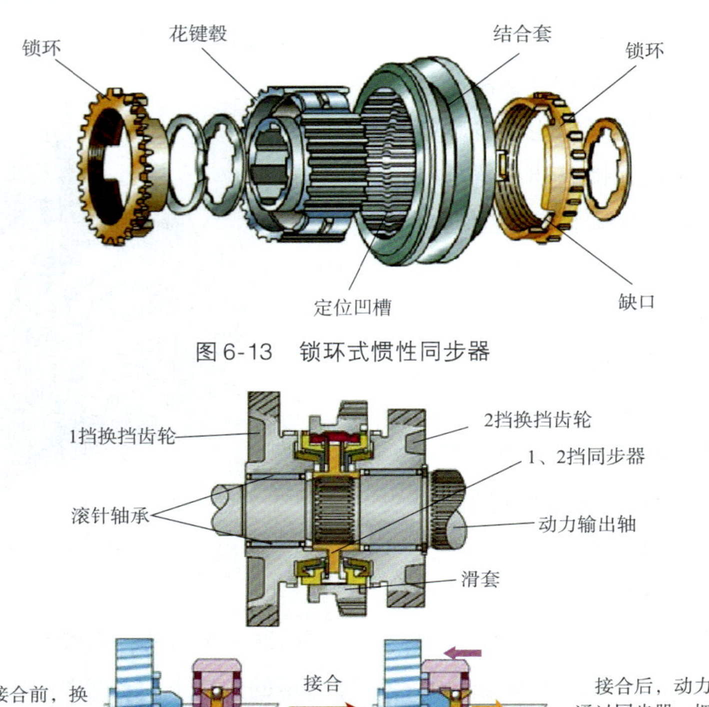

图 6-13　锁环式惯性同步器

图 6-14　同步器工作原理示意图

（二）自动变速器

自动变速器能够根据采集汽车运行状况和驾驶员意图的传感器信号，分析确定换挡点，输出换挡指令，通过电磁阀等控制换挡执行元件，使得机械变速机构组成不同传动比的动力传递路线，实现自动换挡过程。

电子控制技术的出现使得自动变速器可根据具体的行驶工况进行补偿调节。有些变速器类型有一个由驾驶员控制的模式开关。不同的驾驶模式包括正常模式、运动模式、经济模式、雪地模式和手动换挡模式。

正常模式用于常规行驶。运动模式对加速踏板的动作更加敏感，较早的降入低挡，而较晚的换入高挡，以获得更好的加速性能。经济模式能提供最佳的燃油消耗和排放。雪地模式使得在松软或易滑动的路面上行驶时，车辆以 2 挡起步并在较低转速下换入高挡，减少轮胎打滑。在手动模式下，变速器电控单元结合当前车辆的运行状况和驾驶员操纵意图，在进行安全分析和处理后，决定是否执行驾驶员的换挡意图。

如果自动变速器的电子设备因任何原因而失效，系统设计会保护变速器。动力传动控制模块在几乎所有汽车运行工况下连续不断地收集信息，当发动机或变速器的性能未能达到要求性能时，它能检测出来，如果性能差到一定程度，它就会在其记忆中存储一个诊断问题代码（DTC）。

自动变速器可分为机械式自动变速器 AMT（Automated Manual Transmission）、液力自动变速器 AT（Automatic Transmission）、无极自动变速器 CVT（Continuously Variable Transmission）和双离合自动变速器 DCT（Dual Clutch Transmission）4 类。

1. 机械式自动变速器

机械式自动变速器基于传统的手动变速器的结构，加装变速器电脑控制的自动换挡操纵结构，以实现换挡的自动化 。图 6-15 为典型的机械式自动变速器。

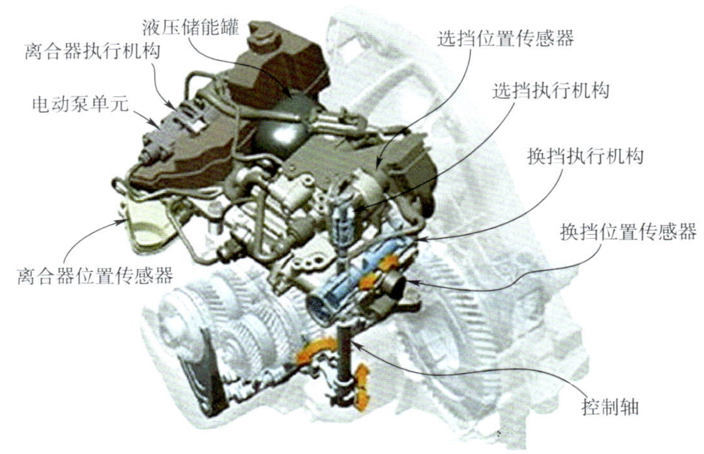

图 6-15 典型机械式自动变速器

1）机械式自动变速器分类

按照执行机构动力源的不同，AMT 的选换挡系统可以分为电控气动，电控液动和电控电动（全电式）3 种类型。

（1）电控气动 AMT。只在大型或重型车辆等特殊场合使用。一般车辆由于没有气动装置，故不采用电控气动选换挡系统。

（2）电控液动 AMT。电控液动选换挡系统具有能量容量大、操纵简便、易于实现安全保护、具有一定的吸振和吸收冲击的能力，以及便于空间布置等优点。但液压元件对加工的精度要求非常高，高速电磁阀的造价也较高。

（3）电控电动 AMT。电控电动选换挡系统取消了液压系统，结构相对简单，质量更轻。但小功率低压直流电动机调速能力有限，很难保证高的起步换挡品质。需要加装结构复杂的减速器和机械助力装置。

2）离合器控制

变速器控制单元（TCU）检测离合器位置传感器信号，结合当前车辆的运行工况，通过离合器电磁阀的动作，来实现离合器位置的精确控制。图 6-16 所示为离合器控制示意图。

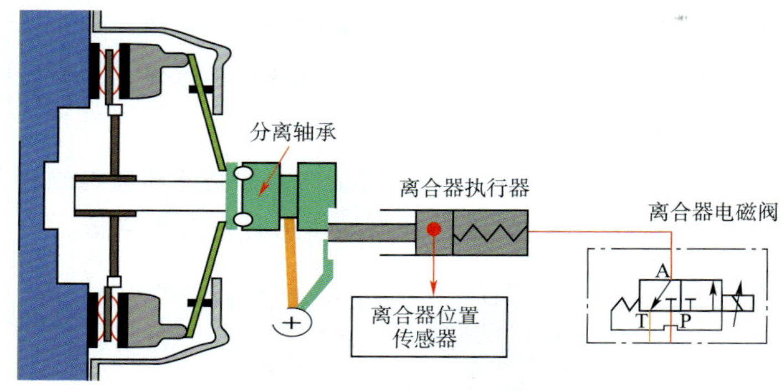

图 6-16　离合器控制示意图

3）选换挡控制

选挡位置传感器和换挡位置传感器分别检测变速器当前所在的挡区和挡位位置，变速器控制单元控制选挡电磁阀和换挡电磁阀，操纵对应的选挡执行机构和换挡执行机构，进而完成目标挡位的选换挡动作。图 6-17 所示为选换挡控制示意图。

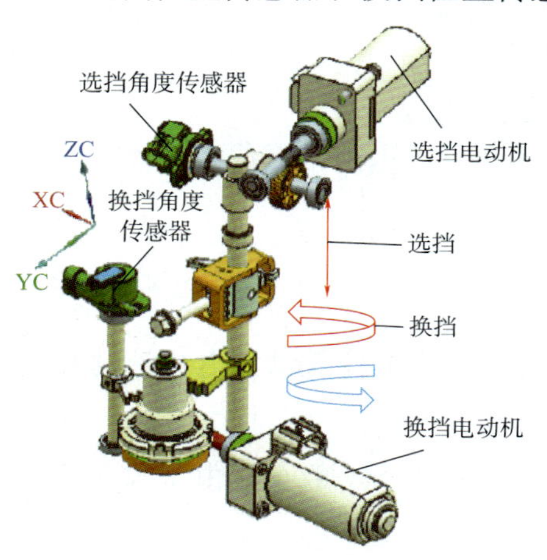

图 6-17　选换挡控制示意图

2. 液力自动变速器 AT

液力自动变速器主要由液力变矩器、机械式变速器（一般多采用行星齿轮系统）和电子液压控制单元 3 部分组成。

1）液力变矩器

液力变矩器由泵轮、定叶轮（导轮）、涡轮以及锁止离合器组成，如图 6-18 所示。液力变矩器使发动机与变速器之间形成“柔性”连接，减少了传动机构的动态负荷，有助于延长发动机和变速器的使用寿命。当车速超过一定速度时，采用

锁止离合器将发动机与变速机构直接连接，这样可以减少燃油消耗。

液力变矩器在一定范围可实现无级变速和减速增矩的功能，变矩器导轮的工作方式如图 6-19 所示，具体如下：

（1）导轮固定，改变液流方向。

当汽车行驶阻力增大时，涡轮转速低于泵轮转速，从涡轮流入导轮的油液方向与泵轮旋转方向相反，导轮对油流起反作用，达到增矩作用，克服增大的阻力。

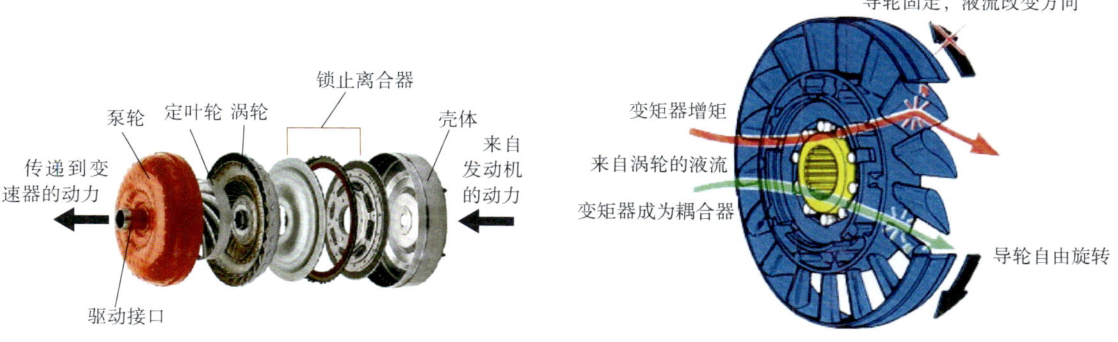

图 6-18　液力变矩器结构

图 6-19　液力变矩器导轮工作方式

（2）导轮自由旋转，液流方向不变。

当汽车行驶阻力减小时，涡轮转速提高与泵轮转速接近，此时从涡轮流入导轮的油液方向与泵轮旋转方向趋于一致，导轮开始自由旋转以减少阻力。

2）行星齿轮机构

液力自动变速器多采用结构紧凑的行星齿轮变速器。行星齿轮机构由多个行星排和若干个换挡元件组成。自动变速器电控单元发出换挡指令，通过固定换挡元件或者放松行星变速机构的某一构件，改变动力传递路线，从而获得不同的传动比，实现变速功能。图 6-20 所示为行星齿轮机构。

3）电子液压控制单元

液力自动变速器的电子液压控制单元由传感器、电控单元、换挡电磁阀、油压调节电磁阀等组成。

通过动力传动控制模块（PCM）接收来自汽车上各种传感器的电子信号输入，根据汽车的使用工况对这些信息处理来决定液力自动变速器运行工况。动力传动控制模块给执行机构发出指令控制下列功能：

(1) 变速器的升挡和降挡。一般通过操纵一对电子换挡电磁阀在通/断两种状态中转换。

(2) 变速器换挡感觉。通过电控压力控制电磁阀 PCS（Pressure Control solenoid）用以调整管路油压。

(3) 变矩器锁止离合器 TCC（Torque Converter Clutch）。结合和分离时间，以及某些应用场合变矩器锁止离合器接合感觉：通过变矩器离合器控制电磁阀（按应用场合可能不止一个电磁阀）。

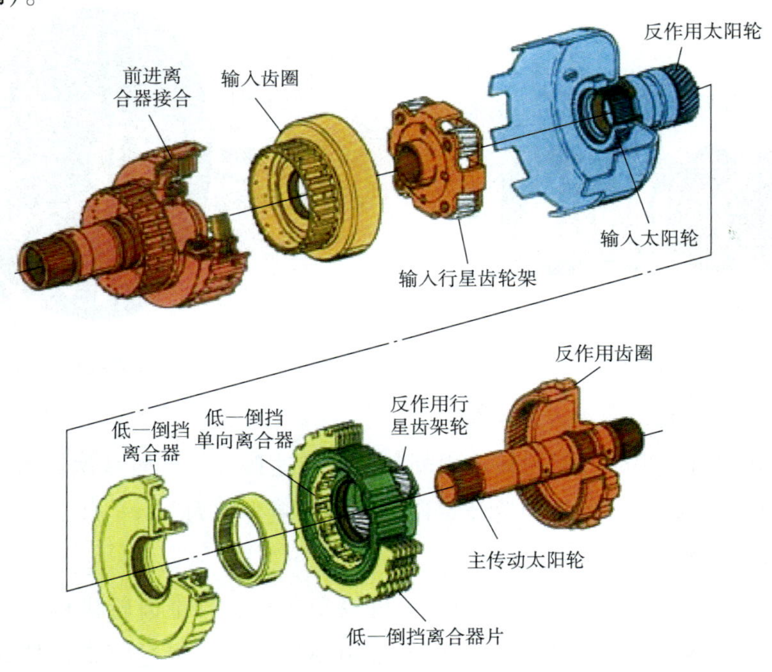

图 6-20　行星齿轮机构

变速器的这些工作特性的电子控制，能按照汽车的运行工况提供稳定和精确的换挡点（时间）和换挡品质。

电子控制自动变速器使用两个换挡电磁阀（1—2 挡和 3—4 挡，有时称为 A 和 B）来控制变速器的换挡规律。动力传动控制模块操纵换挡电磁阀组成“通”和“断”的不同次序组合来控制换挡阀的 1—2、2—3 和 3—4 挡位置。动力传动控制模块改变一个电磁阀的通/断状态来使变速器自动换入不同挡位。图 6-21 所示为换挡电磁阀示意图。

换挡感觉指的是离合器和制动带的接合速度。换挡感觉是通过调整管路油压来控制的。动力传动控制模块通过压力控制电磁阀（PCS）来控制自动变速器管路油压。记住蓄能器和带量孔的止回球阀也帮助“微调”自动变速器换挡感觉。

较高的管路油压提供更快的离合器或制动带的接合，这也称为牢固接合。在较高速度时需要牢固的接合，在急加速或发动机负荷增加时可以防止离合器接合后打滑。图6-22所示为锁止离合器油压控制。

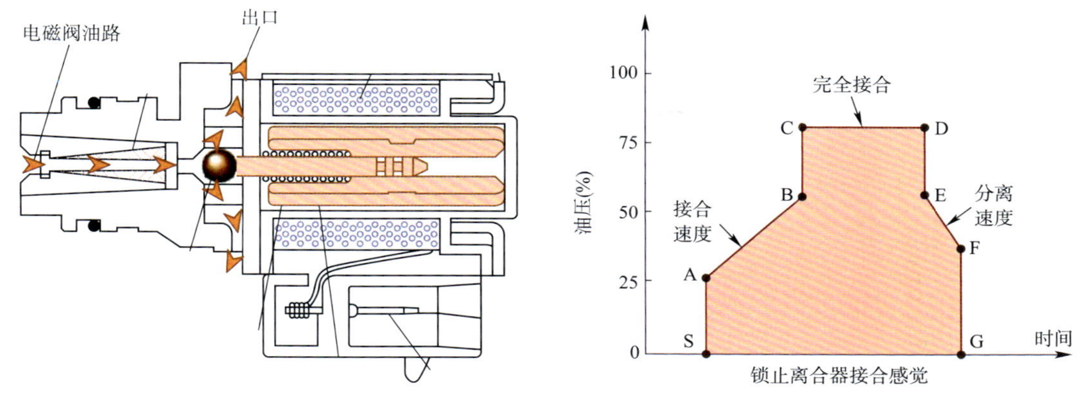

图6-21　换挡电磁阀工作示意图

图6-22　锁止离合器油压控制

3. 无极自动变速器CVT

无极自动变速器主要由钢带和带轮机构、液力变矩器、行星齿轮机构和电子液压控制单元组成，CVT变速器结构如图6-23所示。

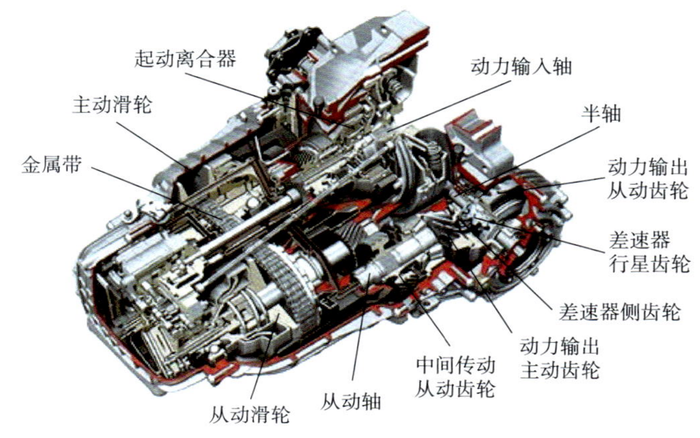

图6-23　CVT变速器结构

1）钢带和带轮机构

CVT 变速器采用钢带和带轮机构作为主变速机构，由两组带轮（主动轮与从动轮）和钢带组成。带轮内侧锥形面构成的 V 形槽与钢带接触（啮合点）。通过油压控制主动轮和从动轮的夹紧与放松，来改变带轮内侧锥形面与钢带啮合点的工作直径，从而改变传动比。图 6-24 所示为 CVT 带轮控制机构。

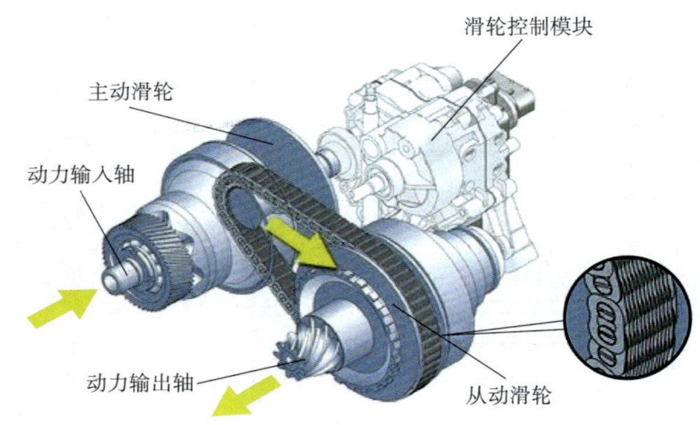

图 6-24　CVT 带轮控制机构

2）液力变矩器

液力变矩器放大发动机的转矩传递给 CVT，使起步更加迅速。当车速达到设定的速度时，泵轮和涡轮锁止，传动效率达到 100%。此外，液力变矩器也可缓解来自发动机与路面的冲击力，延长传动组件的使用寿命。图 6-25 所示为液力变矩器的工作原理。

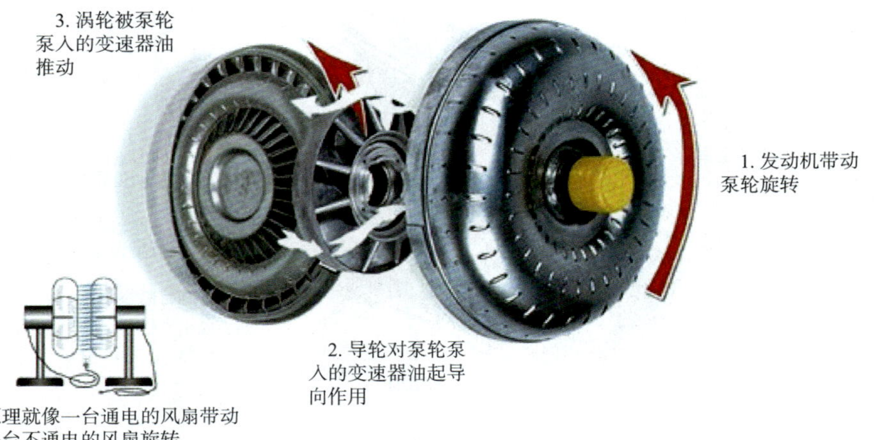

图 6-25　液力变矩器工作原理

3）行星齿轮变速机构

传统的 CVT 由不断变化直径的主、从动带轮以及钢带的运转来获得不同的传动比。传动比和动力传递效率与带轮的直径密切相关，而带轮的直径和钢带的长度直接影响到变速器体积。

新型 CVT 为使变速器体积减小后，还能保证较大的传动比，在原有系统结构的基础之上，加入了一套行星齿轮变速机构作为 CVT 的副变速机构。

4）电子液压控制

（1）变速比变换控制。在主动带轮和从动带轮上各有一个压力缸和分离缸。压力缸表面积很大，用于保证低压时带轮与钢带间的正常接触压力。通过电磁阀调节分离缸内的油压，可以调整变速比。

（2）接触压力控制。接触压力过高会降低传动效率，过低则钢带会打滑，损坏带轮和钢带。通过转矩传感器监控实际转矩，并建立起压力缸的正确油压。

（3）液力换挡控制（增速与降速）。当控制压力低于设定值时，调节压力通过减压阀传递到主动带轮的分离缸，同时从动带轮的分离缸与变速器油底壳接通，朝增速方向进行变速。

当控制压力高于设定值时，调节压力通过减压阀传递到从动带轮的分离缸，同时主动带轮的分离缸与变速器油底壳接通，朝减速方向进行变速。

4. 双离合自动变速器 DCT

双离合自动变速器主要由双离合器模块、平行轴式齿轮箱和电控单元组成，如图 6-26 所示。

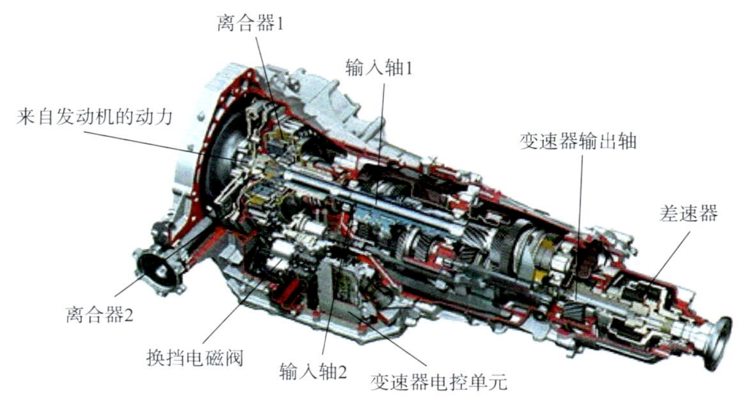

图 6-26　双离合自动变速器

双离合自动变速器有 2 个同心的输入轴，输入轴 1 空套在输入轴 2 里面。输入轴 1 与离合器 1 相连，对应奇数挡和倒挡；输入轴 2 与离合器 2 相连，对应偶数挡。奇数挡行驶时，离合器 1 接合，汽车动力经输入轴 1 传递至输出轴；与此同时，预选的偶数挡齿轮已经接合，但此时离合器 2 是分离的，偶数挡并没有传递动力；需要换挡时，电控系统控制离合器 1 逐渐分离，离合器 2 逐渐接合，输入轴 1 和输入轴 2 共同传递动力至输出轴；当离合器 1 完全分离，离合器 2 完全接合后，汽车以偶数挡行驶，汽车动力经输入轴 2 传递至输出轴。图6-27所示为 6 速双离合变速器原理简图。双离合自动变速器基于手动变速器，电控系统控制两个离合器交替工作，不间断地输出动力，解决了 AMT 换挡出现动力中断的缺点。

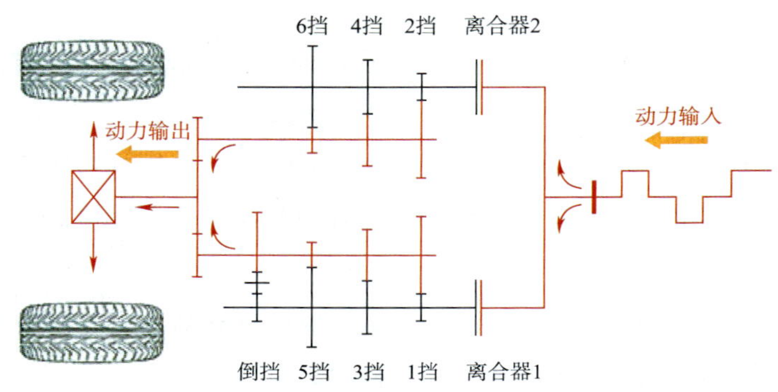

图 6-27　6 速双离合自动变速器工作简图

1）双离合器模块

按照双离合器模块的不同，DCT 通常又可分为干式双离合自动变速器和湿式双离合自动变速器。

图 6-28 所示为干式双离合器模块，K1 离合器和 K2 离合器轴向并排布置，两组分离杠杆分别控制对应的离合器的分离与接合。与传统的手动变速器类似，采用膜片弹簧干式离合器，这使得干式双离合器模块的传动效率高、结构简单、调整方便，且不需要辅助动力，因此成本相对较低。但由于没有液压油冷却，与湿式离合器相比，干式离合器传递的转矩较小。

图 6-29 所示为湿式双离合器模块，一大一小两组同轴的多片离合器，安装于一个充满液压油的封闭油腔里。与干式离合器相比，湿式离合器的压力分布均匀，传递转矩容量

大，磨损小且摩擦片间隙无须专门调整。但湿式离合器在分离状态时，离合器摩擦片间的液压油会产生较大的摩擦阻力，造成传动效率比干式离合器低，且在工作时，需要辅助的液压动力源。

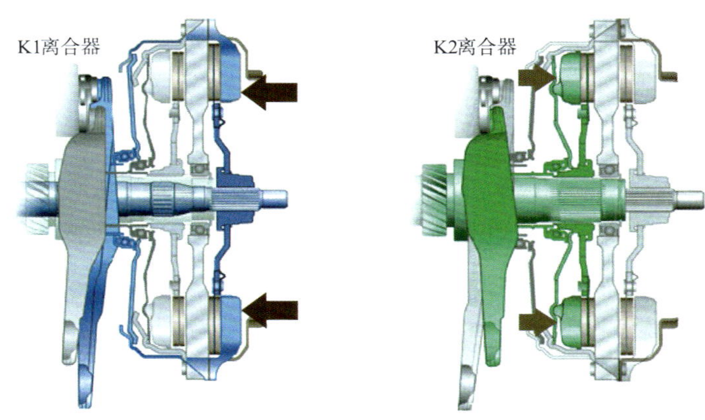

图 6-28　干式双离合器模块

2）电控单元

双离合变速器的电控单元采集并处理各个传感器的信号，发出指令控制离合器和选换挡执行机构，实现对两个离合器和挡位的控制。

换挡过程中，电控单元控制双离合变速器动力在奇数挡和偶数挡之间切换，待分离离合器的传递转矩逐渐减小，待结合离合器的传递转矩逐渐增加，必然存在动力重叠部分。通过对两个离合器切换时序的精确控制，使得两个离合器的重叠量在一定的范围内。避免两个离合器的重叠量过大，造成双锁死的情况，对传动机构造成破坏；同时保证两个离合器的重叠量不会过小而造成切换过程传递动力中断。

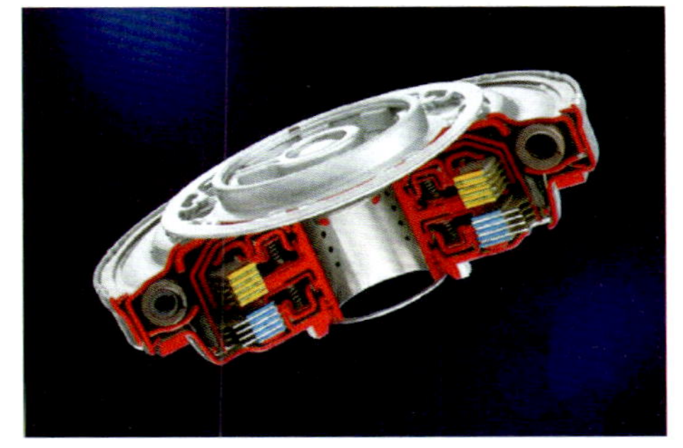

图 6-29　湿式双离合器模块

典型 6 速湿式双离合自动变速器的液压系统主要包括主油路部分、双离合器控制部分、换挡控制部分和辅助部分。主油路通过调压电磁阀控制滑阀实现对液压系统主油路压力的调节；当系统出现故障，压力上升到一定高度时，减压阀工作以释放压力保护液压系统。双离合器控制主要由两路相对独立的油路组成，分别控制离合器 1 和离合器 2。两压力传感器为离合器压力提供反馈信号，通过两个比例电磁阀可以实现对离合器压力的精确控制。换挡控制主要由4个开关阀与1个两位多路阀组合而成，多路阀通过另一个开关阀控制其工作位置的变换。辅助部分主要用于双离合器润滑、液压系统散热及过滤等。

三、主流变速器产品、生产商、所在地

（一）全球自动变速器市场现状

放眼全球，手动变速器的市场份额正在逐步被自动变速器所取代。而决定那种自动变速器成为主流的关键，既取决于成本和国家政策等市场因素，也取决于变速器自身的动力性、经济性和舒适性等技术因素。

欧洲市场，由于高油价的影响和对驾驶乐趣的追求，手动变速器MT和双离合变速器DCT占据了主流市场。美国和日本等国，由于对舒适性的追求和严重的交通拥堵，自动变速器在这两个市场占有极高的份额。北美市场以AT为主，日本市场以CVT为主，辅以AT。中国国内市场仍以手动变速器MT为主，但随着经济的发展和交通拥堵状况的加剧，自动变速器的发展空间越来越大。

（二）国内外主要变速器生产厂商

1. 国际变速器生产厂商

自动变速器的生产制造技术掌握在通用、福特、克莱斯勒、大众、本田、丰田等世界主要汽车公司及其控制的非独立供货商和德国采埃孚（ZF）、日本加特可（Jatco）、德国格特拉克（Getrag）、美国艾利逊（Allison）、日本爱信（AW）等少数独立供货商手中，表6-15所示为国际主要的变速器生产厂商。此外，还有像博世（Bosch）、博格华纳(Borg-Warner)、鲁克（Luk）、马瑞利（Marelli）等专业化的零部件生产企业，像里卡多(Ricardo)、IAV等工程技术咨询公司，还有像吉孚（GIF）、AVL等自动变速器试验检测设备制造商。

2. 国内变速器生产厂商

国内变速器生产企业可分为3类：国外自动变速器生产企业在华与国内整车或者零部件公司的合资企业；一汽、东风、上汽等整车生产集团内部自产变速器为其整车配套；专门为各整车厂配套的国内独立变速器生产企业。表6-16所示为国内主要的变速器生产厂商。

国际主要变速器生产厂商　　表 6-15

公司名称	公司简介	中国布局	产品系列	转矩覆盖范围（N·m）	主要客户
ZF	全球最大的传动技术公司	1998 年，采埃孚传动技术（苏州）有限公司成立，全资子公司，面向商用车。 2004 年，上海采埃孚变速器有限公司成立。 2005 年，采埃孚传动技术（杭州）有限公司成立，ZF 集团在中国设立的又一家全资子公司，产品主要为重型车用变速器。 2008 年，南京邦奇自动变速器（南京）有限公司成立，生产 CVT 变速器，供给吉利汽车	乘用车： 6 挡和 7 挡 MT，6 挡、8 挡和 9 挡 AT，7 挡 DCT，CVT 商用车： AS Tronic 系列 AMT，Eco 系列，TC Tronic，TraXon	AT：440 ~ 750 DCT：390 ~ 750 AMT：700 ~ 3 400 CVT：186 ~ 220	宝马、奔驰、奥迪等
Jatco	无级自动变速器领域最大的设计生产商	2007 年，加特可（广州）自动变速器有限公司成立，是 JATCO 株式会社在海外独资设立的第二家生产基地，主要生产无级自动变速器（CVT），年产能为 100 万台	4AT， 5AT， 6AT， 7AT，CVT2，CVT3，CVT7，CVT8		日产、三菱、现代、捷豹、通用大宇、福特、戴克、雷诺等
Getrag	乘用车和轻型商用车辆变速器系统独立供应商	2007 年，格特拉克（江西）传动系统有限公司成立。2013 年，总产能为 114 万台。 2011 年，格特拉克亚太传动系统技术（上海）有限公司成立。 2013 年，东风格特拉克汽车变速器公司成立。预计 2016 年建成投产，建成后将形成年产 25 万台的产能	5 挡 MT， 6 挡 MT， 5 挡 AMT， 6 挡 AMT， PowerShift 系列： 6 挡 DCT， 7 挡 DCT， 新能源系列： 7HDT300，2RET300，2RET350，1eDT130，1eDT240	MT：170 ~ 480 AMT：130 ~ 160 DCT：190 ~ 750 新能源系列：130 ~ 300	福特、宝马、奔驰、江铃、一汽等

续上表

公司名称	公司简介	中国布局	产品系列	转矩覆盖范围（N·m）	主要客户
Allison	中重型自动变速器及混合动力系统的设计制造商		商用车： 1000/2000 系列，3000 系列，4000 系列，T 系列 非公路车辆： 5000/6000 系列，8000 系列，9000 系列 混合动力系列：H40/50EP	AT：750～8 542 混合动力系列：1234～1424	商用车整车制造商
AW	Aisin 和 Borg-Warner（博格华纳）合资建立，它是爱信精机（Aisin-Seiki）株式会社的子公司	1996 年，Aisin AW 和唐山齿轮厂合资建立了唐山爱信齿轮有限公司，主要生产手动变速器，配给 BJC（北京吉普汽车有限公司后期生产的 JEEP 切诺基）等。 2001 年，天津爱信车身零部件有限公司（爱信持股 80%）成立，生产自动变速器，供货对象主要是丰田在国内的合资企业。 2004 年，天津艾达自动变速器有限公司成立，由日本爱信 AW 株式会社和中国第一汽车集团合资，主要为天津一汽丰田的皇冠、锐志生产所需配套的 FR 6 速自动变速器	4AT， 5AT， 6AT， 8AT， CVT， 混合动力系列： HR-10F， HR-10， AWFHT15， AWRHT25	AT：100～800 CVT：100～180 混合动力系列：150～200	丰田、马自达、大宇、欧宝、大众、菲亚特、雪铁龙、保健、宝马、奥迪等

续上表

公司名称	公司简介	中国布局	产品系列	转矩覆盖范围（N·m）	主要客户
Eaton	缺乏好的商业战略和销售，中国业内认可其变速器质量和技术，经历了国内伊顿法士特和长春伊顿两次投资失败后，中国地位尴尬	1997 年，依顿货车客车零部件（上海）有限公司成立，独资，主要生产重型货车变速器。 2007 年，依顿工业（无锡）有限公司成立，独资，主要生产重型货车变速器	MT： 5 挡，6 挡，8 挡，9 挡，10 挡，13 挡，15 挡，18 挡 AMT： 5 挡，6 挡，10 挡，11 挡，13 挡，16 挡，18 挡 DCT：7 挡	MT：440 ~ 3 050 AMT：840 ~ 3 050 DCT：895	福来纳、帕卡、马克、福特、雷诺、依维柯、奔驰、五十铃、一汽、东风等
Voith	旗下福伊特驱动为动力传输供应商	2001 年，福伊特驱动技术系统（上海）有限公司成立，是福伊特驱动在中国的总部，主要供应多种应用于道路运输、轨道交通、海洋运输以及工业应用领域的产品	DIWA 系列： DIWA. 3E，DIWA. 5，DIWA. 6	AT：650 ~ 1 900	大中型客车、快速公交车制造商

国内主要变速器生产厂商　　表6-16

公司名称	公司简介	主要产品	转矩覆盖范围（N·m）	年产能（万台）	市场竞争力
陕西法士特汽车传动集团公司	我国最大的重型汽车变速器制造商和经销商。产品主要以双中间轴变速器为主。近几年，开发了客车专用变速器，全面进入大中型客车变速器领域	MT： 4挡，5挡，6挡，7挡，8挡，9挡，10挡，12挡，16挡 6AT： FC6A140/180，FC6A210/250，（与美国卡特彼勒公司合作开发） AMT： F-shift系列（与美国威伯科汽车控制系统公司合作开发）	MT： 300～3 000 AT： 1 255～2 576	100	近几年，重型变速器的产销量始终名列中国齿轮行业第一位。重型货车变速器市场的占有率达到80%。中国重汽已经与大齿合作，法士特的霸主地位或被动摇
上海汽车变速器有限公司	产品主要以轿车变速器为主	MT或AT： 5HP19-FL DCT： 6速DCT360	MT： 80～350 DCT： 360	50	产品覆盖上汽、华晨汽车、长丰猎豹等30多家整车公司
浙江万里扬变速器股份有限公司	生产商用车变速器为主。旗下控股子公司有山东蒙沃变速器有限公司，从事微型、轻型汽车变速器的制造	WLY系列手动变速器	MT： 200～1 800	120	中、轻型货车变速器市场占有率达30%以上

续上表

公司名称	公司简介	主要产品	转矩覆盖范围（N·m）	年产能（万台）	市场竞争力
重庆青山工业有限责任公司	从事各类汽车变速器的研发、生产和销售	MT： 4挡，5挡，6挡 AMT： AF508、AF510、AF513、AF514 DCT： DF515、DF516 新能源车系列： EF116、EF126和EF130	MT： 57～260	220	搭建了MT-AMT-DCT-新能源四大产品平台。逐步形成重庆、成都、柳州、郑州四大生产基地
杭州前进齿轮箱集团有限公司	先后引进国外变速器技术，通过消化吸收研制出HC系列、T系列等适用于重型汽车、大中型城市公交客车、公路客车和商用车等的汽车变速器	MT： HC系列适用于大中型客车及货车，T系列适用于大中型客车。 AMT： 6TA-90 新能源车系列： HCD4S95、HCE2S07A、HCE2S17	MT： 500～2 200 AMT： 950～1 150		近年来，积极开发AMT自动汽车变速器，产品应用于大、中型城市公交客车
杭州依维柯汽车变速器有限公司	由菲亚特克莱斯勒汽车公司（FCA）、广州汽车集团零部件有限公司、杭州前进齿轮箱集团股份有限公司三方合资成立的汽车变速器专业生产厂家	MT： C514、C548、H331、H319、H316、H314 AMT： C548AMT、H310AMT DCT： 7速双离合器Dual Dryve	MT： 130～310 AMT： 90～206	10	主导产品为引进菲亚特最先进技术Dual Dryve、菲亚特C系列和公司自行开发的H系列汽车变速器等

续上表

公司名称	公司简介	主要产品	转矩覆盖范围（N·m）	年产能（万台）	市场竞争力
株洲齿轮有限责任公司	由潍柴动力股份有限公司和株洲齿轮股份有限公司共同组建。主要从事中、重型变速器的研发、制造和销售	MT： 5挡和6挡 新能源车系列： 4T14M1、2T07、1T15和1T07	MT： 140～400 新能源车系列： 80～150	10	重要竞争对手是法士特、綦齿等公司
綦江齿轮传动有限公司	綦江齿轮传动有限公司2005年6月进行了企业重组，上海电气（集团）总公司为綦齿新股东，股份占51%	MT： 5挡、6挡、8挡、9挡、10挡、12挡、16挡 AMT： 6S907AMT、S6-150AMT 新能源车系列： QJ1112AMT、2S800AMT	MT： 400～2 000 AMT： 1 200～1 500 新能源车系列： 800～1 100	12	在7～8m客车中，占据43%的份额，在9m以上的客车领域，市场份额更是达到70%以上
中国重汽集团大同齿轮有限公司	主要生产用于中、重型货车的单中间轴变速器	MT： 5挡、6挡、7挡、9挡、10挡、12挡	MT： 392～1 900	12	企业主要竞争对手是法士特、綦齿等企业
一汽解放汽车有限公司变速箱分公司	主要为一汽集团提供中、重型货车变速器。已形成了中型和重型两类产品	MT： 5挡、6挡、7挡、8挡、9挡、10挡、12挡 AMT： CA5BB（X）075/085A CA12TAX210A1	MT： 520～2 100 AMT： 750～2 100	15	与法士特等企业的双中间轴变速器形成了竞争

续上表

公司名称	公司简介	主要产品	转矩覆盖范围（N·m）	年产能（万台）	市场竞争力
安徽星瑞齿轮传动有限公司	主要生产轿车变速器	MT： 5挡和6挡	MT： 100～1 568	20	
浙江中马汽车变速器有限公司	主要生产轿车变速器	5挡MT	MT： 196～230	24	
哈尔滨东安汽车发动机制造有限公司	由中国、日本和马来西亚"三国六方"共同投资的中外合资企业	MT 4AT和5AT		60	
哈尔滨东安汽车动力股份有限公司	主要生产轿车变速器	MT：5挡 AMT：5挡 DAB-SA10F	MT： 85～160 AMT： 110	70	
韶关宏大齿轮有限公司		MT：5挡和6挡 AMT：2D-010	MT： 430～900 AMT： 350	3	
东风汽车变速箱有限公司	产品覆盖重、中、轻等客车和货车个别系列车型	MT： 5挡、6挡、8挡、9挡	MT： 294～1 750	18	
湖南益阳齿轮股份有限公司	主要生产轻型车变速器			4	为二汽、郑州轻型车厂、亚星奔驰及全国各大农用车厂配套

续上表

公司名称	公司简介	主要产品	转矩覆盖范围（N·m）	年产能（万台）	市场竞争力
内蒙古欧意德发动机有限公司	从德国ZF公司引进了先进的4/6速自动变速器技术	4挡AT：OED4FA24、OED4FA33/X 6挡AT：OED6FA38/X、OED6RA40/X	AT：240～400	45	

四、变速器技术发展趋势

自动变速器直接决定或影响了汽车的行驶平顺性、燃油经济性和动力性，因而世界各大汽车巨头均投入巨资，争相开发各种形式的自动变速器，自动变速器的拓扑结构、工作原理及相应的控制方式至今仍在不断发展和革新。

近年来，随着电控技术的发展和相关材料性能的提升，在全球能源危机和环境压力导致的汽车排放法规日益严格、燃油经济性受到空前重视的背景下，以提升传动效率和换挡品质为主要方向，自动变速器进入了一个快速发展的全新阶段。

（一）变速器性能分析

传动装置和换挡方式决定了自动变速器的各项性能。传动装置和换挡方式不同，各种自动变速器的性能就会有很大的差别。自动变速器中应用的传动装置主要有液力变矩器、金属带轮、行星齿轮系和定轴齿轮系4种类型，各种类型的特点如表6-17所示。

自动变速器主要传动装置特点　　表6-17

传动部件	传动方式	优点	缺点	应用类型
液力变矩器	液力传动	能够吸收振动和冲击	效率低，质量大	AT、CVT
金属带轮	摩擦传动	速比连续变化	效率低，传递转矩受限	CVT
行星齿轮	齿轮啮合（2自由度）	同轴传动 结构紧凑	工艺要求高， 需额外控制元件	AT、CVT
定轴齿轮	齿轮外啮合（1自由度）	效率高	尺寸大	AMT、DCT

（二）变速器技术发展方向

1. AT

AT 的传动部件一般包括液力变矩器和行星齿轮组。AT 换挡品质好，适用于各种功率范围的乘用车和商用车，但结构复杂，控制精度要求高，成本高、质量大、传动效率低，是目前应用比例最高的自动变速器，未来的发展方向是进一步提高传动效率并简化结构和控制，减轻质量。

2. CVT

CVT 的传动部件一般包括液力变矩器、行星齿轮组和金属带轮组件。换挡舒适性好是 CVT 的主要优点，但转矩容量小限制了适用范围，液压部件造成了传动效率较低，目前在日系车中应用较多，未来的发展方向主要是扩大转矩容量和提高传动效率。

3. AMT

AMT 采用同步器换挡，同步器通过机械结构实现挂入挡位的转速同步，其工作的前提是主动部分的转动惯量足够小，所以 AMT 换挡时离合器必须分离。离合器分离造成动力中断，所以 AMT 的换挡品质较差。AMT 虽然适用于任何功率范围的车辆，但相对较差的舒适性限制了应用比例。未来的发展方向主要是避免或缓解换挡动力中断，以提升换挡舒适性。

4. DCT

DCT 通过下一挡位同步器的预先结合，两离合器搭接控制的方式实现挡位切换，既克服了 AMT 换挡动力中断的缺点，又实现了较高的传动效率。湿式 DCT 的液压组件需要耗费较多能量，降低了传动效率，且增加了质量和成本，但转矩容量更大，适用范围更广。干式 DCT 采用干式离合器，结构简单、体积小、质量轻，但热容量有限，承载转矩范围小。总体来看，湿式 DCT 的应用比例将会进一步提高。DCT 的可靠性和适应性仍需进一步提高，适用范围将会进一步扩大。

五、变速器产品发展方向

近年来，伴随着国内自动变速器车型的旺盛需求，无论是合资品牌还是自主品牌都致力于先进自动变速器的研发和生产。现在自动变速器已经形成了 AT、CVT、AMT、DCT 等多条技术路线协同发展的格局，随着电子控制技术的进步和材料性能的提升，以及新能源汽车规模化应用，4 种类型自动变速器仍在持续的改进和优化，在满足传统车辆需求的同时，也正积极应对新能源汽车的需求。

当前，我国商用车用变速器的自动化仍然处在起步阶段，正在向快速普及阶段发展。由于商用车功率范围大，且对换挡品质要求相对较低，所以变速器形式仍然以 AMT 和 AT 为主。相比 AT 变速器，AMT 变速器具有成本低、效率高等优点，但离合器不能承受较长时间的滑磨，适合于工作状况较稳定的公路运输车辆。AT 变速器能够满足车辆长时间处于低速蠕行工作，而不会对变速器产生不利影响的工作要求，适合应用于城市公交车以及特种工程车辆。

变速器自主研发前景。我国自动变速器的发展很大程度上依赖于已经积累的技术基础和我国机械工业基础。AT 变速器典型技术方案基本被国外企业垄断。CVT 变速器中核心部件（如金属传动链或带），其生产制造技术同样受到国外厂商垄断（如博世、Luk）。

从技术复杂度、专利保护、技术壁垒和产业基础等综合分析，AMT 在很长时间内，将成为适合我国汽车生产企业进行自主开发的自动变速器，以混合动力客车为代表的商用车动力系统制造企业，协同攻关，已经完成拥有自主知识产权的 AMT 变速器的开发。

第四节　整车控制单元

一、整车控制单元技术要求

整车控制单元是实现新能源汽车控制的核心部件，它根据加速踏板信号、制动踏板信号、挡位信号、蓄电池的荷电状态和整车状态等，做出相应的判断后，控制下层各部件控制单元的动作，通过 CAN 总线对网络信息进行管理、调度、分析和运算，针对车型的不同配置，进行相应的能量管理，实现整车驱动控制、能量优化控制、制动回馈控制和网络管理等功能。

整个车辆控制系统采用一体化集成控制与分布式处理的体系结构，各部件都有独立的控制单元，与各部件控制单元的动态控制相比，整车控制单元需要对整个系统进行能量管理及各部件的协调控制。

整车控制单元是数字电路与模拟电路共存的多输入、多输出的复杂嵌入式系统。按照模块化思想设计硬件系统，总体设计要求如下：①系统开发应在整车的使用要求范围内；②需进行功能模块的划分；③建立完善的状态机；④系统开发要考虑冗余设计；⑤对功能样件需进行离线台架实验与实车实验；⑥能够完成积分、微分等运算功能，且运算速度要满足整车的使用环境；⑦具有良好的电磁兼容特性；⑧可通过 NVH 试验、盐雾试验、高低温存储等测试；⑨在电磁干扰的低频及高频段的性能均保证正常，抗干扰特性满足要求。

二、整车控制单元功能

整车控制单元的具体功能包括：

（1）接收、处理驾驶员的驾驶操作指令，并向各个部件控制单元发送控制指令，使车辆按驾驶员期望行驶。

（2）与电动机、DC/DC、蓄电池组等进行可靠通信，通过 CAN 总线（以及关键信息的模拟量）进行状态的采集输入及控制指令的输出。

（3）接收处理各个零部件信息，结合能源管理单元提供当前的能源状况信息，根据驾驶员的具体操作和实际工况对车辆进行调整，以实现优化能量供给。

（4）系统故障的判断和存储，动态检测系统信息，记录出现的故障。

（5）对整车具有保护功能，根据故障的类别对整车进行分级保护，紧急情况下可以关掉发电机及切断母线高压系统。

（6）协调管理车上其他电器设备。

三、整车控制单元关键技术

1. 整车驱动控制与动力分配技术

整车控制单元需根据驾驶员的驾驶要求、车辆状态、道路及环境状况，对汽车动力源进行选择，合理分配动力。在行驶过程中，整车控制单元按照设定的控制策略，控制发动机和电动机其中之一传递动力，或者将两者动力混合驱动汽车。

2. 制动能量回馈控制技术

整车控制单元综合判断行驶速度、驾驶员制动意图和蓄电池组状态，对制动能量回馈进行控制。满足回收制动能量的条件时，整车控制单元向电动机控制单元发送控制指令，使电动机工作在发电状态，将部分制动能量存储到储能单元中，提高汽车能量利用率。

3. 整车网络化管理技术

整车网络化管理技术包括网络信息传输，网络状态监控，网络节点管理，信息优先权的动态分配等。

4. 整车状态的监视和故障诊断及保护技术

总线所连接的各个子系统控制器实时将各自控制对象的信息通过 CAN 总线发送至整车控制单元，由整车控制单元通过综合数字仪表显示出来。整车控制单元要能够对故障信息及时处理并作出相应的安全保护处理。

5. 整车能量管理与优化技术

整车控制单元通过 CAN 总线与蓄电池管理系统连接共同承担整车的能量管理，以提高能量的利用率。在蓄电池管理系统的辅助下完成参数监测、信息传输、充放电控制、热管理、故障诊断等功能，同时针对具体行驶情况实现安全行驶和能量的合理分配。

四、整车控制单元技术进展

整车控制技术是电动汽车三大关键零部件关键技术和产业化之一，主要负责对新能源汽车行驶功率的合理分配而保证新能源汽车的高效运行。整车控制技术所用的控制器主要功能包括：驱动力矩控制、制动能量的优化控制、整车的能量管理、CAN 网络的维护和管理、整车安全与故障诊断和处理、车辆状态监视等。开展电动汽车整车控制技术研究，是提高电动汽车综合性能、可靠性、安全性和降低能耗与开发成本的重要环节。

2000 年以前，我国在电动汽车整车控制技术方面开展了初步研究，但未形成整车控制关键技术体系，在车辆制动性能及安全性能协调控制技术、转矩监控技术、故障诊断及处理等核心技术方面与国外存在较大差距，开发的整车控制器样机多为功能验证样机。为突破电动汽车控制设计与产业化核心技术，提高整车控制系统开发效率和减少开发成本，必须开发出完全自主知识产权的电动汽车整车控制技术平台及控制器产品。

“十五”期间，在国家科技项目支撑下，我国整车控制器开发主要依托高校和科研机构，研究内容主要集中在整车能量管理、驱动动力学、制动动力学等基本车辆控制技术，并同步研制了整车控制器功能、性能样机。

“十一五”期间，随着新能源汽车产业化进程的加快和示范推广工作的启动，我国整

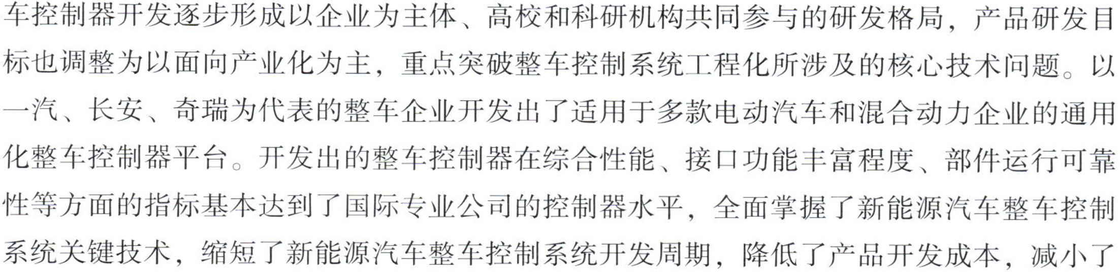

车控制器开发逐步形成以企业为主体、高校和科研机构共同参与的研发格局，产品研发目标也调整为以面向产业化为主，重点突破整车控制系统工程化所涉及的核心技术问题。以一汽、长安、奇瑞为代表的整车企业开发出了适用于多款电动汽车和混合动力企业的通用化整车控制器平台。开发出的整车控制器在综合性能、接口功能丰富程度、部件运行可靠性等方面的指标基本达到了国际专业公司的控制器水平，全面掌握了新能源汽车整车控制系统关键技术，缩短了新能源汽车整车控制系统开发周期，降低了产品开发成本，减小了产品开发技术风险，产品成功突破外国公司的技术垄断，为我国电动汽车行业培养了核心部件供应商。

（一）整车控制策略开发

整车控制策略是整车控制系统平台的关键技术之一。当前，我国主流整车企业都具有基于模型开发策略的开发模式，建立了标准化的整车控制策略开发流程。产品综合功能与国际主流企业相当。

新能源汽车整车能量管理技术是整车控制策略开发重中之重。我国各大企业开发的车辆基本能够完成各种复杂工况的整车控制系统能量管理。以制动能量回收为例，我国基本掌握了在确保制动安全前提下，提高整车制动能量的回收效率，进而提高整车经济性。

（二）整车控制系统安全技术

新能源汽车引入高压电，电气系统结构复杂，从而对整车控制安全提出了很高要求，尤其是高压电安全技术。通过长时间整车控制系统安全技术攻关，我国建立了新能源汽车整车控制系统 3 个层面安全监控技术，从功能层面、软件层面和硬件层面对整车安全进行处理。

（三）整车控制系统硬件平台

我国基本掌握了通用化、平台化的电控系统硬件平台关键技术，实现了控制器硬件电路的标准化。整车控制器的安全性、可靠性等综合性能达到国际先进水平。

（四）整车控制系统软件平台

我国整车控制器软件架构设计，基本采用国际标准的 AUTOSAR 汽车开放系统软件架构，从而实现应用层、接口层、底层软件的标准化，最大限度地实现各个软件板块的通用化和标准化，以提升软件开发质量、效率和兼容性。

在整车控制系统的标定协议和诊断系统协议方面，各整车企业实现国际接轨，采用国际规范 ASAP，开发出满足 CCP 标定协议的底层软件，实现实时数据监控及数据标定等，从而为电控系统的调试、标定匹配提供了软件工具，极大地提高了控制系统标定效率；整车控制系统诊断协议采用国际标准的 SAE-J1979 协议，实现与外部诊断仪的联结，方便产品售后问题的快速解决。

第七章　新能源乘用车技术标准体系

第一节　新能源汽车技术标准发展概述

新能源汽车标准是对接市场需求、规范技术实现途径、科学开发产品、引导产业发展的重要工具。广泛存在新能源汽车的技术预演、产品研发、生产、销售与服务各个阶段，有利于规范汽车生产流程，提高产品质量，降低生产成本，是汽车关键技术与产业化批量生产的桥梁。

到“十一五”末，我国已发布实施的新能源汽车国家和行业标准共有56项。“十二五”期间，我国围绕充电设施、关键零部件综合性能测试与评价等方面，又形成了一系列标准。至此，我国形成了能够支撑新能源汽车研发、生产、使用等各个环节的新能源汽车标准体系。

第二节　新能源汽车技术标准体系

一、标准组织体系

“十五”、“十一五”期间，随着我国新能源汽车行业的快速发展，在全国标准化委员会和工业与信息化部的指导下，我国建立了电动车辆分技术委员会SAC/TC114/SC27，负责组织国内外电动车辆整车、零部件、电动汽车应用相关的充电基础设施等专业领域的标准与技术法规研究与制定。电动车辆分技术委员会的组织架构如图7-1所示。

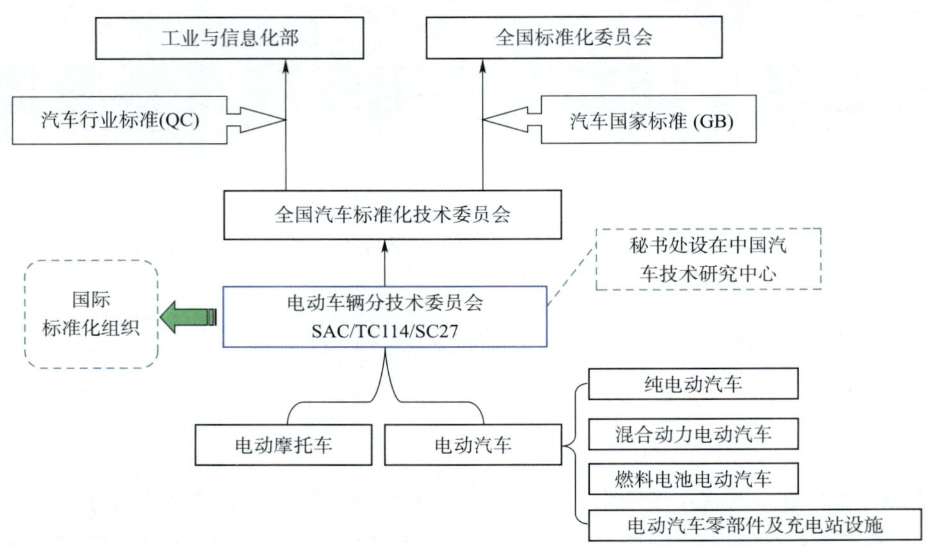

图7-1　电动车辆分技术委员会

电动车辆标准技术委员会目前共分为四个工作组：混合动力汽车标准工作组负责EV、HEV整车标准研究制定；燃料电池汽车标准工作组负责HFCV整车及其零部件标准研究制定；动力蓄电池及其应用相关标准工作组负责动力蓄电池、充电基础设施、管理系统、通信协议等标准研究制定；驱动电动机系统标准工作小组负责电动机及其控制器标准的制定；四个工作组组织合理，密切配合，构成了高效、有序的标准组织架构。

二、标准技术体系

“十五”、“十一五”期间，随着我国新能源汽车行业的快速发展，我国的新能源汽车标准化工作稳步地推进、逐步完善，经历3个重要阶段：体系规划和解决急需标准阶段、落实规划和加速制定标准阶段、完善规划和健全标准阶段，从电动汽车整车标准、关键零部件标准到基础设施标准，再到电动汽车示范运行工况、电动汽车检测等标准，标准体系的建立稳步推进，有序发展，已经形成了科学、系统、完整、有序的新能源汽车标准体系，截至目前，我国电动汽车领域现行有效的国家和行业标准共有50余项，未来4年即将完成的标准将达到200余项，标准研究与制定的广度与深度都达到很高的水平。其中燃料电池汽车标准、电动汽车充电接口标准等相关标准已经达到国际水平，直接填补了国际空白。“十一五”期间，我国制定完成了燃料电池发动机性能测试方法、燃料电池汽车加注装置等燃料电池相关标准，这是我国自主创新，并结合自身的长期研发和示范运行过程制定的标准，相对于国外燃料电池汽车缺乏成熟标准的现状，我国在燃料电池标准方面已经处于国际领先水平；“十一五”期间，我国在电动汽车充电接口、基础设施标准及电动汽车关键零部件标准的制定方面也与世界先进水平同步，尤其是结合奥运会等重大赛事中电动汽车的示范运行，我国在电动汽车产业化标准、基础设施标准方面更是走在世界前列。

我国的电动汽车技术标准体系如图7-2所示，按照电动汽车整车，电动汽车关键系统、混合动力汽车动力系统、燃料电动汽车动力系统、基础设施等领域分类，几乎涵盖了

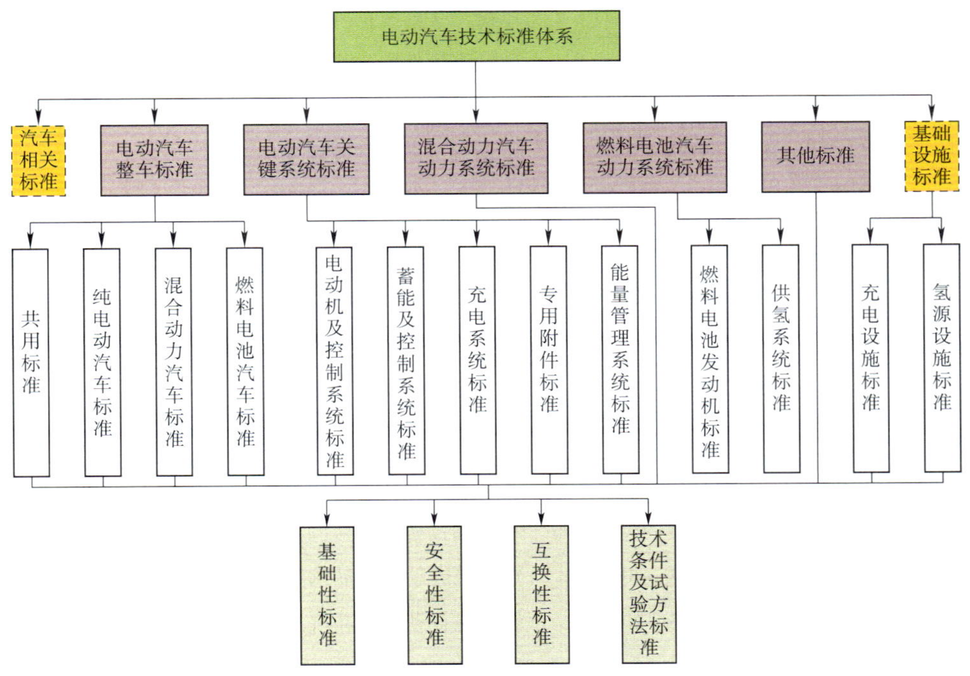

图7-2　我国电动汽车技术标准体系

我国电动汽车研发、生产、示范运行、检测试验等各个方面，满足了电动汽车全面科研、产业化、商业化和管理的需要，成为新能源汽车产业的重要支撑。这标志着我国的电动汽车技术标准在科学性和系统性方面已经日渐成熟，表7-1所示为我国电动汽车技术标准。

我国电动汽车技术标准列表　　表7-1

编号	分类	标准编号	标准名称
1	纯电动汽车标准	GB/T 4094.2—2005	电动汽车操纵件、指示器及信号装置的标志
2		GB/T 19596—2004	电动汽车术语
3		GB/T 19836—2005	电动汽车用仪表
4		GB/T 18384.1—2001	电动汽车　安全要求　第1部分：车载储能装置
5		GB/T 18384.2—2001	电动汽车　安全要求　第2部分：功能安全和故障防护
6		GB/T 18384.3—2001	电动汽车　安全要求　第3部分：人员触电防护
7		GB/T 18385—2005	电动汽车动力性能试验方法
8		GB/T 18386—2005	电动汽车能量消耗率和续驶里程试验方法
9		GB/T 18387—2008	电动车辆的电磁场发射强度的限值和测量方法，宽带，9kHz～30MHz
10		GB/T 18388—2005	电动汽车定型试验规程
11		GB/T 24552—2009	电动汽车风窗玻璃除霜除雾系统的性能要求及试验方法
12		QC/T 838—2010	超级电容电动城市客车
13		QC/T 839—2010	超级电容电动客车供电系统
14	混合动力电动汽车标准	GB/T 19750—2005	混合动力电动汽车定型试验规程
15		GB/T 19751—2005	混合动力电动汽车安全要求
16		GB/T 19752—2005	混合动力电动汽车动力性能　试验方法
17		GB/T 19753—2005	轻型混合动力电动汽车　能量消耗量　试验方法
18		GB/T 19754—2005	重型混合动力电动汽车　能量消耗量　试验方法
19		GB/T 19755—2005	轻型混合动力电动汽车　污染物排放　测量方法
20		QC/T 837—2010	混合动力汽车类型及定义
21		QC/T 894—2011	重型混合动力电动汽车污染物排放车载测量方法

续上表

编号	分类	标准编号	标准名称
22	燃料电池汽车标准	GB/T 24548—2009	燃料电池汽车术语
23		GB/T 24549—2009	燃料电池汽车安全要求
24		GB/T 24554—2009	燃料电池发动机性能试验方法
25		QC/T 816—2009	加氢车技术条件
26		GB/T 26991—2011	燃料电池汽车最高车速试验方法
27		GB/T 26990—2011	燃料电池汽车车载氢系统技术条件
28		GB/T 26779—2011	燃料电池汽车加氢口
29	充电相关标准	GB/T 18487.1—2001	电动车辆传导充电系统　一般要求
30		GB/T 18487.2—2001	电动车辆传导充电系统　电动车辆与交流/直流电源的连接要求
31		GB/T 18487.3—2001	电动车辆传导充电系统　电动车辆交流/直流充电机（站）
32		GB/T 20234—2006	电动汽车传导充电用插头、插座、车辆耦合器和车辆插孔通用要求
33		GB/T 20234.1—2011	电动汽车传导充电连接装置第1部分：通用要求
34		GB/T 20234.2—2011	电动汽车传导充电连接装置第2部分：交流充电接口
35		GB/T 20234.3—2011	电动汽车传导充电连接装置第3部分：直流充电接口
36		QC/T 841—2010	电动汽车传导式充电接口
37		QC/T 842—2010	电动汽车电池管理系统与非车载充电机之间的通信协议
38		QC/T 895—2011	电动汽车车载充电机技术条件
39	储能装置	GB/T 18332.1—2009	电动道路车辆用铅酸蓄电池
40		GB/T 18332.2—2010	电动道路车辆用金属氢化物镍蓄电池
41		QC/T 741—2006	车用超级电容器
42		QC/T 742—2006	电动汽车用铅酸蓄电池
43		QC/T 743—2006	电动汽车用锂离子蓄电池
44		QC/T 744—2006	电动汽车用金属氢化物镍蓄电池
45		QC/T 840—2010	电动汽车用动力蓄电池结构形式及尺寸
46		QC/T 897—2011	电动汽车电池管理系统技术条件

续上表

编号	分类	标准编号	标准名称
47	其他部件	GB/T 18488. 1—2006	电动汽车用电机及其控制器第1部分：技术条件
48		GB/T 18488. 2—2006	电动汽车用电机及其控制器第2部分：试验方法
49		GB/T 24347—2009	电动汽车 DC/DC 变换器
50		QC/T 896—2011	电动汽车驱动电机系统接口

第三节　我国新能源汽车标准的技术创新与发展思路

新能源汽车标准研究方法与传统汽车存在很大差异，基本国际上没有成熟标准，可借鉴的标准很少，且产业化的产品基本上没有，数据积累不足，标准的制定难度大。因此标准制定思路的创新和技术多元化对于我国新能源汽车标准的研究与制定至关重要。

首先，我国高度重视标准研究思路的创新。在新能源汽车标准的研究和制定过程中，摒弃了标准体系最初建立时对国外标准的简单引用思想，而是通过充分吸收、理解和归纳逐步转化为国家标准，同时保留国外标准的先进性，制定出具有中国特色的电动汽车技术标准；例如燃料电池汽车标准，国外目前大多处于研究阶段，缺乏成熟标准。因此我们在关注国外标准的同时，注重产学研相结合。加强国内企业参与标准研究工作的力度，鼓励企业制定企业标准催进产品成熟。积极开展国内汽车企业的调研工作，以产品研发经验积累为基础，以国家科技课题研究成果为支撑，将摸索研究和试验验证相结合，最终确定标准方案。

其次，我国认真处理国际标准化工作中角色的转变。针对我国传统汽车国际标准化工作中跟踪、落后的现状，我国在电动汽车技术标准的研究和制定过程中转变思路，加强自我创新，不单纯跟踪依赖国外标准，变被动为主动，主动参与国际标准法规的制定工作，将我们的研究成果体现到国际标准中。通过10年的努力，我国电动汽车标准的研究和制定与相关国外企业、研究机构和标准化组织的国际交流越来越多，逐步扩大了我国在国际标准组织与体系中的话语权，进一步提高了我国在国际标准化工作中的整体地位。

第八章　新能源乘用车综合示范市场及示范运营

为加快新能源汽车市场化导入，我国采用示范考核和产品开发相结合模式，高度重视新能源汽车示范考核。

2003 年至 2008 年期间，我国就开展了新能源汽车小规模示范运营试验考核，在北京、天津、威海、武汉、株洲、杭州、汕头 7 个城市先后开展了新能源汽车小规模示范运行考核，累计投入运营车辆超过 500 辆，运营里程超过 1 500 万 km。新能源汽车小规模示范运营考核有效验证了新能源汽车主要性能指标，为后续组织大规模示范运营的城市选择、组织模式、路线规划和维修保障提供了重要经验。

2009 年 2 月，科技部联合财政部、工信部、发改委建立节能与新能源汽车科技成果产业化“财政—科技联动”新机制，组织实施“十城千辆”节能与新能源汽车示范推广试点工程，决定在累计 25 个城市公共领域组织开展节能与新能源汽车规模应用综合示范。随后，私人购买新能源汽车补贴试点工作也随之启动。图 8-1 显示了我国新能源汽车的推广历程。

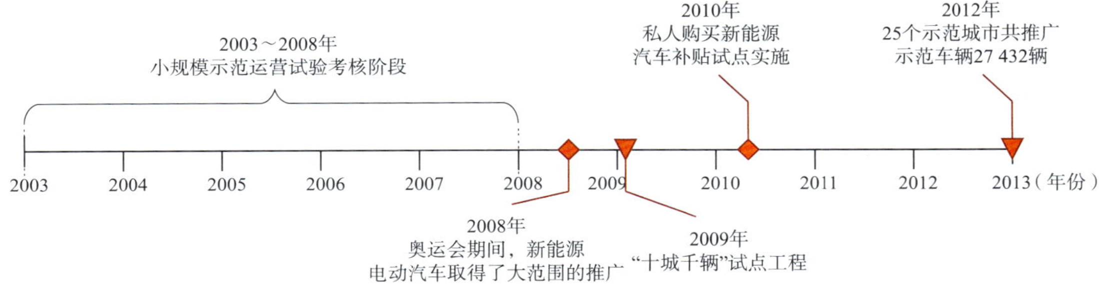

图 8-1　新能源汽车推广时间轴

第一节 “十城千辆”节能与新能源汽车示范推广试点工程

2009 年 2 月 17 日，财政部、科技部、发展改革委、工业和信息化部共同在京组织召开了节能与新能源汽车示范推广试点工作会（图 8-2）。科技部万钢部长、杜占元副部长，财政部张少春副部长，发展改革委解振华副主任，工业和信息化部苗圩副部长出席会议并讲话。北京市、上海市、重庆市、吉林省、辽宁省、浙江省、山东省、湖北省、广东省、安徽省、湖南省、云南省、江西省等 13 个省（市）财政厅（局）、科技厅（委）的领导，长春、大连、杭州、济南、武汉、深圳、合肥、长沙、昆明、南昌等节能与新能源汽车示范推广试点城市的市领导、市财政局、市科技局的主要负责同志，汽车行业组织、节能与新能源汽车相关企业的代表，以及“十一五”863 计划节能与新能源汽车重大项目总体专家组成员约 230 人参加了会议。

图 8-2 节能与新能源汽车示范推广试点工作会议现场

节能与新能源汽车示范推广试点工作会，是根据国务院关于“节能减排”及一系列产业振兴战略决策精神，为推动节能与新能源汽车产业化而召开的。2009 年 1 月 23 日，财政部、科技部已确定在北京、上海、重庆、长春、大连、杭州、济南、武汉、深圳、合肥、长沙、昆明、南昌等 13 个城市开展节能与新能源汽车示范推广试点工作，以科技创新和产业振兴政策支持自主创新，以财政政策鼓励在公交、出租、公务、环卫和邮政等公共服务领域率先推广使用节能与新能源汽车。

会上，“十一五”863计划节能与新能源汽车重大项目总体专家组组长欧阳明高教授做了“我国节能与新能源汽车技术的研发、示范和推广应用情况”的报告；财政部、科技部、发展改革委、工业和信息化部联合为13个试点城市授牌；部分试点城市的代表交流了各自的推广试点方案和工作思路，大连市夏德仁市长代表13个试点城市发言；奇瑞汽车公司尹同耀总经理代表汽车生产企业介绍了技术和产品开发等情况。

杜占元副部长在讲话时说，当前在我国开展节能与新能源汽车示范推广试点工作有坚实的基础，是多年所积累成果的应用。节能与新能源汽车示范推广试点工作的开展，是财政部、科技部、发展改革委、工业和信息化部创造性地把各方面工作聚焦起来的一次尝试，是推动科技产业化的新机制，是政府支持自主创新的新突破，是推动节能减排工作的新拓展，是推动和振兴汽车产业跨越发展的新探索，是科技应对金融危机的新举措。

万钢部长在讲话中指出，节能与新能源汽车示范推广试点工作会的召开，是我国节能与新能源汽车发展历程中重要的里程碑，是落实国务院节能减排工作部署、实现交通领域节能减排的重要举措，是积极应对国际金融危机、大力推动汽车产业转型升级、促进汽车产业振兴的共同行动，标志着汽车产业走向新的发展阶段。

万钢部长强调，今后要重点做好以下几个方面的工作：一是各示范城市要抓住机会，用好用足中央财政激励政策，认真组织好示范推广工作；二是各企业要担负起自己的责任，做好产业化和产业链建设工作，做好售后服务工作；三是各地科技部门要组织专家进一步做好研发工作；四是做好宣传工作。

针对电动汽车的发展处于从科研转入产业化关键时期的特点，围绕电动汽车重大科技成果转化，科技部联合财政部、工信部、发改委建立电动汽车科技成果产业化“财政—科技联动”新机制，组织实施“十城千辆”节能与新能源汽车示范推广试点工程，开展电动汽车规模应用综合示范，从而培育电动汽车应用环境、提高产品认知度、开展产品可靠性和安全性考核，有计划、分阶段推动科技成果向产品转化。

节能与新能源汽车示范推广试点以来，各示范城市高度重视，结合城市转型发展、重大活动和产业培育等实际需求，建立组织机构、明确试点目标、探索推广模式、稳步有序推进、注重示范效果、促进产业发展，在节能与新能源汽车产品研发及产业化、示范推广等方面取得了明显成效。

一、示范车辆推广总体情况

截止到2012年年底，25个示范城市共推广示范车辆27 432辆，其中公共服务领域23 032辆，私人购车4 400辆。按车辆种类统计，混合动力客车12 156辆，混合动力乘用车3 703辆，纯电动客车（含插电式）2 526辆，纯电动乘用车（含插电式）6 853辆，其他车辆2 194辆。示范车辆数量按种类分布见图8-3。

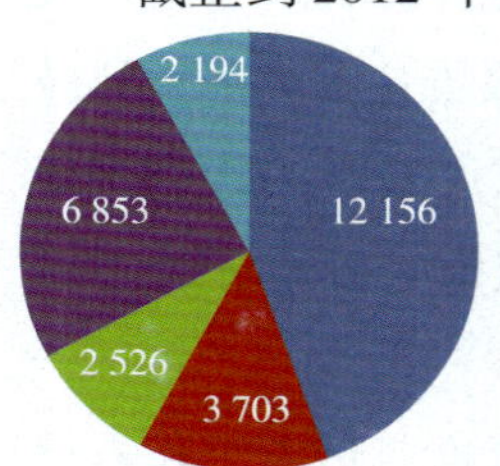

- 混合动力客车（辆）
- 混合动力乘用车（辆）
- 纯电动客车（含插电式）（辆）
- 纯电动乘用车（含插电式）（辆）
- 其他车辆

图8-3　示范车辆种类饼图

二、示范城市推广总体情况

“十城千辆”试点工程实施过程中，在2011年年底，四部委组织专家进行督导检查，围绕新能源汽车示范推广工作的组织领导机制、产品选择、基础设施建设、地方补贴政策、安全运营等方面进行督查，发现问题并督促改进。

试点过程中，深圳市结合2011年大运会，推广力度较大，示范车辆种类多，各类示范运行车辆数量达到3 452辆，累计行驶里程超过3.5亿km。

合肥市积极探索整车及零部件企业员工集中购买模式，推广纯电动乘用车，推广总量达到3 000多辆，在私人购买纯电动汽车示范取得初步突破。

郑州市政府支持力度大，产业发展迅速，示范推广节能与新能源公交车共1 573辆，占本市大型公交车总量的42%，实现了公交领域的大规模示范。

北京市2012年的示范推广工作取得明显进展，各类示范车辆总数已达到2 547辆，实现了纯电动出租车的小规模区域化运行。

长株潭示范区域重点推广混合动力公交车，取得了较大成绩，推广总量已达2 017辆，其中株洲城区全部使用混合动力公交车。

三、示范车辆及相关企业总体情况

混合动力公交车是“十城千辆”试点工程中示范推广车辆数量最多的车型，由全国20家企业生产，其中主要由五洲龙、南车时代、宇通、厦门金龙等企业提供，占总量的61%。推广使用的车辆，多数车辆运行正常，有明显节油效果，比较先进的混合动力公交

车的实际运行百公里油耗在22L以下。

四、国家财政补贴执行情况

“十城千辆”节能与新能源汽车示范推广过程中，为减少参与示范推广工作的整车及零部件企业资金压力，中央财政补贴采用年初预拨、年终清算方式。中央财政于2009年、2010年、2011年共3个年度累计预拨资金433 086万元；截至2013年年底，已完成2009年度、2010年度、2011年度、2012年度车辆购置国家财政补贴清算，累计拨付国家财政补贴近50亿元。

五、商业模式践行情况

为实现节能与新能源汽车示范推广工作可持续开展，示范城市积极开展节能与新能源汽车示范推广商业模式创新研究，25个试点城市因地制宜地探索了整车销售、整车租赁、融资租赁、蓄电池租赁等多种商业推广模式，有效解决了新能源汽车初始购置费用高、投资回收期长等推广难题，并采取特许经营等方式，积极引导社会资本参与充电设施的投资、建设和运营。图8-4、图8-5、图8-6和图8-7为新能源汽车推广所采用的各种商业模式。

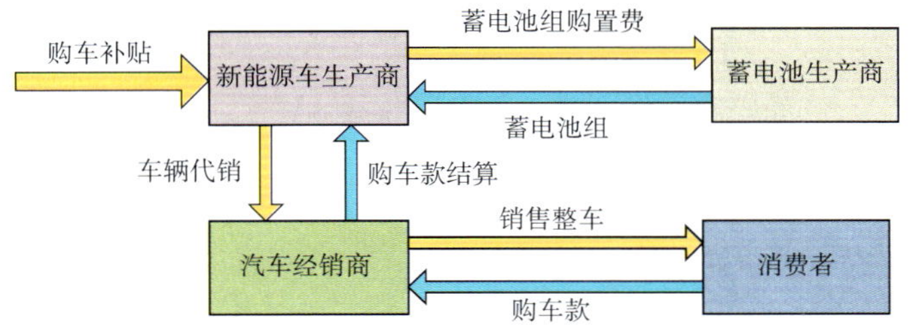

图8-4　整车销售模式

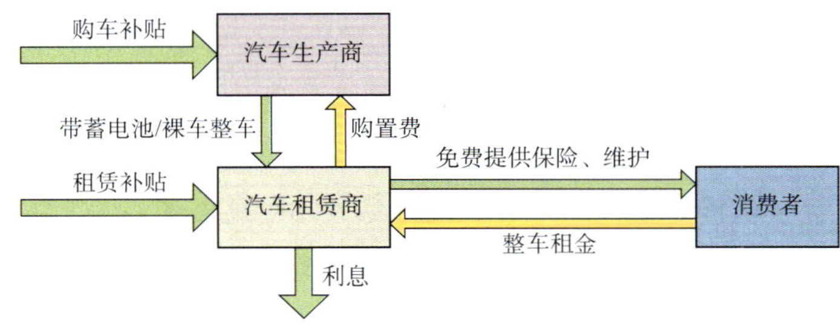

图8-5　整车租赁模式

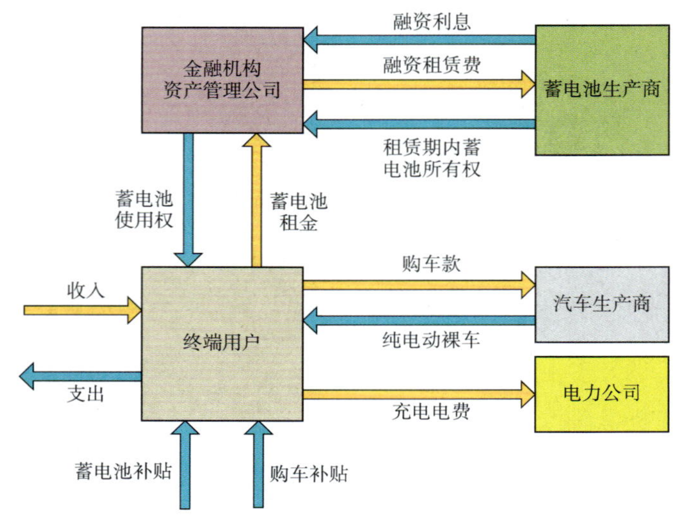

图 8-6　融资租赁模式

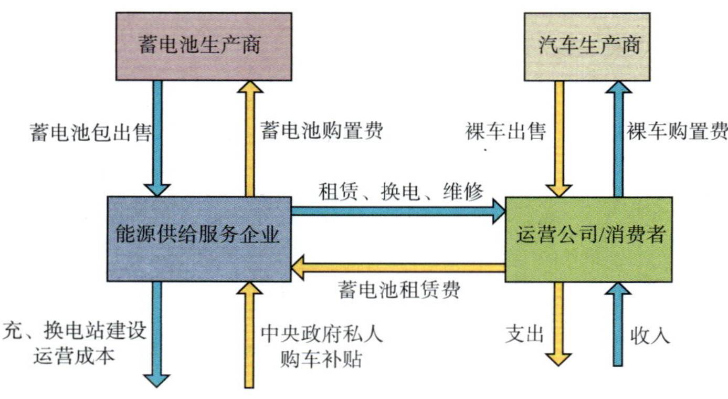

图 8-7　蓄电池租赁模式

如深圳市探索“融资租赁”推广模式，引入了社会资本进行新能源汽车的商业化运营；大连探索纯电动客车全生命周期范围内收益平衡商业模式，提升了全生命周期范围内所有利益方的收益；合肥市探索私人定向购买纯电动汽车商业模式，采取先在企业内部员工定向使用，再稳妥、有序地推向公众。为鼓励私人购买新能源汽车，上海市发布免征新能源汽车牌照费，北京市发布免摇号鼓励政策。对各城市国拨补贴资金的使用情况进行了初步核查，未发现违规问题。

第二节　推广工作与重大活动有效结合，助推新能源汽车示范运营

一、2008 年，新能源汽车服务北京奥运会

为实现“科技奥运、绿色奥运”理念，在举世瞩目的北京年 2008 奥运会和残奥会期间，一汽、东风、长安、奇瑞、上汽、中通、福田等产学研结合团队，累计研发投入 595 辆新能源汽车，圆满完成了奥运会新能源汽车示范运行任务。投入的新能源汽车应用在中心区外围公交环线，应用于奥运交通保障公务、出租保障点，应用于马拉松等赛事服务等。595 辆节能与新能源汽车累计行驶超过 370 万 km，载客超过 440 万人次，支撑奥运史上第一次实现中心区零排放、周边地区交通低排放，取得了良好的节能减排效果，全面彰显“绿色、科技、人文”三大理念。

参加示范项目的 595 辆车均为我国自主研发的节能与新能源汽车，车型包括低地板纯电动客车 50 辆、纯电动豪华客车 5 辆、纯电动场地车 415 辆、混合动力客车 25 辆、混合动力轿车 77 辆、燃料电池轿车 20 辆、燃料电池客车 3 辆。图 8-8 ~ 图 8-11 记录了北京奥运会和残奥会期间，节能与新能源汽车运营的各个瞬间。

图 8-8　2008 年北京奥运会期间，燃料电池轿车执行客运任务

图 8-9　燃料电池轿车作为先导车服务北京奥运会、残奥会马拉松比赛

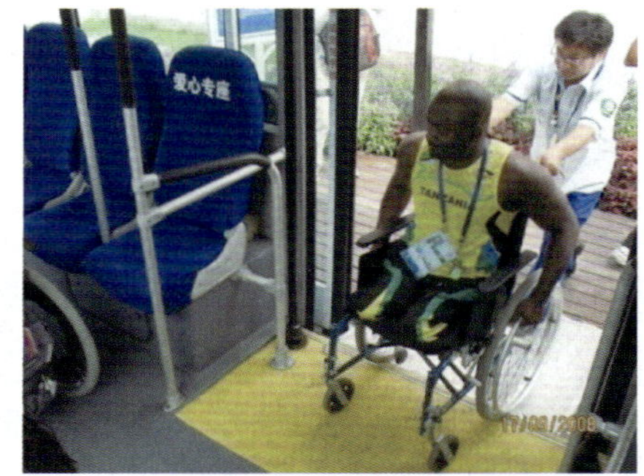

图 8-10　2008 年北京奥运会期间，各国运动员、记者感受零排放、低噪声的纯电动客车

二、2009 年，新能源汽车服务大连夏季达沃斯论坛

2009 年，共有 257 辆节能与新能源汽车为 2009 年大连夏季达沃斯论坛服务，服务车辆涵括纯电动大型客车、纯电动中型客车、纯电动微型客车和混合动力公交车、混合动力公务车等。其中，纯电动豪华旅游大型客车 10 辆，会议期间主要承担来宾往返机场—酒店—会场的接送工作；会后投放到起始于大连火车站途经中山路的人民广场—星海湾广场—高新园区—旅顺的主干线上示范运行，打造“节能与新能源公交示范线路”；纯电动中型客车 5 辆，会议期间将作为重要领导和贵宾往返机场—酒店—会场及外出考察时的专用车辆；混合动力出租车 100 辆，会议期间，大部分车辆作为会场与酒店之间的出租车，小部分用作达沃斯会议的

图 8-11　2008 年北京奥运会期间，俄罗斯总理普京在奥林匹克公园驾驶东风纯电动场地车

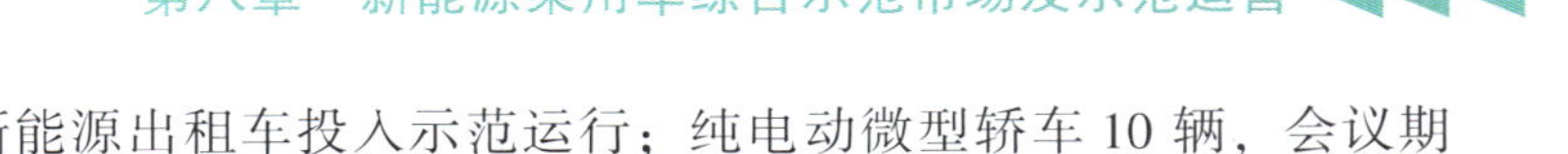

工作用车；会后作为节能与新能源出租车投入示范运行；纯电动微型轿车 10 辆，会议期间供客人短途租赁和试驾体验；混合动力公务车 90 辆，会后部分车辆作为混合动力公务车参加示范运行；混合动力公交车 62 辆，主要投放在由大连港经人民广场至高新园区的 3 条公交线路上示范运行。

大连夏季达沃斯论坛期间的各种电动汽车的示范运营，为大连市节能与新能源汽车示范运营的组织实施、维修技术保障体系的建立提供了丰富的经验，进一步验证了产品的可靠性、耐久性等性能，为产品技术优化提供了丰富数据。

（一）混合动力出租车

论坛期间，投入了 100 辆由奇瑞汽车股份有限公司生产的混合动力乘用车（SQR7160A217/B）作为会议出租车，该车采用奇瑞最新科技成果 BSG 弱混合动力系统，是国内首款混合动力出租车。该车装备了自主研发的 1.6L CBR 汽油发动机并配备了 BSG 起停一体式电动机，最大限度地降低了发动机怠速运行时间。

会议期间，大部分车辆作为会场与酒店之间的出租车，小部分用作达沃斯会议的工作用车；会后作为节能与新能源出租车投入示范运行。

（二）混合动力公务车

会议期间共选用了 70 辆混合动力乘用车作为公务车，其中有 10 辆奔腾轿车、10 辆尊驰轿车和 50 辆君越混合动力轿车，会议期间作为公务用车，会后部分车辆作为混合动力公务车参加示范运行。

三、2010 年，新能源汽车服务上海世博会

2010 年，围绕“城市，让生活更美好”主题，我国累计投入 1 017 辆节能与新能源汽车，全面保障上海世博会交通在园区内“零排放”以及在世博园区周围“低排放”目标的实现。

参与示范的 1 017 辆节能与新能源车辆包括混合动力、纯电动、燃料电池等类型。其中，混合动力 500 辆（客车 150 辆，轿车 350 辆），纯电动 321 辆（客车 120 辆，超级电容客车 61 辆，场馆车 140 辆），燃料电池 196 辆（客车 6 辆，轿车 90 辆，观光车 100 辆）。

上海世博会期间，1 147 辆新能源汽车累计运行天数超过 180 天，累计载客超过 1.2 亿人次，车辆累计行驶里程近 3 000 万 km，累计节约燃油超过 2 800t，减少二氧化碳排

放量超过 8 800t，减少有害排放物超过 280t。图 8-12 所示为正在服务的燃料电池观光车。

图 8-12　燃料电池观光车服务上海世博会

四、2010 年，新能源汽车服务广州亚运会

广州亚运会期间，累计投入节能与新能源汽车 356 辆，其中混合动力公交车 174 辆，公务车 96 辆，纯电动公交车 26 辆，燃料电池观光车 60 辆；建成纯电动公交车充电换电站 1 个，社会车辆服务快速充电站 1 个，以及若干纯电动汽车充电桩。

五、2011 年，新能源汽车服务深圳大运会

以 2011 年第 26 届世界大学生夏季运动会为契机，深圳市将新能源汽车示范推广与绿色、低碳、科技大运宗旨相结合，于大运会期间，累计投入 1 995 辆节能与新能源汽车，主要用于城市 128 条公交线路，覆盖全部 44 个赛事场馆。投放新能源汽车累计行驶里程超过 400 万 km，载客量突破 600 万人次，减少碳排放量超过 3 000t，节省燃油超过 1 000t。建成覆盖深圳市六大城区的全国最大的充电设施网络，全程全网服务大运会及后续新能源汽车。深圳市大运会的新能源汽车示范运营，支撑“十二五”期间深圳市的新能源汽车规模应用，尤其是在城市公交、城市出租领域的规模应用。

六、2013 年，新能源汽车服务沈阳全运会

为保证全运会期间，参赛运动员、受邀嘉宾、媒体记者及沈城市民的交通出行畅通无

阻，华晨汽车中华、金杯品牌旗下近 10 款、共 373 辆“沈阳制造”新能源汽车全部投入使用，并分布于全运会的 4 个使用部门，全力支持第十二届全国运动会顺利举行。图 8-13 为全运会期间服务的新能源汽车。

图 8-13　服务全运会的新能源汽车

“第十二届全国运动会”是辽宁省承办的第一个规模最大、层次最高的全国综合性体育盛会，全省人民均对此次盛会的举办投入了极大热情，积极向全国人民展现出一个“绿色、健康、文明”的全运风貌。而作为省属企业的主力军、杰出代表，华晨汽车更是要义不容辞，尽其所能地奉献出精美优质的产品和贴心便捷的服务，以助力第十二届全运会的胜利举行。

此次交付的全运会用新能源汽车，即全部为华晨汽车旗下精品车型：共包括中华 V5、中华尊驰、中华骏捷、中华 H530、中华 FSV、中华 H230 纯电动车等中华品牌汽车 299 辆，金杯海狮、金杯海狮六代、金杯阁瑞斯等金杯品牌汽车 74 辆。

其中，121 辆由金杯阁瑞斯、中华尊驰、中华 H530、中华 V5 等偏重于公商务用车的车辆组合，交付给全运会综合办公室作为各市全运办和全运会各部门工作使用。中华品牌旗下的精品都市 SUV 中华 V5，则会作为全运会先导车，由全运会安保部全权使用，据了解，此批车辆已于近日开始在公路上履行其职能。

2 辆中华尊驰改装车将用于“第十二届全国运动会开幕式”，当天，负责接送肩负开幕式重要、紧急表演的演员；其余包括中华尊驰、中华骏捷、中华 H530、中华 FSV、中华 H230 纯电动车、金杯海狮、金杯海狮六代、金杯阁瑞斯等车型共 175 辆车辆，全部交付给全运会交通保障部，作为媒体和嘉宾接待使用。

全运会是促进城市与地区发展，提升市民素质的一个契机，虽然整个盛会举行的过程较为短暂，但由全运会引发的各种正能量会更为长久地留存在人们的工作和生活中。能够为十二届全运会提供服务，让更多的人乘坐、体验“沈阳制造”，更是华晨汽车的荣耀与责任。

沈阳五洲龙新能源汽车有限公司生产的100辆LNG天然气客车及100辆油电混合动力新能源客车全部下线。并已交付沈阳客运集团，投入全运会期间运行。

这次交付的100辆油电混合动力新能源公交车及100辆LNG清洁能源客车，是积极推行节能减排、“蓝天工程，气化辽宁”的重要组成部分。

第三节　非示范城市节能与新能源汽车应用与推广情况

一、河南新乡市节能与新能源汽车应用与推广情况

非试点城市的新能源汽车推广样本——河南新乡市，新乡市既不是25个示范城市，也不是省会城市。新乡市电车产业有60多年的发展史，中华牌蓄电池是其一，现在有相关企业200余家，已经建成国家新乡市化学及物理电源产业园、国家新型蓄电池及材料产业基地，国家质检总局在全国唯一投资建设的蓄电池产品质量监督检验中心。新乡市国内第一条大型环保废旧蓄电池回收利用生产线已经投产，拥有每天处理15万t废旧蓄电池综合再利用的能力，已经初步形成从原材料制作、蓄电池零部件到蓄电池产品一个完整的产业链。其中环宇集团是中国二次蓄电池产业的开拓者，首创软包锂蓄电池，被国内外40余家汽车企业采用并受到高度评价。

新乡市提出创新蓄电池运营模式，车电分离，换电为主的电动商业运营模式。及主要内容就是裸车的销售和蓄电池租赁一次完成，实践中以电动汽车示范运营为手段，把电器设备技术成熟过程与市场开发、示范运营结合，以公共交通为重点，加快电动汽车市场化。新乡目前一座大型电动汽车全自动智能化学充换电站已经建成投运，实现电动汽车全自动智能化换电，每次换电约需要3～5min。依托中石化现有网络，在市区规划建16座换电站，以大型充换电站、移动换电车、固定换电网点构建覆盖市区的城市换电网络和覆盖

全区的城乡换电网络，力争到2013年实现全市电动车换电无障碍。

新乡市的政策扶持有力。成立由市委书记挂帅，22个部门参与的产业领导小组，形成高效的工作机制，市财政每年安排5 000万元支持蓄电池及电动汽车研发、关键技术攻关、项目建设、示范运营等。其中，对电动汽车给予100万元/辆补贴，对电动出租车按6万元每辆标准补贴。对电动汽车示范运营特事特办，先后协调公安局、交通局组织示范运营工作，以便顺利开展。新乡市已经将电动汽车纳入政府采购目录，规定政府新采购车辆中必须有一定比例的电动汽车。目前已经制定公务车的采购方案，同时积极鼓励支持公交出租、公务环卫和邮政等公共服务企业采购动力电车。

新乡蓄电池产业实力雄厚，目前蓄电池生产相关企业200多家，生产蓄电池的四大材料——正极、负极、隔膜、电解液，全部实现本地生产，2012年销售收入313亿元。在国内重大项目中，不论是“蛟龙”入海，还是“神九”上天，都采用了来自新乡的蓄电池。

从原材料到蓄电池，再到电动汽车，新乡培育起的产业链，环环相扣；从蓄电池厂到汽车厂，再到蓄电池运营商，产业龙头和配套规模初显。上游有研发机构，该市投资2亿多元组建的蓄电池研究院，2011年被认定为国家新型蓄电池及材料高新技术产业化基地。中游有检测机构，2007年新乡获批组建国家蓄电池产品质量监督检验中心。下游有蓄电池回收企业，30万t废蓄电池回收生产线已投产运行。

“电力”十足的新乡电动汽车得到社会和业界的关注、好评。去年，新乡作为“国内重要的新能源汽车产业基地”，写入国务院批准的《中原经济区规划》。

1. 新乡市蓄电池产业发展基础

新乡市具有良好的蓄电池产业基础，已初步形成从蓄电池原材料生产、蓄电池零部件、蓄电池组、电动车（含电动自行车）到蓄电池生产专用设备等较完整的产业链，呈集群化发展态势。

新乡市蓄电池产业历史悠久，新中国成立后第一个蓄电池厂——755厂就坐落在新乡，第一支干电池——中华牌电池也产自新乡。经过60年的发展历程，新乡市蓄电池产业基础扎实、技术雄厚、人力资源丰富、企业众多、品种齐全、配套完整，形成了以河南环宇、金龙、科隆集团等企业为龙头，亚洲电源、超能电源、比得利等为骨干的蓄电池及其相关材料的生产企业200余家，从业人员5万人（其中工程技术人员3 000多人），从技术研发、原材料及蓄电池成品生产、检测及延伸产品较完整产业链的蓄电池产业集群。2010年新乡蓄电池及延伸产品产业实现销售收入240亿元，销售收入超过亿元的蓄电池企业有6家，超过10亿元蓄电池企业2家，二次蓄电池产能10.23亿A·h，其中动力蓄电池7亿A·h。各类蓄电池材料产能70 920t，其中磷酸铁锂材料8 300t，锂电隔膜8 000m^2，锂离子负极材料7 000t，锂蓄电池电解液2 200t。

2006年，经原国家信息产业部批准，在新乡市开工建设“国家（新乡）化学与物理电源产业园区”，现已建成12km^2，新入住企业30多家。2007年11月，国家质检总局批准在新乡建设“国家蓄电池质检中心”。2011年被科技部认定为“新型蓄电池及材料高新技术产业化基地”。

2. 新乡市电动汽车产业及示范运营现状

新乡良好的蓄电池产业基础，吸引了郑州海马、重庆力帆、台湾必翔、沈阳中顺等国内外多家汽车公司前往考察和探讨电动汽车产业合作可行性。2010年初，新乡市成立了由中国汽车工业工程公司、苏州天成汽车装备公司、上海电驱动、上海同捷汽车工程公司4家单位共同出资的“新乡新能电动车有限公司”，开展换电式电动汽车研发、生产、试验与示范考核。该公司已经开发了基于A级乘用车平台的换电式电动汽车，计划用于城市出租车和公务车市场。开发并建设全自动底盘换电装置和移动式换电站，建设5万辆电动汽车产能的电动汽车总装工厂。

2011年7月，河南省、新乡市批准新能公司联合环宇、科隆两家蓄电池企业共同组建“新能电动出租车公司”，开展100辆底盘换电式出租车示范运营，与此同时，新乡市政府拟采购100辆换电式公务车。截至目前，100辆换电式出租车的首批60辆正在装配、测试中，计划于2012年底前开始示范运营。

此外，新乡市政府、新能电动车公司和福建省汽车集团正在协商签订战略合作协议，决定联合开发电动汽车产品。

为支持新能源汽车示范运行，河南省、新乡市给予换电式出租车6万元/辆、公务车2万元/辆的财政补贴，给予约为蓄电池包采购价格1/3（3万元）的蓄电池包财政补贴，给予约为移动式换电站建设成本1/5的基础设施财政补贴（5座，约100万元）。

3. 新乡市电动汽车换电站发展现状

为了推动电动汽车，特别是底盘换电式汽车（轿车）示范运营，国家电网和新乡市政府合作于2010年10月在新乡高新技术开发区振中路开工，2011年4月建成了国内首座可商业运营的大型充换电站。该充换电站占地5 467m^2、投资约4 000万元，分设有蓄电池更换区、立体充电库、整车充电区、综合服务区四大功能区块。其自动换电系统由60个

充电货位的立体库、堆垛机、传送带、4 套自动换电装置等组成（目前一期建设了 2 套），更换一辆电动车蓄电池包的时间约为 3min。

此外，新能公司还开发了移动式充换电站，该系统将蓄电池储存、充电、换电集成安装在一个箱式半挂车上，具有结构紧凑、机动灵活、投资小、建设周期短等特点。

4. 新乡市电动汽车换电站技术特点

新乡市振中路换电站为新能电动车公司底盘换电式电动汽车示范运营配套建设项目，采用了新能电动车公司自主开发的底盘换电技术和装置，具有如下特点：

（1）开发的换电式电动车蓄电池布置方案和通用 Volt 方案类似，蓄电池模块采用一体化设计，呈“工”字形，从而充分利用了车辆底盘的中央通道空间；

（2）换电式电动车辆的蓄电池包布置在车辆底板下方，车辆质心明显降低，前后载荷分布合理，从而提高了车辆不足转向特性、车辆操纵稳定性和车辆纵向动力学性能；

（3）蓄电池模块和车体底盘蓄电池箱之间采用 6 个弹簧插销连接，虽与其他固定方式不同，但该种结构同样具有连接紧固扭矩低、可靠性低等风险；

（4）现行 BP 公司采用挂钩式固定蓄电池包，其在车辆底板下方靠近门槛梁位置放置了 4 个解锁/锁紧驱动电动机，这增加了车辆蓄电池包解锁/锁紧机构的复杂性，减少了整车底板下方可用空间，增加了整车成本。新能公司设计的换电系统的解锁/锁紧驱动电动机固定在换电工作台上，从而降低了整车成本，增加了蓄电池可用空间，但该种方案通用性较差，只能对特定结构的蓄电池包进行互换；

（5）与国内其他企业设计的换电平台相比，新能公司设计的换电平台只能对特定轴距和轮距小幅度变化的车辆进行换电，换电平台对车辆类型的适应性较差，尤其是不同轴距系列的车辆；

（6）与国内其他企业设计的换电机构相似，蓄电池包安装在车辆底板下方，蓄电池包防水、防尘能力相对较差，估测应该只能达到 IP44；

（7）与国内其他企业设计的换电电动车所装的蓄电池包相似，目前蓄电池包设计未考虑蓄电池散热冷却问题，如车辆在高温炎热天气下大功率输出工作（如长时间高速行驶、长时间爬坡、车辆频繁加减速等工况），蓄电池包温度容易过高。

二、山东青岛市节能与新能源汽车应用与推广情况

青岛市积极响应国家倡导推广应用电动汽车的号召，在没有被纳入首批试点城市，没

有中央财政补贴的情况下，“量力而行，积极推动”，于2010年年底确定了在公共交通领域开展纯电动公交车推广应用工作。2011年4月25日，首批9辆纯电动公交车上路运行，至2013年年底，投入运行的纯电动公交车共450辆。2013年11月份青岛市获批国家新能源汽车推广应用示范城市，截止到2014年年底，青岛市共完成1 000辆新能源公交车推广，但距离2015年底前完成5 200辆的推广目标仍相差甚远。

公务车推广方面，制定并实施《青岛市政府机关及公共机构购买新能源汽车实施方案》（以下简称《方案》）。依据《方案》，2014年至2016年，市直及市南、市北和李沧三区政府机关、公共机构购买的新能源汽车占当年配备更新总量的比例不低于60%，其他各区（市）考虑到地理、工作配套等因素，政府机关及公共机构购买的新能源汽车占当年配备更新总量的比例不低于30%。《方案》要求，以城区内行驶为主、运行路线相对固定的公务用车，应当选用纯电动汽车。政府机关及公共机构购买机动车辆应当优先选用新能源汽车，公务用车制度改革后购买新能源汽车，在核定保留车辆范围内实施，机要通信、应急保障、相对固定路线的执法执勤、通勤等车辆配备更新时应当使用新能源汽车。鼓励在环卫、邮政、旅游、公交等更多领域和更广泛用途购买使用新能源汽车。

充电桩建设方面，由青岛供电公司和青岛特锐德汽车充电有限公司等充电设施建设企业建成交、直流充电桩共246个。主要分布在市南区、市北区、李沧区、崂山区、城阳区、黄岛区、高新区等。包括青岛大学、株洲路、薛家岛、城阳区政府、海慈医院、松岭路、青岛农业银行（崂山区支行）、高新区管委、李沧首佳交易市场等20余个站点，全市充换电服务网络初步形成。

参考文献

[1] KEIICHI YAMAMOTO. The background of Electric Vehicle spread [J]. SAE Paper, 2011-39-7218.

[2] 中华人民共和国国家标准. GB/T 3730. 1—2001　汽车和挂车类型的术语和定义 [S]. 北京：中国标准出版社，2001.

[3] 中华人民共和国国家标准. GB/T 3730. 1—88　汽车和挂车的术语和定义车辆类型 [S]. 北京：中国标准出版社，1988.

[4] 中华人民共和国国家标准. GB/T 15089—2001　机动车辆及挂车分类 [S]. 北京：中国标准出版社，2001.

[5] KENJI MORITA. Automotive power source in 21st century [J]. JSAE Review, 2003 (24): 1-3.

[6] 汽车行业标准. QC/T 837—2010　混合动力电动汽车类型 [S]. 机械工业出版社，2010.

[7] R. H. STAUNTON, C. W. AYERS, L. D. MARLINO, et al. Evaluation of 2004 Toyota Prius Hybrid Electric Drive System [R]. UT-BATTELLE, LLC, Oak Ridge National Laboratory, Oak Ridge, Tennessee 37831, 2006.

[8] KOICHI FUKUO, AKIRA FUJIMURA, MASAAKI SAITO, et al. Development of the ultra-low-fuel-consumption hybrid car-INSIGHT [J]. JSAE Review, 2001, 22 (1): 95-103.

[9] Hutchinson T, Burgess S, Herrmann G. Current hybrid-electric powertrain architectures: Applying empirical design data to life cycle assessment and whole-life cost analysis [J]. Applied Energy, 2014, 119: 314-329.

[10] 田硕，欧阳明高，徐梁飞. 汽车动力的混合化发展趋势与构型分析 [J]. 汽车工程，

2008, 30 (9): 742-7.

[11] JEFFREY WISHART, MATTHEW SHRIK, TYLER GRAY, et al. Quantifying the Effects of Idle-Stop Systems on Fuel Economy in Light-Duty Passenger Vehicles [J]. SAE Paper, 2012-01-0719.

[12] MICHAEL PANAGIOTIDIS, GEORGE DELAGRAMMATIKAS, DENNIS ASSANIS. Development and Use of a Regenerative Braking Model for a Parllel Hybrid Electric Vehicle [J]. SAE Paper, 2000-01-0995.

[13] JAMES LARMINIE, JOHN LOWRY. Electric Vehicle Technology Explained [M]. New York: John Wiley & Sons Ltd, 2003.

[14] IQBAL HUSAIN. Electric and Hybrid Vehicles, Design Fundamentals [M]. Boca Raton: CRC Press, 2005.

[15] 王阳, 宁国宝, 郑辉. 集中电机驱动纯电动汽车电池包设计 [J]. 汽车技术, 2011, (7): 32-35.

[16] 张国庆, 马莉, 张海燕. HEV 电池的产热行为及电池热管理技术 [J]. 广东工业大学学报, 2008, 25 (1): 1-4.

[17] AHMAD A. PESARAN. Battery thermal management in EV and HEVs: issues and solutions [J]. Battery Man, 2001, 43 (5): 34-49.

[18] SAID Al-HALLAJ, J. R. SELMAN. Thermal modeling of secondary lithium batteries for electric vehicle/hybrid electric vehicle applications [J]. Journal of power sources, 2002, 110 (2): 341-348.

[19] 李娜, 白恺, 陈豪. 磷酸铁锂电池均衡技术综述 [J]. 华北电力技术, 2012, (2): 60-65.

[20] 司宗根. 电动汽车空调的发展现状及解决方案 [J]. 科技信息, 2011, (4): 135-136.

[21] 余卓平, 孟涛, 陈慧, 等. 电动助力转向系统的技术发展趋势 [J]. 汽车技术, 2005, (9): 1-4.

[22] RYAN P. OHAYRE, SUK-WON CHA, WHITNEY G. COLELLA, et al. Fuel cell fundamentals [M]. New York: John Wiley & Sons Ltd, 2006.

[23] MEHDI HOSSEINI, AMIR H. SHAMEKHI, ARYA YAZDANI. Modeling and Simulation of a PEM Fuel Cell (PEMFC) Used in Vehicles [J]. SAE Paper, 2012-01-1233.

[24] 余卓平. 燃料电池汽车领域的创新实践 [J]. 科学：上海, 2008, 60 (6): 15-16.

[25] LOUIS SCHLAPBACH, ANDREAS ZUTTEL. Hydrogen-storage materials for mobile applications [J]. Nature, 2001, 414 (6861): 353-358.

[26] 中华人民共和国国家标准. GB/T 19596—2004 电动汽车术语 [S]. 北京：中国标准出版社, 2004.

[27] 陈清泉, 孙逢春, 祝嘉光, 等. 现代电动汽车技术 [M]. 北京理工大学出版社, 2002.

[28] AUSTIN HUGHES. Electric Motors and Drives [M]. Elsevier Ltd, 2006.

[29] 葛安林. 车辆自动变速理论与设计 [M]. 北京：机械工业出版社, 1993.

[30] 徐向阳. 自动变速器技术 [M]. 北京：人民交通出版社, 2011.

[31] 2014 年中国新能源汽车充电设施配套现状及投资前景展望 [EB/OL]. [2014-02-28]. http://www.chyxx.com/industry/201402/230157.html.

[32] 科学技术部. 这十年现代交通领域科技发展报告 [M]. 北京：科学技术文献出版社, 2012.